양천강아 말해다오

# 양천강아 말해다오

초판 발행 | 2014 년 9월 30일

지은이 | 하용웅
펴낸이 | 신중현
펴낸곳 | 도서출판 학이사
　　　　출판등록 : 제25100-2005-28호
　　　　주소 : 대구광역시 달서구 문화회관11안길 22-1(장동)
　　　　전화 : (053) 554~3431,3432
　　　　팩스 : (053) 554~3433
　　　　홈페이지 : http : // www.학이사.kr
　　　　이메일 : hes3431@naver.com

　　ISBN _ 978-89-93280-83-8  03990

# 양천강아 말해다오

- 아비어미 잃은 기러기 강진상의 애한곡哀恨曲

하용웅 씀

學而思 | 학이사

# 나는 기둥 잃은 세 번째 서까래였소이다

이 책의 주인공 **강 진 상**

1940년 경남 합천군 삼가면 금리에서 마을 이장집의 셋째 아들로 태어난 내가 남부럽지 않게 행복한 나날을 보내고 있던 국민학교(현 초등학교) 3학년 때 6.25 한국전쟁이 일어났소이다.

그 전쟁 바로 직전에 어제는 경찰에 의해 아무 죄 없는 아버지가 사살되었고 오늘은 어머니가 아버지의 시신을 찾아 장례를 치렀다는 이유 하나만으로 경찰에 끌려가 그날 행방불명이 되었소이다. 집안의 두 기둥인 아버지와 어머니를 잃은 그날부터 다섯 서까래인 우리 오형제는 천애고아가 되었고 집안은 폭삭 내려앉아 버렸소이다.

약 10여 일 후에는 둘째 형이 북한 군인에게 끌려갔소이다.

나는 20살 때부터 군 생활로 이등병부터 하사관을 거친 후에 육군 장교가 되어 월남전에도 참전을 하였고 대위로 예편 하였으며 지금은 국가유공자이오이다.

나에 관한 일생 동안의 겪은 일들을 글로써 남기게 된 동기는 이 세상을 살아오면서 너무나 많은 눈물과 시련과 외로움을 겪어 왔기에 그냥 이대로 죽으면 너무 억울하고 한이 되어 눈을 감을 수 없을 것 같아서 나의 한스런 사연을 남기고저 간절하게 희망하였소이다. 나는 글을 쓸 수 있는 소질이 없어서 글을 쓰는 사람들에게 부탁도 해 보았으나 마음이 불편한 답만 돌아 왔었소이다. 그러나 글을 남기려고 오랜 동안 노력도 해보고 고심도 하였으나 별로 뾰쪽한 방법 없이 나의 소망이 이루어질 수 없을 것 같은 생각도 들고 또 애가 달고 실망을 하고 있는 중에 내가 복이 있어서 그랬는지는 몰라도 운이 좋게도 글을 쓸 수 있는 분을 만나 글을 남기게 되어 소원성취를 하여 참으로 천만다행이었소이다.

이제 내 나이 75세. 나에 관한 글을 남기지 못하고 하마터면 죽을 뻔했던 아찔한 때도 있었으나 지금은 소원이 이루저서 마음이 아주 편하게 되었소이다.

이 세상 사람들아!

세상에 이럴 수가 있는가 하고 이 글을 보실 때는 이 세상에 내가 없을지 모르지만 이 글을 꼭 한번 봐 주시오이다.

이 글은 과거 우리들의 역사이기도 하며 전설 같은 이야기일 수도 있는 글이 아니겠소이까.

내 몸 하나에 따르는 나의 또 다른 이름이 한국전쟁 전후 민간인 피학살 희생자의 유가족, 둘째 형이 납북된 이산가족, 베트남전 참전 국가유공자, 이 세 가지오이다.

나의 간절한 소망이었던 이 책을 쓴 하용웅 선생의 노고에 깊은 감사를 드리며 또 그 은혜를 어찌 잊겠소이까. 참으로 고맙습니다.

2014년 가을에

■ 차례

# 글을 쓰기 시작하며

2013년 8월 말경 무더운 여름 끝자락에 마산역전에서 강진상 선생을 비롯한 다섯 사람이 만났다. 그 자리에서 처음으로 간단히 수인사를 교환하고 책 출판기념식 행사에 참석하기 위해 몇 시간 걸려 전북 전주시에 도착하였다.

12시가 넘어서 우리 일행은 전주 남부시장 내 작은 식당에 들어갔다. 감칠맛이 나는 김치와 무채무침, 김치돼지찌개로 소박한 점심을 참으로 만족스럽게 먹었다. 이때 막걸리를 시켜 몇 잔을 걸치니 얼큰하게 취한 분위기에서 서로들 정식으로 인사를 하게 되었다.

그 자리에서 선생의 인상은 마치 무더운 여름 한낮 냉장고에서 막 꺼낸 시원한 맥주 첫 잔 맛처럼 시원하였다. 그러면서 얼굴 위로 흐르는 식은땀을 손수건으로 닦아내는 모습이 무척 인상적이었다.

그런데 그의 시원한 인상 내면에는 고통과 한이 서린 슬픈 인생 역정이 있었을 줄이야. 참으로 나를 아연하게 하였다.

강 선생의 이야기에서는 선생이 그지없는 평범하디 평범한 소시민으로 살아 왔었지만 일생이 결코 평범할 수 없는 너무나도 연극 같은 삶이 있었다. 그의 인생은 세월 속에 새겨진 충격적이고 감동적인 한 편의 서사시임을 분명히 알 수 있었다. 그것을 선생 개인 한 사람의 이야기로만 듣고 흘러 버리기는 너무 아까울 것 같은 착잡함이 나를 괴롭혔었다. 그리고 선생은 자신이 기록으로 남길 수 없는 재주를 한恨하며 무척 안타까워하였다.

실제로 글을 쓰는 작가들에게 부탁도 하여 보았지만 공허한 답만이 돌아 왔다고 푸념하며 울먹였다.

1950년 여름에 이승만 주구인 경찰에 의해 죄 없는 순박한 아버지가 참혹하게 학살되었고, 아버지의 시신을 찾아서 매장했다는 이유 하나만으로 그 다음날 어머니마저 경찰에 의해 학살로 단정할 수밖에 없는 행방불명이 되었다.

그때부터 자신을 포함한 형제들이 고아로 살아 온 세월이 생각만 해도 너무나 끔찍했음을 말로써 표현할 수 없을 정도로 괴로워하였던 선생이었다.

어머니 시신이 도대체 어디에 묻혔는지를 몰라서 지금껏 찾으려고 온갖 노력을 다 했으나 아직도 찾지 못한 한이 계속되고 있다는 것이다. 그래서 그는 자신을 '어머니를 잃은 기러기가 되어 오늘도 엄마 엄마 찾으며 날아다니고 있는 애처로운 기러기 죄인'이라고 하였다.

2013년 초가을 EBS TV에서 약 10일 동안 베트남 현지에서 선생과 동생이 출연하여 형제 사이의 〈용서와 화해〉 프로를 촬영한 후 방영이 되기도 하였다.

선생의 질곡 인생은 한 개인의 역사이기도 하지만 우리 모두가 새겨야 할 역사이며 또 한국 근현대사가 고스란히 담겨 있어 그 상징성이 자못 커서 그냥 묻어두기는 너무나 아까웠다. 또한 선생은 지금껏 불행을 담담히 인정함으로써 어느새 용기를 얻은 듯 행복해 하다가도, 행복에 대한 불행의 역설을 경험한 인생이기도 한 때문이었다.

하느님은 무한한 존재이고 다른 원인도 갖지 않는 절대원인이라 이 세상에서 일어나는 제 아무리 불의해 보이는 일이라도 하느님의 일부이기에 선생의 불행한 고통도 하느님의 일부일 수밖에 없는 것이며, 평화와 사랑의 한 그루 스피노자의 사과나무를 심을 수밖에 없는 것이 그의 인생의 비극을 넘어 그것은 분명히 희망이기 때문이기도 하였다.

선생에게는 일생의 불행과 고통을 일생 동안의 희망의 이름으로 유보하고 미래로 전가한 것이기 때문에 그의 희망은 잔인한 것이었다. 선생의 일생은 대부분 고독하고 아프게 산 인생이었다. 고독하지 않고 아파하지 않고 성숙하는 사람은 없지 않은가.

하지만 현실의 좌절과 고통은 끝이 안 보이는 긴 터널인 것처럼 보일지라도 인생의 아름다움은 그런 긴 터널을 뚫고 나오는 힘이 되는 것이었다.

희망이라는 치유할 수 없는 병을 가지고 고독하게 살아 온 선생을 그날 그렇게 처음 만난 것이다. 그래서 그의 개인의 역사를 기록으로 남겨야 한다는 강한 욕구가 나의 의식을 자극하였다.

한참 가족애와 형제애가 형성되는 어린 시기에 형제들은 뿔뿔이 헤어져 각자 다른 환경에서 문화적 차이를 가지고 성장하였다. 이러한 이질적인 삶으로 인해 형제간의 화합과 이해가 없이 오늘에까지 이르러 소통 없이 살고 있는 현실을 조금이라도 개선하는 계기가 마련되기를 바라면서 글을 써보면 어떨까 하고 생각하였다.

선생에 대한 글은 어릴 적 실제적 사실의 무자비함과 최악의 야만을 따라 가지 못한다는 한계성을 가지고 있겠지만 그래도 선생을 위해서는 최선의 방법일 것으로 생각하였다.

나는 김춘수 시인의 〈꽃〉을 음송吟誦 하였다.

내가 그의 이름을 불러 주기 전에는
그는 다만
하나의 몸짓에 지나지 않았다.

내가 그의 이름을 불러 주었을 때
그는 나에게로 와서
꽃이 되었다.

선생의 질곡 일생은 그 긴 세월 동안 그저 자기 홀로 눈물의 독백이었고 어느 누구도 알아주지 않는 단지 혼자만의 슬픈 몸부림의 몸짓이었다. 오랜 세월 여러 사람들 앞에서 이야기를 하여도 그냥 지나간 이야기로 끝이 날 뿐 그저 혼자만의 말이 되어 연기처럼 허공으로 날아가 버린 허무한 몸짓이었다.

나는 그의 슬프고 한스러운 이야기를 애잔한 마음으로 듣고 그의 일생을 눈으로 읽을 수 있는 언어로 된 이름을 불러 주기로 하였다. 그럼으로써 그 언어의 이름은 이 세상 모든 사람들에게로 와서 꽃이 되어 화향花香이 은근히 풍기는 아름다운 서사시가 될 수 있도록 하겠다고 마음을 먹었다.

그렇지만 참으로 망설여지고 고민이 되었다. 그래도 선생을 만나 내가 글을 써보고 싶다고 하니 기꺼이 그러자고 했다. 그리고 내가 쓴 책《아! 김주열, 나는 그를 역사의 바다로 밀어 넣었다》한 권을 선물로 주었다.

그래서 우리는 쉽고 편하게 글을 쓰기로 결정을 하였다.

# 진상의 고향에 관하여
### - 그 곳에는 양천강이 흐르고


양천강은 흐르고 있다.
양천강은 알고 있다.

양천강은
합천 삼가의 역사의 눈이다.
삼가 사람들의 희로애락의 추억이다.
삼가 금리里 강씨가康氏家 애한哀恨의 아픔이다.

강물에 손 담그면
잔물결 일고
역사를 희로애락을 애한을
조잘조잘
바람이 일면
눈에 만져지는 언어가 된다.

양천강은 알고 있다.
양천강은 흐르고 있다.

유유히 흐르고 있는 양천강

진상은 1940년 4월 25일, 경남 합천군 삼가면 금리 114번지에서 다섯 형제 중 셋째로 태어났다.

6·25한국전쟁이 일어나던 1950년 경인년, 당시 진상의 나이는 10세이고 삼가국민학교(현 삼가초등학교) 3학년이었다. 가족으로 할아버지, 양부모, 두 형, 두 동생으로 여덟 식구였다. 옆집에는 고모가 살고 있었다.

할아버지 강주홍康周洪은 1870년 9월 18일생으로 80세였다. 아버지 강덕수(호적 이름 강보옥康潽옥)는 1909년생으로 41세였고, 어머니 김봉순(호적 이름: 김우봉순金又鳳順)은 1914년생으로 36세였다. 큰형 진승晉昇은 16세, 둘째 형 진창晉昌은 13세로 삼가초등학교 6학년, 넷째 동생 진국晉國은 7세로 2학년, 다섯째 동생 진화晉和는 세 살의 어린아이였다. 여동생(진희)이 하나 있었지만 일찍 사망을 해 당시는 없었다. 아버지의 누나인 고모 강덕순은 1905년생으로 당시 45세였다.

진상의 집은 경찰지서에서 북쪽으로 조금 떨어진 뒤편에 위치해 있었다. 거의 정남향으로 방향을 잡은 작은 뒷산인 당산을 배경으로 삼은 아늑한 곳이었다. 큰 마루를 가진 4칸 본채와 행랑채, 그리고 넓은 마당에는 우물과 큰 감나무가 있는 좀 규모가 큰 집이었다.

거의 1,000평 가까이 되는 밭이 바로 집 옆 마당에 따라 있었으며 그 밭에는 봄이면 장다리꽃이 만발하여 노랑나비 흰나비가 남실대고, 벌들이 한가로이 정적을 깨면 양지에서 졸고 있던 개가 무심히 짖어대고, 여름이면 상추·오이·고추·가지를 심어 먹을거리가 흔한 아름다운 정원 같은 평화스런 집이었다. 사시사철 반찬거리는 걱정이 되지 않았다. 여름 점심때면 보리밥 상추쌈에 된장을 얹고 한 입 넣어서 씹으면 구수한 듯 고소한 맛에 가족들은 즐거워했고 또 된장에 풋고추를 찍어 먹는 알싸한 매운맛으로 눈물을 찔끔거렸던 행복한 정서가 깃든 어머니의 사랑과 아버지의 애정이 가득차고 할아버지의 은근한 정이 넘친 시골스러운 가정이었다.

가을이면 마당에 볏단을 쌓아 놓고 기계홀태로 벼를 훑어 내는 마당에서 윙윙대는 소리에 장단을 맞추어 어린 형제들의 고사리 같은 손으로 볏짚을 묶어서 세워 논 볏짚 단 사이에서 숨바꼭질 놀이도 하였다.

지난해의 헌 이엉을 걷어내고 새 볏짚으로 이엉을 엮어 지붕을 이는 날이면 새 집 같아 괜스레 기분이 좋았으며, 그날 저녁 밥상은 새 쌀밥에 가을 무를 넣은 갈치 졸임을 맛있게 먹었던 행복한 평화스러웠던 곳.

가을걷이가 끝난 집 옆 텃밭에는 어김없이 마늘이 파종되었고 마당에 서 있는 감나무에서 빨갛게 익은 감을 따 먹었던 정경이 있는 아름다운 집이었다.

겨울이면 눈사람도 만들어 놓고 녹을 때까지 형제들끼리 장난치며 놀았던 그리운 집에 제삿날이 오면 팥 찰떡을 맛있게 먹으며 즐겼고, 양천강에 가서 앉은 스케이트로 얼음을 신나게 지치기도 한 즐거웠던 시골집이었다. 지금은 그 집터에 몇 채의 다른 집들이 들어 서 있어서 추억 속에서만 그림이 그려지는 세월도 인정도 덧없음을 느끼게 하는 아련한 추억의 집이었다.


할아버지의 원래 고향은 충청도 어느 시골 동네였다고 한다. 증조부는 청년 시절 충청도 어느 농촌마을에서 서당의 훈장을 하며 살았으나 어린 조부를 두고 젊은 나이에 세상을 뜨셨다. 그렇게 된 후 청상과부인 증조모는 야간 보쌈을 당하여 경상도 땅 삼가까지 오게 되었던 것이다. 그래서 어린 조부는 어머니인 증조모를 찾아 삼가에 오게 되었으며 조부는 의부義父 밑에서 성장하여 결혼을 하였고, 3대 독자인 아버지와 고모 두 남매를 두었다.

조부는 젊었을 때 삼가에서 진주로 다니며 행상을 하였고 세상 문물을 접하며 일찍이 개방된 사고를 가지고 있었다. 그래서 경제적으로 여유가 있어 당시에 사는 것이 그리 궁핍하지 않았었다.

할아버지는 아버지가 3대 독자로서 손자를 다섯이나 둔 것이 자랑이었으며 다섯 손자를 너무 아끼고 사랑했다. 심지어 나무 하러 갈 때도 지게에 지고 가고 나무는 조금만 하고는 손자들을 나뭇짐 위에 한 명씩 지고 오기도 한 다정한 분이었다.


아버지 강덕수는 마을 구장(현 이장)으로 마을 일을 보았었다. 또 사방사업소 감독으로도 있으면서 사방사업과 저수지 파는 일을 보기도 했었다. 그때 판 저수지가 지금도 그대로 있다. 농사는 많지 않았지만 사들이벌판의 옥답 대여섯 마지기를 소유하여 농사도 지었다.

아버지는 합천군 지원으로 저수지를 팔 때는 만들어 지고 있는 둑에 사방 6자(1평) 나무판 틀에 흙을 가득 채우면 그 부락민에게 밀가루 한 포대씩을 주는 일도 하였다.

어머니 김봉순은 삼가시장에서 포목가게를 운영하였으며 장사가 제법 잘 되어 경제적으로 남부러울 것 없이 살았다.

고모는 일제 강점기 때 일본으로 끌려간 1930년대의 불행한 위안부였다. 그 후 일본에서 정착하여 살면서 큰형 진승을 데리고 가 일본초등학교를 졸업 시켰다.

해방이 되자 1948년 귀국하면서 조카 진승이와 일본인 남편을 데리고 들어왔다. 귀국 때 같이 들어온 일본인 고모부는 해방 후 전국적으로 창궐하였던 호열자(콜레라)에 걸려 사망했다.

그 당시는 각 동네마다 디딜방아 나무 본체를 거꾸로 세워서 남자 홑바지를 발을 디디는 Y자 부분에 입혀 동네 어귀에 세워 미신적으로 그 열병을 막고자 기원하던 문명이 어두웠던 시절이었다.

큰형 진승은 일본에서 살았기 때문에 한국말이 아주 서툴러 말하고 듣고 하기가 어려워 학업을 계속 못하고 쉬고 있었다. 그래서 이웃에 사는 고모와 주로 이야기 하며 살았으므로 동생들과는 정서적으로 어울릴 기회가 적었다.

진상은 여름이면 학교 공부를 마치고 집으로 돌아 갈 때 책보자기에 삼베 저고리와 바지를 함께 싸서 머리에 이고 학교 앞 양천강을 건너며 물장난을 치기를 좋아 했다. 양천강 어떤 곳은 물이 깊어 발이 강바닥에 닿지 않아 발을 빨리 움직여 서서 헤엄을 쳐 건너갈 정도로 수영을 잘 했으며, 그때 수영을 많이 하고 놀

왔던 추억이 가득하였다.

그때까지 가족들은 남이 부러울 정도로 참 행복하였다. 마을에서는 형제들을 때리거나 놀리지 못했으며 만약 누구 하나라도 당하고 오면 형제들이 같이 행동하므로 건드리지 못했다.


삼가면사무소 소재지인 금리는 동북쪽으로는 합천읍과 경북 고령으로 가는 국도가, 남서쪽으로는 의령, 진주, 마산으로 가는 국도가, 서쪽으로는 양천강을 따라 가회면, 합천댐으로 가는 도로가 합쳐지는 삼거리로서 교통이 편리하고 경남 내륙 오지에 위치한 소도시 같은 동네였다. 면사무소는 물론, 경찰지서, 삼가 국민학교(현 초등학교), 삼가중학교, 삼가고등학교, 농업금융조합, 우체국 등 공공기관이 있었다.

시골 한량들이 만나 담소를 즐기기도 하는 다방이 2개나 있었다. 또한 청년들이 사교하고 스트레스를 푸는 신식 오락장인 당구장도 있었다. 중심 거리는 도시에서나 볼 수 있을 법한 제법 큰 상점들도 있어 사고 싶은 상품들은 언제나 다 살 수 있는 살기에 편리한 동네였다.

지나가는 과객들이 하루 저녁을 숙박할 수 있는 여관도 있었다. 5일장이 섰으며 장날이면 돼지국밥을 파는 포장집이 길가에 임시로 세워져 순박한 농촌 어른들이 이웃 동네의 지인을 만나 막걸리를 마시며 풍성한 화제로 낄낄거리며 즐기기도 한 시골만이 가지고 있는 인정이 넘치는 사람 냄새가 물씬 나는 아름다운

삼가초등학교 쪽에서 본 양천강. 현대식 건물로 변한 고향 금리를 강진상 선생이 가리키고 있다.

동네였다.

삼가면 사람들이나 경찰, 공무원 등 모두가 다 평범한 사람으로 각자의 역할을 하며 살았으며 그곳에는 평화와 정의가 있고 소박한 인정이 흐르는 동네였다. 그런 시골 마을에 아름다운 사람들이 살고 있었고 그 존재의 의미가 바로 평화 그 자체였다.

역사적으로 삼가면은 남명 조식南冥曺植 선생의 고향이었다.

남명학파 제자사숙弟子私淑人인 제자 정인홍鄭仁弘, 곽재우郭再祐가 임진왜란 때 경의敬義사상을 바탕으로 한 의병 창의倡義를 했고 눈부신 활약을 하여 국난 극복을 이룩한 중심지이기도 하였다.

1623년 인조반정 후 서인과 노론으로 이어지는 일당 전제와 지역 차별 등이 심화되자 1728년 이를 타파하기 위해 지역민들의 봉기로 인한 반역 향反逆鄕으로 매도되어 중앙 정계에서 배제되자 지역민들의 울분과 분노가 높은 곳이기도 했다.

　1919년 기미년 3월18일(음력 2월17일) 삼가 장날에 모인 주민들이 합세한 가운데 정연표, 한필동 등이 정금당淨襟堂 앞에서 '대한독립만세'를 선창하자 5백여 명의 주민들이 함성으로 소리 높여 연창하며 삼가시장을 누비고 주재소를 포위했다.

　이때 일제 합천경찰서는 일제경찰들과 일제군인들을 동원하여 주재소 일경과 합세하여 무자비한 폭력으로 애국 민중들을 체포, 구금하는 등의 방법으로 밤 8시경 강제로 해산 시켰다.

　이 독립만세운동에는 3만여 명의 애국 민중들이 참가했고 집이 삼가 장터에 가까이 있어서 당시 열 살인 아버지는 할아버지를 따라가 함께 3·1만세운동에 참가하기도 하였었다.

　그래서 의병활동과 기미 3·1독립운동으로 인해 삼가는 역사의 고장이 되었다.

# 아버지의 보도연맹 가입
### - 국가폭력에 의한 죽음 그리고 학살자들의 정체

1950년 봄 진상은 삼가국민학교(현 초등학교) 3학년이었다.

어느 날 면사무소 직원이 집으로 찾아와 아버지에게 보도연맹에 가입하라고 강요하였다. 면직원의 손에는 명단이 적힌 서류가 들려 있었는데 이미 보도연맹에 가입 시킬 인물들이 당국에 의해 작성된 것이었다. 전국적으로는 보도연맹에 가입할 것을 적극적으로 선전하고 있었고 내무, 법무, 국방의 3부 장관까지 나서서 보도연맹에 가입을 독려하였다.

아버지 강덕수는 1945년 8월 해방이 되면서 면 인민위원회에서 활동을 하였으며 1945년 9월 8일 미군이 인천을 통해 들어오고 군정이 실시되면서 민족지도자인 몽양 여운형이 이끄는 '조선인민공화국'의 승인이 거절되어 해체됨에 따라서 삼가면 면 인민위원회도 해산되어 다시 평범한 일상으로 돌아왔다.

일제 강점기의 친일 경찰들이 다시 미군정의 경찰 조직으로 들어오고 친일 관료도 다시 행정부 조직에 들어와 일을 하게 되자 친일경향의 친정부 우익단체인 민보단, 청년방위대, 의용경찰대 등이 조직되어 다시 제 세상을 만난 듯이 설치고 활동하면서 인민위원회에서 일했던 사람들을 체포하고 경찰 감옥에 감금하여 곤욕을 치르게 하였다.

아버지 강덕수는 그러한 상황을 피하여 암암리에 반미와 반정부 활동을 하면서 막노동도 하고 부산에서 부두노동자로도 종사 하였다. 도피 생활을 하면서 1946년 겨울에 어느 산 능선을 넘다가 얼음판에 미끄러져 다리 골절상을 당하여 어느 집에서 치료를 받던 중 동리라는 마을의 '권'가 성을 가진 사람의 밀고로 경찰에 체포되었다. 얼마 동안 경찰 유치장 생활로 곤욕을 치룬 후 고향 금리로 돌아와 평온하게 동네일을 하며 살았다. 그리고 1948년 합천군에서도 일어난 '2·7구국투쟁'에도 참여하였다. 그러나 좌익 활동이나 좌익단체에 가입한 사실은 없었다.

1945년 해방 직후 지방조직으로 출발한 민중자치기구인 인민위원회는 8월 15일 광복되던 그날 조선건국준비위원회가 발족된 후에 일본경찰조직을 밀어내고 각 지방으로 조직을 확대하였고, 지방마다 조직의 이름은 달랐지만 치안대·보안대 등의 이름으로 8월 말경에는 전국적으로 145개 소에 이르렀다. 그 중에는 건국준비위원회를 거치지 않고 직접 지역 민중의 손에 의해 결성된 곳도 있었다.

대부분 지역에서 실질적 통치기능을 담당하였으며 친일파와 민족반역자를 제외하고 다양한 계급과 계층을 흡수하여 조직 되었다. 어떤 지역은 지방유지인 부유한 우익인사가 인민위원회의 사업을 이끌기도 하였다.

대체로 조직, 선전, 치안, 식량, 재정을 담당한 부서를 두고 지역에 따라 보건후생, 귀환동포, 소비문제, 노동문제, 소작료문제 등을 다루는 부서를 조직하기도 하였다.

이 인민위원회는 민중들에게 큰 지지를 받는 유일한 전국적 정치세력이었다. 경북 영양군은 군민의 80%가 인민위원회 소속이기도 하였다.

다음 세 가지가 강령의 주 내용이었다.

첫째, 모든 일본인 재산은 한국인에게 돌려준다.

둘째, 모든 토지와 공장은 농민, 노동자에게 속한다.

셋째, 모든 남녀는 평등한 권리를 갖는다.

1945년 8월 초 조선총독 아베 노부유키는 일본 패망이 확실시 되자 일본인의 생명과 재산을 보호해줄 협상 대상자를 민족지도자인 몽양 여운형으로 하여 협상하였다. 여운형은 1944년 8월 10일 비밀리에 건국동맹을 조직하여 활동하고 있었으며 해방 정국에서 건국 준비를 위한 대표기관과 정치세력의 필요성을 느끼고 있던 참이었다.

1945년 8월 15일 광복되던 그날 조선건국준비위원회(약칭: 건준)를 발족하여 위원장에 여운형, 부위원장에 안재홍, 허헌으로 하고 그 목적은 민족의 총역량을 일원화하여 자주적으로 과도기의 국내 질서유지에 있었고 9월 2일에는 강령을 발표하였다.

9월 6일에는 전국인민대표자 회의를 소집하여 '조선인민공화국 임시조직법안'이 통과 된 뒤 국호를 '조선인민공화국'으로 하여 인민공화국 수립을 발표하였다.

조선총독부로부터 치안유지권 및 방송국, 언론기관 등을 이양 받았다. 그러나 바로 그날 9월 6일 총독부는 갑자기 태도를 바꿔 행정권 이양을 취소하고 경찰서, 신문사, 학교 등을 다시 접수하였다.

그 이유는 그날 헤리스 준장이 이끄는 미군 선발대가 비밀리에 서울에 와서 '일본 통치기구를 그대로 미군에게 인도할 것'이라고 한 협상의 결과였다.

미군이 진주한 후 미군은 1945년 10월 10일 조선인민공화국의 승인을 거절하고 군정을 실시한다고 포고문으로 발표하였다. 그 후에 조선인민공화국은 자연 해체 되고 인민위원회의 활동이 차츰 세력을 잃었다.

-《두산백과》〈한국근현대사 사전〉-

아버지 강덕수는 '인민위원회'나 '2·7구국투쟁'에 참여한 것은 애국하는 일이라 생각했기 때문이었다. 이승만 정권에서 국민에 강요하는 애국은 순전히 이승만 정권에만 충성하고 꼭두각시처럼 따라야 하는 것이었다. 그런 애국은 전제주의 국가에서나 가능한 애국이었다.

국가와 민족을 위한 진정한 애국의 방법에는 여러 가지가 있겠지만 순수하게 국가와 민족을 위한 애국이어야만 했었다.

2·7구국투쟁은 남한만의 단독정부 수립에 반대하는 단독선거

반대투쟁이었다. 아버지는 그것이 애국이라고 생각했었다. 남북이 통일된 그런 나라를 바라는 것이 애국이라고 생각하였다.

제주도에서는 단독선거를 반대하는 민란이 일어나 도민 25만 중에서 8만 명의 목숨을 잃는 4·3항쟁의 참극이 일어나지 않았던가. 이미 아버지는 그 사건들로 인해 경찰서에 몇 번 불리어 갔고 훈방이 되기도 하였다.

아버지는 열 살 때 할아버지와 3·1기미독립만세운동에 참여한 후 민족의식이 강해지고 독립에 큰 관심을 가졌던 좀 일찍 깨친 사람이었다. 그래서 몽매한 당시의 상황에서 그러한 의식이 좌경 사상가로 보였을 것이다. 그러나 그는 그저 순수하게 구장(이장)으로 동네일을 열심히 한 평범한 양민이었다.

이승만 정부에서는 시골 마을에서 양민, 특히 동네 구장이나 똑똑한 청년이면 무차별적으로 보도연맹에 가입을 독려하고 나섰다. 그래서 면직원이 일선 마을들을 돌면서 가입을 강제하고 있었다. 바로 그러한 권고가 아버지에게도 다가왔었다.

"구장님, 보도연맹에 가입 하이소."

"에이 안 할랍니더. 뭐 가입해서 뭐 할라고요, 안 할랍니더."

"가입하지 않으면 불이익이 많습니더, 가입하면 구장님의 인민위원회 일이나 2·7구국투쟁한 일들이 없었던 것으로 되고 이익이 되는 일이 많습니더."

좌익단체에 참여한 사람이나 좌익사상을 가진 사람들이 일차적 반강제적인 가입대상자였지만 그 다음으로 인민위원회나

2·7구국투쟁에 단순 참여 하였던 사람들을 대상자로 정부에서 지정을 하였다.


"아 나는 싫습니더. 이미 두 일 때문에 경찰에 여러 번 불려가서 곤욕을 많이 치렀습니더. 그래서 더 가입 안 할 랍니다"

면사무소 직원은 얼굴 표정이 일그러졌다. 순간 어색한 침묵이 흘렀다.

이때 어머니가 그 정적을 깨트리며

"여보 가입 하이소, 좋은 갑다. 뭐 가입하면 어때서"

면직원의 굳은 표정이 풀어지면서 미소를 띠었다.

아버지는 참으로 난감했다. 어머니마저 권하고 있으니 어떻게 해야 할지 걱정이 되었지만 다시 한 번 거절했다.

"불이익이 생겨도 가입하지 않을 끼요, 좋은 일이 있으면 얼마나 있겠소. 내가 이미 두 일로 해서 얼마나 고생을 했는데. 안 할 랍니다."

두 일은 인민위원회와 2·7구국투쟁을 일컬은 것이었다.

면직원은 얼굴이 상기 되어 난처하다는 듯이 굳은 표정으로 그날은 돌아갔다.


며칠 후에 그 면직원은 또 찾아와서 아버지에게 보도연맹에 가입하라고 반 강제로 권했고, 보채며 압박을 했다. 참으로 난처했다.

"구장님은 해방 직후 인민위원회에서 일도 하였고, 2·7사건에 가담한 사실로 당국에서 가입시키라 합니더. 제가 억지로 가입하라고 한기 아입니더. 참 곤란합니더."

아버지는 애국하는 마음으로 인민위원회에서 일을 하고 2·7구국투쟁 사건에 참석만 했을 뿐이었는데 그것을 트집 잡으니 기가 찼다. 그러한 애국하는 마음으로 활동한 것이 죄라면 죄일 뿐 나라에 해가 될 일을 한 적이 없었다. 다만 구장으로 마을 일을 보면서 나라 일을 성실히 하면 될 뿐이었다. 이렇게 인민위원회나 2·7구국투쟁에 참가가 아버지를 옥죌 줄을 몰랐다.

아버지는 보도연맹에 가입하는 것이 무엇을 의미하는지 감으로 충분이 알고 있었다. 그래서 한사코 가입을 하지 않으려 하였다.

"내는 두 일로 해서 여러 번 경찰서에서 곤욕을 치르고 훈방되었심더. 내가 싫은면 아인 것 아닙니꺼."

잠깐 침묵이 흘렀다. 온갖 상념이 순간 스쳐 지나갔다.

"나를 봐 주이소. 내는 앞으로도 그런 일에는 절대 참여 안 할 낍니더."

"가입 안 하몬 경찰이 나와 곤란하게 될낍니더."

"내는 구장으로 마을 일을 보기에도 벅차고 또 그 곳에 가입하면 동네일을 소홀히 할 수 있어서 가입 못 합니더."

아버지는 극구 사양하며 강하게 거절했다.

또 면직원은 돌아갔다.

그런 장면을 진상은 어린 눈으로 걱정스럽게 보곤 하였다.

말하는 내용을 진상은 알아들을 수 없었지만 아버지의 심각한 표정만은 읽을 수 있었다. 다시 며칠 후에 또 와서 설득하며 권했다. 아버지는 참으로 난감했다. 면직원이 엄포를 놓는 소리도 진상은 들을 수가 있었다. 할 수 없이 싫지만 강제되어 억지로 가입하고 말았다.

삶과 죽음이 갈라지는 운명적 결정이었다.

아버지가 국민보도연맹에 가입한 것이 진상의 가정에 불행이 찾아 온 시작이 되었다.


6·25전쟁이 본격화 되고 전선이 점점 남쪽으로 밀리고 있었다.

경남경찰국의 지시를 받은 합천경찰서 사찰계(사찰주임 : 김봉조)는 1950년 7월 17일경 각 지서를 통해 면단위 책임자 회의가 있다며 보도연맹원 간부들을 일제히 소집하고, 출두에 응하지 않은 보도연맹원들은 사찰계 형사들을 직접 보내 연행하였다.

아버지는 7월 18일 집에서 경찰관 2명에 의해 경찰서로 끌려 갔으며 그날로 서내 강당에 감금되어 버렸다.

예전에 몇 번 있었던 교육 훈련 때와 다르게 분위기가 무겁게 가라 앉아 있었다. 총검으로 무장한 경찰들이 무섭게 눈을 부라리며 경계하고 있는 가운데 강당에서 장재익 합천경찰서장이 연단에서 지껄였다.

"대전이 적의 수중에 들어 갈 위기에 놓여 있다. 여러분은 내부의 적으로 간주 되어 정부에서 특별 관리하라는 지시가 있어 여기에 모이게 하였다. 여러분은 지금 이 시간 이후 이곳을 벗어나서는 안 된다. 무단으로 벗어 난자는 즉시 총살하겠다. 각오하라."

"우리는 아무 죄가 없습니다. 내무, 법무, 국방의 3부 장관이 무죄하다고 성명까지 하지 않았읍니꺼."

한 사람이 소리치자 옆에 있던 경찰이 몽둥이로 사정없이 그를 가격했다.

"정부가 절대적으로 신분보장을 한다고 약속을 했소이다. 우린 아무 죄가 없소이다."

역시 이 사람도 경찰에 의해 끌려 나가 개 타작 당하 듯 맞았다.

"야 이놈들아. 죽일라면 빨리 죽이라. 왜 개 패듯 패느냐. 이놈들아."

"죽여라. 일제 경찰들아. 우리는 죄가 없다 이놈들아!"

"해방이 되었을 때는 죽은 듯이 있드마는 그것도 잠시, 군정에서 살아나 이승만 정권에서 권력을 잡은 놈들아."

"죽여라. 이놈들아!"

악에 받친 항변이 장내를 큰 소란의 장으로 만들어 버렸다. 큰 소동이 일어날 것 같은 험악하고 흥분된 분위기로 탱탱하였다.

이때 총소리가 요란하게 울렸다. 그리고 장내는 쥐 죽은 듯이 조용해졌다. 금방이라도 보도연맹원들에게 총을 쏠 것은 살벌한 분위기로 바뀌었다.

연맹원들의 놀란 얼굴이 백지장 같이 되어 머리를 떨어뜨리고 실의에 빠져 눈가에는 눈물이 고였다. 죽음의 그림자가 다가오고 있음을 어슴푸레 느껴졌다. 그렇게 조성되어 가고 있는 살벌한 공포의 분위기에서 그들은 죽음에 대해 스스로 최면이 걸려 삶을 포기한 사람들이 되어 가고 있었다.

아버지 강덕수는 마음에 침통한 통증이 느껴지는 듯 했다. 꼭 불길한 일이 곧 벌어질 것만 같았다. 아버지는 현기증이 났다. 쓰러질 것 같았지만 머리를 흔들어 몸을 곧추세웠다. 정신을 가다듬으려고 또 머리를 흔들었다.

강당에서 나와 유치장에 떠밀려 들어간 아버지는 유치장의 어둡고 숨이 막힐 것 같은 더위에 헉헉댔다.

경찰서 유치장은 좀 넓은 편이지만 앞서 들어온 사람들로 발 디딜 틈도 없이 비좁았다. 거기다가 퀴퀴한 냄새가 진동했다.

그 순간 죽음의 그림자가 짙게 물들여진 분위기가 느껴졌다. 아버지는 몸서리를 치며 절망으로 빠져 들었다.

그곳에는 인간도 없고 인권도 없었다. 잔인하게 야만인이 된 경찰들 밖에 없었다. 인권이라는 말은 사치였다. 다만 야만만이 있을 뿐이었다.

사람의 생명은 개보다 못했다.

죽음의 너울을 덮어 쓴 그림자가 아버지를 감싸고 공포로 점점 더 다가왔다.

회한悔恨의 기억들이 주마등처럼 떠올랐다. 낮에 떠오르는 기

억은 행복하였던 가족들과의 아름다운 추억으로 가족에 대한 사
랑과 걱정이었으며 밤에 떠오르는 기억과는 달랐다. 밤의 어둠
으로 떠오르는 기억은 지난 시절 가족에게 잘 못한 것들에 대한
후회였다. 그 후회가 죽음의 그림자로 다가와서 무거운 공포로
자신을 짓눌러 버렸다.

아버지는 가냘픈 인간으로서 자존심이나 남자로서의 결기를
압도하는 그 동안의 거대한 두려움에 휩싸여 몸과 정신은 완전
히 기운이 빠진 상태가 되었다.

인간이기를 거부한 것처럼 영혼이 몸에서 빠져 버린 것 같았
다. 죽음의 공포는 경찰서 내에 안개처럼 무겁게 자욱했다. 그들
이 하는 말에 무어라 대꾸하면 가차 없이 몽둥이로 가격하였다.
몸서리치는 차가운 분위기의 전율과 절망으로 그 많은 사람들이
기괴한 집단최면에 빠졌다. 참으로 이해할 수 없는 그 집단최면
은 개인 개인에게는 더 진한 최면 속으로 푹 빠지게 만들었던 것
이다. 그렇게 보낸 며칠 동안 도살장에 끌려간 소처럼 되어 버렸
다. 그곳에 있는 사람들은 죽음이 마음 속 깊숙이 자리해서 온몸
으로 퍼져 마취되어 움직이는 시체가 되어 가고 있었다.

죽는다는 자체가 실감이 되지 않는 바보가 되어 있었다. 그 죽
음의 느낌 속에는 위협, 공갈, 협박, 비천한 언어, 모욕, 욕설이
다 들어 있었다. 총을 맞아도 칼에 찔려도 통증이나 고통이 느껴
지지않는 로봇이 되어 있었다. 그저 말 못하는 도축장의 소처럼
눈만 끔벅끔벅하고 있을 뿐이었다.

죽음으로 세뇌 된 그들은 분명히 인간이 아니었다. 그렇게 만든 경찰들이나 장재익 서장도 인간이 아니었다. 그곳에 인간이라고는 없었다. 인간은 보이지 않았다.

아버지 강덕수는 그렇게 되어 버린 채로 3일을 경찰 유치장에 있었다. 진상의 가족들은 아버지가 경찰에 의해 연행된 것이 그저 보도연맹에 가입한 것이 이유였을 것이라고 생각했다.

1950년 7월 20일, 금강을 도하한 인민군에 의해 금강교두보가 무너지고 대전을 방어하던 군경이 철수할 무렵인 7월 21일(음 6. 6) 새벽에 아버지 강덕수는 일행과 함께 합천경찰서에서 삼가지서로 일단 왔다가 그날 정오쯤에 산청군 생비량면 화현리 산 83번지 방아재로 끌려가서 총살을 당했던 것이다.


당시 26세(1924년생) 동네 청년 석동정은 1950년 7월21일(음 6. 6) 며칠 전날 연행된 4촌 형 석창동의 소식도 좀 알아 볼 겸 또 5촌 아저씨의 제삿장보기를 하려고 진주로 가기 위해 새벽 같이 길을 나섰다.

이날(21일)은 인민군에 의해 대전이 함락되고 있었다.

먼저 삼가지서에 들러서 4촌 형 소식을 알아보려고 하였다. 지서 옆 정자나무 아래에는 삼가면, 청덕면 등에서 연행되어온 사람들이 모여 있는 것을 보았고 또 버스도 두 대가 서있는 것도 볼 수가 있었다. 이때 지서 안으로 들어가려고 하니 무장 경찰이 막아섰다. 지서 안을 힐끔 들여다 보니 석창동 형이 보였고 또 진상의 아버지 강덕수도 보였다.

그는 마음이 착잡하였고 살벌한 분위기가 으스스 추위를 느끼게 할 정도로 공포가 느껴졌다. 형에게 말 한 마디라도 하려고 했으나 험악한 눈길의 무장 경찰에게 제지를 당했다. 무서웠다. 할 수 없이 지서를 나올 수밖에 없었다. 그때 지서에는 12~13명 정도의 경찰이 있었는데 전부 모르는 경찰들이었다.

지서를 나와 삼가면에서 의령 대의면으로 가던 중 아버지 강덕수 일행들을 태운 버스가 지나갔고 얼마 후에 그 버스를 다시 만났다. 그때는 오전 10시경으로 교동에서 잠시 멈추어 있었고, 지서장 이남원이 직접 삽과 괭이를 싣는 것을 보았다. 그리고 대의지서 앞을 지날 때 또 다른 버스가 멈추더니 2명의 경찰이 대의지서에서 10여 자루의 삽을 챙겨 싣는 것을 보았다.

버스 속의 로봇들은 모두 고개를 숙이고 있었다. 그들은 위협과 공포, 공갈로 인해 죽음의 독기가 온몸으로 퍼져 마취되어 버린 로봇들이었다. 그들에게는 삶과 죽음이 무엇인지 분간이 되지 않는 로봇이었다. 자신들이 죽음의 대열에 서 있는 것도 몰랐다. 그 버스에 있는 그들은 오늘 이미 죽음이 예정된 로봇들이었다.

소, 돼지는 도살장에 가 도축 될 날이 예정되어 있는 것처럼 이 잔인한 인간 세상에서도 인간들의 살상을 예정하고 있었으니, 얼마나 잔악한 야만의 처사인가.

아! 비정한 세상사여. 법적으로 사형수도 아닌데 말이다.

결코 인간일 수 없는 야수보다도 더 나쁜 마귀의 하수인들은 날카로운 눈초리로 착검한 총으로 죽을 사람들을 감시하고 있었다. 마귀의 지시에 충실히 따르고 행동하는 그들이 오늘 로봇들을 죽일 꼭두각시들이었다.

석동정은 방아재를 올라갈 때 고개 초입 신기리 마을에서 안간지서 급사(진주시 미천면)를 만나 함께 동행했다. 경사가 급하고 자갈이 많이 깔린 고갯길을 자전거에서 내려 걸어가고 있을 때 옆을 지나가고 있는 로봇들을 태운 버스도 사람 걸음보다는 좀 빠른 속도로 올라갔다.

그 버스에서 형 석창동이 손을 흔드는 것을 차창을 통해 보였다. 삶과 죽음을 분간 못하는 로봇이 된 형은 고갯길로 동생이 올라가는 것을 보는 순간, 사람으로서의 의식이 들어 잠깐 사이에 인간으로 돌아와 손을 흔들었던 그 애절한 모습은 차마 기억하기 싫은 마지막 장면이었다. 무척 반가운 버스 안의 그 모습은 그에게 평생 동안 여운으로 남아 울고 또 울게 하였고, 고통의 멍으로 남게 하여 지워지지 않았다.

그들을 태우고 올라갔던 버스가 얼마 되지 않아 빈 채로 내려왔다. 잿마루에 다 올라 갈 때쯤 되어서 조금 전 버스에 탔던 그 로봇들이 손목을 뒤로 묶인 채 두 줄로 골짜기를 향해 죽음의 행렬을 이루며 가고 있는 것이 보였다.

석동정은 무심코 그 수를 세어 보니 49명(공식 통계는 48명)이

한시적 국가기관인 '진실·화해를 위한 과거사정리위원회'에서 2009년 증언한
총살 현장 목격자 석동정 씨. 2011년 작고.

었다. 자세히 살펴보니 강덕수 구장도 확인 되었다. 물론 사촌
형 석창동이 일행 중에 있는 것도 보였다.

고개 마루에 도착했을 때 그곳을 지키고 있던 경찰이 수하를
해 왔다.

"당신들 누구요, 왜 이곳에 오고 있습니꺼?"

"예, 저는 제사가 있어 진주로 장보러 가고 있는 사람입니더.
이분은 진주 안간지서 소사입니더"

"그래요? 이곳에는 어느 누구도 와서는 안 되는 곳인데. 안간
지서 소사라니 다행입니더"

너무 놀란 나머지 허겁지겁 그 경찰을 따라 갔다.

지시한 어느 지점에서 벌벌 떨며 서 있었다. 그때 방금 전에 올

라갔던 그 로봇들이 저 안쪽 골짜기에 일렬로 세워져 있는 것을 보았다. 정적이 짙었다. 태곳적 정적이 아마 그랬을 것이다.

바로 그때 지서장 이남원은 휘하의 10여 명의 경찰들에게 그 불쌍한 로봇들에게 총을 발사하라고 명령하였다. 그 경찰 꼭두각시들은 정면에서 그들 모두의 얼굴을 보며 잔인하게 쏘았다.

"따따당 따당 따당 따따당 따따당……"

석동정은 너무 놀라 기절할 정도가 되어 눈을 감았다. 못 볼 것을 본 것이다. 기억하기조차 싫은 현장을 본 것이다. 생시인가 꿈인가 자신의 살을 꼬집어보았다. 어떻게 이럴 수가 있는가.

한참이나 총소리가 났다. 바로 죄 없는 양민, 그 로봇들을 향해 무차별적으로 총질을 하고 있었다. 순간 그 로봇들은 인간으로 돌아와 사람의 소리로 아우성을 치며 절규했다.

"대한국민 만세"

"아부이 ~ "

"어무이 ~ "

"여보오 ~ "

"아이들아 ~ "

"대한독립 만세 ~ "

"대한민국 만세 ~ "

"인민공화국 만세 ~ "

그 아우성이, 그 절규가 온 산하에서 총소리에 섞여 메아리쳤다. 그곳은 뜨거운 태양이 작열하는 7월의 하늘 아래 벌건 대낮에 일어난 아비귀환의 생지옥이었다.

그렇다, 죄가 없었던 그 양민들은 아무 의식이 없는 죽음의 독기에 마취된 로봇들이 되어 비인간非人間들로 있다가 그 순간 인간으로 깨어나 인간으로서의 비명을 지르고 있었던 것이다. 순간 자기 자신을 찾은 것이다. 비명이 온 산을 진동시켰다. 그들의 의식의 각성 소리가 온 산을 가득 채웠다. 자기 자신이 인간으로서의 존재를 외친 것이었지만 그것도 잠시뿐이었다. 허무하였다. 인생이 허무하였다.

얼마나 시간이 지났는지 몰랐다. 그래도 총살을 당한 인간으로서의 신음소리가 가느다랗게 들려왔다. 저 멀리서 들려오는 것처럼 점점 작아졌다. 아마도 최후를 맞는 마지막 신음 소리였을 것이다. 마지막 인간으로서 깨어났던 그 신음 소리는 그렇게도 질겼다. 깨어있는 민중의 진정한 애국의 문명이 이승만의 정권욕과 그 주구들의 탐욕이 결탁한 반문명에 무참히 짓밟혔던 것이다. 이승만 주구의 야만에 철저히 당해 죽음의 세계로 사라져 가고 있었다.

아! 야만과 반문명이 어질고 순박한 양민들을 죽였구나. 죽였구나.

인생의 허무함이여! 인생의 무상함이여!

왜 그들은 죽어 가면서 "대한독립 만세"라고 외쳤을까. 그들은 이승만 정부의 국가는 진정한 독립국가라고 생각하지 않았던 것이다. 이승만 정부는 제2의 일제강점기 정부라 생각했던 것이다. 아직은 진정한 독립국가라고 생각하지 않았던 것이다. 일제 강점기에서 순사질을 했거나 일본 순사보조원 출신의 경찰이기 때문에 아직도 일제 경찰에게 당하고 있다고 생각했다.

그들이 "대한민국 만세"라고 외친 것은 진정한 대한민국을 염원한 것이었다. 민초들이 주인이 된 진정한 민주국가를 바랐던 것이다. 그들은 진정한 국민으로서 "대한국민 만세" 소리를 높였던 것이다.

그들은 제2의 독립운동가들이라고 생각하고 있었다.

민중이 주인이고 민주주의를 염원하며 "인민공화국 만세"라고 외쳤다. 미국의 군정 실시로 민족민주자주국가를 건설하려는 희망이었던 몽양 여운형의 '인민공화국'을 해체 해 버린 것에 대한 원망의 신음 소리였다.

이승만 정권은 일제 수탈과 폭압에 고통을 당했던, 한恨이 맺힌 순진한 국민을 위한 정권이 아니고 다시 친일 깃발이 나부끼고 친일경찰, 친일관료, 친일 지주를 위한 정권이라고 생각했다. 친일 인사들이 정부조직을 장악하여 국민에게 호통하고 그들을 죽이기까지 한다고 생각했다. 그들은 몽매한 민중의 의식을 일깨우던 선각자들이었다. 그들은 진심으로 국가와 민족을 걱정한 애국자들이었으며, 진정으로 민초들을 사랑한 인정 넘치는 아름다운 사람들이었다.

주구 경찰들은 삽과 괭이로 그들을 묻고 있었다. 아직도 그 질

긴 생명의 신음 소리가 희미하게 나고 있었다. 반생반사半生半死한 인간들이 생명의 온기가 남아있었지만 참혹하게 흙더미 속에 파묻히고 있었다. 그곳에서는 죽은 자들이나 죽인 자들, 죽은 자들이나 살아있는 자들 모두가 다 인간이 아니었다. 비인간이었다.

얼마 후에 주위는 너무나 짙은 적막한 고요가 안개처럼 자욱하였다. 그 정적이 너무나 무거웠다. 그 무게를 감당할 수 없을 정도로 무서웠다. 그때서야 석동정은 온몸이 덜덜 떨리고 있는 전율이 느껴졌다.

그곳에는 인간이 없었다. 자연의 주체여야 할 인간이 없었다. 죽은 자들이나 죽이는 자들 모두가 정적 속으로 묻혀 버렸다. 그곳은 처참한 침묵만이 무겁게 내려앉아 있었다. 작열하는 한 여름의 햇빛만이 슬픈 비탄을 노래하고 있었다.

그곳에는 인간이 없고 자연의 여러 현상으로만 존재 할 뿐이었다. 그렇다면 도대체 인간은 무엇이란 말인가. 인간은 평화이고 정의이다. 인간의 존재란 무엇이란 말인가. 인간에게 평화와 정의가 있을 때에만 인간은 존재한다. 그것이 없고 폭력, 공포만이 있을 때 인간은 존재하지 않는다.

어차하면 석동정에게도 닥칠 수 있는 공포가 엄습해 왔다. 넋나간 듯 멍하게 아무 생각도 없이 떨면서 우두커니 서 있었다.

이때가 낮 12시경쯤 되었다.

지서장 이남원의 눈은 아주 진하게 충혈되어 있었고 살기가 가득 차 살상의 비린 냄새가 역겹게도 짙게 풍겼다.

그 분위기에 짓눌려서 오금이 저려왔고 자신이 쑥 빨려 들어가 죽어가고 있는 것만 같았다. 그런 공포 속에서 허우적거리고만 있었다. 빠져나오고 싶었지만 자꾸만 더 빨려 들어가고 있는 것만 같았다.

이남원, 그가 바로 마귀였다. 그가 바로 저승 사자였다.

그때 정적을 깨는 꿈같은 소리가 들렸다. 귀가 번득했다.

이남원 지서장이 지껄이는 소리였다.

"이 고개는 빨갱이 고개이니 잘 봐두어라."고 하며 엄포를 놓았다.

"당신들이 오늘 본 것들은 절대 다른 사람들에게 말하지 말라."

"예. 알겠심더"

"빨리 이곳을 떠나라."

"예, 예 고맙습니다."

인간의 소리가 아니었다. 미친개가 짖는 소리였다. 꿈이 아니고 현실로 돌아와 분명히 그곳에서 풀어 주었다. 왜 풀어 주었는지 납득이 되지 않았지만 그런 와중에도 날 듯이 기뻤다. 평생을 살면서 그는 그것을 풀리지 않는 수수께끼로 가지고 살았다.

아 빠져 나왔다. 아 그곳에서 나왔다.

부리나케 자전거 페달을 달음박질 하듯 밟아 달리고 달렸다. 어떻게 페달을 밟았는지 모를 정도로 달렸다. 온 몸이 땀으로 범벅이 되었다.

한참을 더 달려서 자전거를 내팽개치고 그 자리에서 주저앉았다. 그리고 깊은 안도의 숨을 내쉬었다.

석정동은 너무 원통하고 억울하여 땅을 치고 가슴을 치며 목이 메도록 통곡했다. 그때서야 눈물이 물 흐르듯 흘러내렸다. 실컷 울고 또 울었다. 동행한 안간 지서 급사도 역시 물속에서 막 빠져 나온 듯 땀으로 온 몸이 젖어 있었다. 그의 얼굴은 볼 수 없을 정도로 창백했다. 석동정은 오줌으로 바지가 질퍽하게 젖어 있는 것을 그제야 알았다.

참으로 짐승보다도 못한 인간들이었다. 이남원 지서장과 경찰들은 마치 피 맛을 본 이리나 식인상어와 다름없었다.

석동정은 발이 허공에 떠 있는 것처럼 느끼며 페달을 밟아 진주 시장에 도착하였다. 넋이 나간 사람처럼 행동이 이상할 정도였다. 시장에 가 종이에 적힌 제사장 목록대로 장을 보았다. 돌아올 때도 그 방아재 총살 현장을 지나야 하는데 죽기보다 싫었다. 그렇지만 그 길 밖에 없었다. 그 방아재를 지날 때 발이 후들거려서 페달이 제대로 밟히지 않았고 또 목이 메도록 눈물이 앞을 가렸다. 그리고 저녁때 삼가 집으로 돌아 왔다. 낮 동안 일어났던 일들로 백 년은 산 것 같은 기분이었다. 그의 몰골이 창백한 늙은이 얼굴이 되어 버린 것 같았다. 입에서는 저절로 앓는 신음이 나왔다.


석동정은 사방공사나 저수지 만드는 일을 할 때 성실하게 일을 해서 진상의 아버지가 착하고 성실하게 보아 밀가루도 조금 더 주기도 했고, 봉지담배를 더 주기도 해 아버지를 잘 따르던 청년이었다.

그는 어둑한 저녁 때 진상의 집에 주위 동정을 살피며 조심스럽게 찾아 가 새파랗게 질린 얼굴로 공포에 떨며 어머니에게 속삭이듯이 말했다.

"진승이 어므이 구장님이 방아재에서 죽었심더. 경찰이 총으로 쏴서요, 내 두 눈으로 똑똑이 봤심더."

어머니는 믿을 수 없다는 듯이 반문했다.

"정말인교. 틀림없소. 거짓말 한 것 아니제?"

"예 그렇씸더, 아즈머이. 다른 사람한테 내가 알려주었다고 말 마이소. 잘 못하믄 나도 끌려가 죽습니더. 무섭습니더. 나 빨리 집에 가겠습니더."

쏜살같이 어둠을 뚫고 가 버렸다.

어머니는 대성통곡을 하며 울부짖었고 이를 안 진상의 5형제들도 서로 엉켜 몸부림치며 울었다. 이 무슨 날 벼락인가. 이 무슨 운명의 장난인가.

"여보 내가 미쳤지. 당신을 보도연맹인가 지랄인가에 가입하게 해서 죽게 한기다."

"내 입이 방정이다. 여보 미안해. 용서해 주이소."

"애들아, 이젠 우리는 어떻게 살꼬."

"나도 죽을 란다. 내가 죽어야 할끼다. 서러워서 어떻게 살끼고."

큰형과 작은형이 울면서 어머니에게 말했다.

"어므이 그런 말 마이소, 우리는 어떻게 살라고 그런 말을 합니꺼."

"어므이 우리 오형제가 있지 않습니꺼, 우리 때문에라도 그런 말 하지 마이소."

"그래 안다. 다섯 형제가 있지. 느그는 내 희망이었단다."

"그러나 내가 니 아버지를 죽게 한 죄인이다. 살아서 뭐 할끼고."

어머니는 아버지의 죽음이 자신 때문이라고 생각했다. 어머니는 임신 5개월로 몸이 불편했고 이 엄청난 일을 감당하기가 벅찼다.

"진승아 내가 죽으면 니가 니 네 동생들을 잘 거두거라."

"진창아, 진상아, 진국아, 어린 진화를 잘 데리고 형 말을 잘 듣고 힘을 합쳐 열심히 살그레이."

금방이라도 숨이 넘어 갈 듯이 말했다. 마치 어머니 자신이 죽을 것을 예견이라도 한 듯이 신음하며 울먹였다. 이때 동생 진국이가 울면서 소리쳤다.

"어므이 왜 자꾸 죽는 단 말만하고 있노. 우리도 서러워서 죽겠다. 엄마 죽으면 나도 따라 죽을란다, 이젠 죽는단 말 그만 하그레이."

"어므이, 정말로 죽는 단 소리 이젠 그만 하이소, 비록 아버지가 돌아가셨어도 우리 식구가 힘을 내서 서로 도와 가면서 살아야 할 것 아이닙꺼. 아버지도 막 죽기 전에 그러길 바라면서 죽었을 낍니더."

진상이가 큰소리로 어른스럽게 말했다.

"오냐 오냐 진상이 네 말이 맞다. 하도 억울하고 내 죄가 커서 그렇게 죽는단 소리가 나제, 나 이제 죽는단 소리 안 하끄마. 느 그 오형제가 있으니 죽는단 소리 안 하끄마."

옆에서 3살 먹은 애기 진화가 엄마가슴으로 파고들면서 영문도 모른 채 크게 울었다. 이때 4형제들이 진화와 어머니를 에워싸 안으며 울었다. 그 정경은 참으로 눈 뜨고는 볼 수가 없었다.

할아버지도 그 장면을 울면서 참담한 심정으로 바라보고 있었다.

"며늘아야? 이 무슨 변고고. 이 무슨 날 벼락이가. 이 일을 어이 할꼬 어이 할꼬."

아버지로서 아들의 죽음은 너무나 큰 고통이고 슬픔이었다. 더 이상 말을 잇지 못하고 그 자리에서 주저앉아서 울고만 있었다. 이웃에 살고 있는 고모가 몹시 상기된 얼굴로 훌쩍이며 들어왔다.

"올케, 올케, 내 동생 내 동생이 어찌 됐단 말이고. 어이 된 일이고. 원통하고 원통하다. 억울해서 죽겠다. 내가 왜 이런 꼴을 봐야 한단 말이고. 세상 사람들아! 이 원통한 일을 어데다 호소할끼고."

그리고 조카들과 올케를 가슴으로 안으며 함께 울었다.

"제 명에 못 살고 억지로 죽었으니 이 일을 어찌 할꼬, 어이 할꼬. 벼락맞아 죽을 경찰놈들이 내 동생을 죽였으니 즈그도 제 명에 못살끼다."

어머니는 슬픈 애통의 눈물을 흘릴 시간이 더 없었다. 해야 할 일이 많고 벅찼다. 바로 삼가시장에 가서 지게꾼 두 사람을 삯꾼을 사고 아버지 시신을 넣을 관도 샀다. 그리고 다음날 새벽에 가기로 하고 집으로 왔다. 어머니는 집에 와서도 해야 할 일들이 많았다. 어머니는 울 틈도 없었다. 형제들은 어찌 할 바를 몰라 허둥대었다. 그 밤도 어떻게 지났는지 자는 듯 마는 듯이 새벽이 되었다. 하늘은 비가 올 듯이 잔뜩 찌푸려 있었다. 고모는 아침 일찍이 서둘렀다. 고모는 어머니 보다 9살 위이고 시누이라고하기보다 시어머니 같은 존재였다. 고모는 동생의 아내인 어머니를 끔찍이 아꼈다

" 야들아 서두르자. 가지고 갈 것을 부지런히 챙기그레"

어머니는 큰형에게 말했다.

"진승아, 어서 준비하여 떠나자. 니 동생 진창에게 삽과 괭이를 챙겨 주고 가지고 가게 하그레. 니는 지게에 저 보따리를 지고 가그라."

보따리는 아버지의 새 옷가지를 싼 것이었다.

"어서 가서 니 아버지에게 새 옷도 입히고 편안한 곳에 모시자. 니 아버지 영혼이 얼마나 고통스럽겠나. 흙으로 덮이고 다른

시신땜에 얼마나 힘들겠나. 어서 가자."

"진국아, 니는 진화를 잘 보고 있그레이. 진화야 형 말 잘 듣고 있그레이. 알았제, 할아버지도 집에 계신데이."

"예 어므이, 이젠 울지 마레이."

"진승아, 지금 빗방울이 조금씩 떨어지고 있데이. 우장도 챙겨 입고 동생들도 비 맞지 않게 챙겨 주그레, 어서 가자.".

할아버지도 집을 나서는 이들을 물끄러미 보고 있었다. 하늘도 무심하지 않았는지 눈물의 비를 흘리기 시작하였다. 추적추적 여름 실비가 내리기 시작했다.

어머니는 진상의 손을 꼭 잡고 걸었다. 진상의 손에도 아버지에게 올릴 간단한 제기와 향촉이 들려 있었다.

방아재 총살 현장은 삼가에서 진주 쪽으로 국도를 따라 한참을 가면 삼가 쪽 대의고개가 나오고 그 고개를 넘어서 한참을 더 걸어가면 의령군 대의면 삼거리가 나왔다. 다시 진주 쪽으로  더 가면 또 다시 대의고개가 나왔고 더 걸어가니 방아재 초입에 있는 신기마을이 나타났다.

가는 길이 멀어 걷기에는 시간이 걸리고 힘이 들었다. 그 마을을 지나서 오르막 고갯길로 한참을 올라서 갔다. 산세는 깊고 험했으며 비는 계속 내리고 있었다. 드디어 고갯마루 밑 골짜기 총살현장에 도착하였다. 현장은 삼가 집에서 약 8Km 정도 되는 산청군 생비량면에 있는 방아재였다.

붉은 황토로 덮어서 드러난 작은 언덕 같이 보였기 때문에 그 현장은 찾기는 쉬웠다. 시신을 묻은 곳은 긴 언덕으로 되어 있었고 막 삽질이 끝난 듯 붉은 황토가 너무나도 생생하였다.

비가 내리고 쥐 죽은 듯한 정적과 무거운 분위기가 공포를 자아내고 있었다. 야만의 현장은 더 무서웠다. 비안개가 휘장처럼 둘러 처져 마치 세상과는 완전히 단절된 듯한 그 곳은 무겁고 깊은 고요 속에 잠기어 으스스한 냉기까지 감돌아 음산하였다.

진상의 두 눈에서 눈물이 주르륵 흘러내렸다. 진상은 오열하였다. 그곳에는 새로 만든 언덕이 몇 개 있었다. 작은 산등성이 같았다. 진상의 눈에는 그렇게 크게 보였다. 진상이 새로 만들어진 언덕으로 오르니 좀 떨어진 저쪽에 땅을 파 헤쳐 놓은 곳이 보였다. 시신을 덮었던 흙을 파서 생긴 곳인 것 같았다.

그런데 조금 떨어진 새로 만든 언덕에서는 덮은 흙 속에서 사람의 팔이 솟아 있고 구부러진 다리도 올라와 있었다. 그제야 진상은 그 언덕들이 무덤인 줄 알았다. 무서웠다. 정말 무서웠다. 바로 그 언덕들이 많은 사람의 시신이 파묻힌 시신언덕임을 안 진상은 몸서리쳤다.

진상은 낮에도 마을의 공동묘지가 무서워 가지 않았는데 지금 그는 무덤 언덕에 올라 와 있지 않은가. 그러나 이곳에서는 마을 공동묘지와 전혀 다른 무서움이 엄습해 왔다.

그 시신언덕 밑 작은 골짜기에는 내리는 비로 인해 핏물이 작은 시내를 이루어 졸졸 흐르고 있었다. 그것은 죽은 자들이 살아 있었을 때 생명의 징표로서의 흐름이었고 마지막 몸부림의 통곡

소리였다.

고갯마루 아래 작은 계곡으로 아버지 일행 48명의 손을 뒤로 묶은 채 가도록하여 다시 뒤돌아서게 한 후에 서로 얼굴을 맞보며 총으로 쏴서 죽인 것이었다. 서로 묶어 놓았으니 도망도 칠 수가 없었다. 그 시신들은 쌓이고 엉켜서 작은 언덕을 만들었고 그 위를 삽과 괭이로 골짜기 옆 흙을 퍼서 덮어 버린 것이었다.

팔과 다리가 솟아 있는 무덤 언덕을 우선 파 헤쳐보기로 했다. 잔인한 현장이었다. 야만의 장소였다. 극도의 야만의 시대에 있었던 너무나도 끔찍하고 참혹한 현장이었다.

"진승아, 진창아 괭이로 조심스럽게 흙을 긁어내면서 아저씨를 도와 주그레이."

어머니는 울먹이며 말했다.

"예, 어무이."

형제들은 흙을 걷어내면서 훌쩍거렸다.

어머니도 삯꾼들과 함께 서둘러 흙을 걷어 냈다. 고모도 말없이 부지런히 걷어 냈다. 덮인 황토를 걷어 내니 무더운 여름 하룻밤 사이에 벌써 부패한 냄새와 피비린내가 역겹게 났다. 잔인한 학살과 그 주검의 냄새가 그 골짜기로 진하게 퍼져 나갔다.

시신들에 묶여 있는 줄을 낫으로 잘라내면서 한 구씩 한 구씩 뒤집으며 확인하며 아버지 시신을 찾기 시작했다. 시신들이 묶여 있는 줄과 고통의 발버둥질 때문에 마구 엉켜 있었다. 몇 구의 시신이 쌓여 있기도 했다. 살려고 몸부림친 흔적도 있었다.

참으로 야만의 극치를 이룬 현장이었다.

입고 있는 옷이 거의 다 흰색의 바지저고리이거나 흑회색의 작업복 차림이었다. 빗물에 흥건한 피흙탕물로 범벅이 되어 물이 들어있었기 때문에 시신들 전부가 비슷해 보여 구분하기가 힘이 들었다. 여러 구의 시신을 뒤집으면서 확인하여 가다가 몇 구의 다른 시체 밑에서 드디어 어머니의 날카로운 눈빛에 아버지의 시신이 발견되었다. 자세히 보니 아버지임을 알 수 있었다. 그냥 보면 알 수 없을 정도였다.

"아, 여기 니 아버지가 있데이. 아이고 아이고 원통해라."

"얼매나 고통을 당했으면 이 몰골이 이게 뭐꼬, 억울해라. 아이고 아이고."

"동생아, 동생아 니가 웬 일꼬, 죽어서 왜 이곳에 있나. 참으로 억울타."

고모와 어머니의 애통한 곡성은 단장을 에는 듯이 처절하였다.

진상의 눈에는 아버지 같지 않았다.

합천경찰서에 감금 되어 있던 며칠 동안 많은 고통을 당하고 또 두들겨 맞기도 해서 얼굴이 많이 초췌하고 말라 있어서 알아보기가 힘이 들었다. 다른 시신들도 상태가 비슷했다.

아버지 시신은 뒤로 두 손이 묶여서 다른 시신과 서로 연결되어 있었고 좌우측 허벅지와 배에 총상의 흔적이 있었다. 난잡하게 창자가 튀어나온 너무 참혹한 주검이었다. 묶은 끈을 낫으로 잘라내고 피흙탕질이 된 시신을 대충 닦아내고 튀어나온 창자도 총탄으로 터진 배속으로 밀어 넣었다. 비가 내리고 있으므로 대충 엉성한 염습殮襲을 할 수밖에 없었다. 그리고 관에 넣었다. 비가 슬프게 내리는 그러한 장면을 보고 있는 고모와 어머니, 큰형과 작은형은 너무 슬퍼서 울고 또 울었다. 빗물과 눈물이 분간이 되지 않는 슬프디 슬픈 울음으로 목을 놓았다. 눈이 탱탱 부었다.

학살한 자들의 날카롭고 악랄한 눈빛이 아직도 그 시신들 속에 번뜩이고 있는 것 같아서 섬뜩하였다. 어떤 시신은 총탄이 머리를 관통해 골이 튀어 나와 있기도 하였고, 배에 관통되어 창자가 어지럽게 나와 있기도 하여 너무 비참한 광경이었다.

그 현장의 지독한 피비린내의 역한 냄새는 너무나 진하게 진동하여 진상의 머리를 어지럽고 아프게 하였다. 시신들에 묻은 핏물이 빗물과 함께 섞인 홍건한 핏물이 시신들을 적시며 씻어 내리는 바로 그 장면의 야릇한 비통이 가슴을 에었다.

그들이 흘린 피는 훗날에 역사의 빛으로 비칠 것이다.

그 선한 양민의 비참한 시신은 하느님이 주신 평화와 정의의 참담한 시신이었다. 하느님이 뿌리신 정의와 평화의 씨앗이 인간의 정신 속에 들어 있기에 그 짓밟힌 부패한 시신은 지독하게 역겹고 독한 냄새일 수밖에 없었다.

아버지의 영혼이 잔인하게 찢겨진 육체를 벗어나 자유롭게 되어 평화스런 곳으로 가는 냄새였다. 그것은 하느님에게 비탄을 외치는 냄새였다. 그 기절할 정도의 역한 냄새는 그 골짜기의 온 사방으로 진하게 퍼져 나갔다. 그 역겨운 냄새는 대한민국만세 소리였으며, 진동하던 구역질나는 냄새는 대한독립만세라는 아우성이었다. 그 자욱하게 피어오르던 견딜 수 없는 냄새는 대한국민의 절규였다. 그 독한 냄새는 먼 훗날 사랑, 평화, 정의의 향긋한 냄새로 온 누리에 퍼질 것이다. 처참한 침묵만이 슬픈 비통을 노래하는 듯이 태고적 같은 황무한 고요가 참혹한 그 현장을 무겁게 짓눌렀다.

진상은 하느님을 모르지만 '하느님, 하느님' 하고 두 손을 모으며 눈물지었다. 무자비하고 야만의 그 현장은 실제적 사실을 그 어떤 소설가나 시인일지라도 도저히 말과 글로써 표현할 수 없는 비참함이 진상의 망막에 강한 영상으로 찍히게 되었다. 그 생생한 장소는 가장 고통스럽고 끔찍한 것이었다.

아버지의 총살 현장을 지금까지 생생하게 기억하여 이야기를 하고 있는 칠십 중반의 진상은 평생 동안의 슬픔이 길고도 긴 그 슬픔이 응결되어 형성된 맑디맑은 수정이 깨뜨려지는 듯한 격렬한 고통의 긴 한 숨을 내 뱉었다. 식은땀을 훔치며 그의 눈에서는 어느 사이 눈물이 괴어 한 동안 말이 없었다.

바로 그 눈물은 당시의 어머니의 단장을 에는 그 절규의 눈물이기도 하였다. 그는 창가로 가서 먼 창밖을 내다보며 담배 한 개비에 불을 붙였다. 그리고 한 모금의 긴 담배 연기를 내 뿜으며 깊은 숨을 쉬었다. 그가 내뿜은 연기는 그만큼의 한恨 응어리가 풀린 것이었을 것이다.

아버지 강덕수 일행이 집단 총살 당한 방아재

그때 내 귀에는 마치 실제로 누군가가 부르는 듯 환청으로 Bellini의 〈불 꺼진 창〉의 처량한 슬픈 노래가 들려 왔다.

나의 폐부를 꽉 찔렀다. 아팠다. 마음이 아프고 아리었다.

사원에 가서 관을 열고 보니
그 얼굴 다시 소생하는 듯이
만날 때 마다 반가웠던 그이

말없이 나를 통곡하게 할 뿐,

오 순정이여, 관을 열고 보소서

그 옆에 항상 촛불 밝혀 주오

그 옆에 항상 촛불 밝혀 주오.

그러나 얼마 후에 그러한 슬픔이, 고통이 언제 있었느냐는 듯 평온한 미소를 입가에 띠며 안정을 찾았다.

그는 늘 그렇게 자기 자신을 달래며 지금까지 단련시켜 왔던 것이다. 그리고 그러한 슬픔을, 고통을 글로써 표현할 수 있게 된 지금 이 시간을 행복해 하였다. 그의 얼굴이 아주 편안해 보였다.

그날 그곳에서 초계면, 용주면, 삼가면, 율곡면, 가야면, 봉산면, 묘산면, 합천면, 대병면, 청덕면 등에서 온 신원이 밝혀진 사람들 32명, 신원이 밝혀지지 않은 16명 등 총 48명이 집단으로 총살을 당했던 것이다.

다른 유가족들은 전혀 알지 못하고 있을 때 진상의 가족이 총살 현장을 알게 된 것은 그나마 다행이었다.

그 석동정이라는 사람이 고마울 뿐이다. 죽음의 공포를 무릅쓰고 알려 주었으니 말이다.

그래서 시신도 찾기가 쉬웠고 아버지의 시신을 온전하게 수습할 수가 있었다.

그 잔인한 학살자들, 그들은 누구였는가.

인천 상륙을 나흘 앞둔 1945년 9월 4일 하지 중장은 급거 휘하 제24군단 장병들에게 다음과 같은 통고문을 내려 보냈다.

"조선인들은 미국의 적으로 규정되며, 따라서 항복에 부수되는 모든 조건을 이행할 의무를 지니는 한편 일본인들은 우리의 우호 국민으로 간주한다."

하지 휘하의 미군의 인천 상륙은 일본을 구하고 조선을 치려는 목적이 아니었을까. 바로 그 미군은 우리 대한민국 국민에 대하여 평화의 사자였던가, 일제로부터의 해방군이었는가, 아니면 점령군이었는가. 기구한 운명의 대한민국 국민이여.

9월6일 미군 선견대를 인솔하여 비밀리에 서울에 온 해리스 준장은 총감 응접실에서 엔도 정무총감에게 '미군이 앞으로 행정을 시행함에 있어 현존하는 총독부의 인원과 시설을 그대로 사용하려고 한다.' 라고 언급하고 그것을 기초로 쌍방 간에 합의를 하였다.

9월 8일 미군 선박이 인천 월미도에 도착하였고 인천 시민은 환영 만세를 부르며 월미도 부두로 몰려 나갔다. 검정경찰복으로 갈아입은 일본군 무장부대 가 환영 행렬을 막았고 군중이 밀고 들어가니 발포하여 두 사람을 쏘아 죽였다. 그 두 사람은 건국준비위원회 산하 치안대 소속인 권평근과 이석구였다.

저명한 어학자 한뫼 이윤재 선생은 조선어학회 사건으로 검거되어 함흥경찰서에서 친일순사에게 고문을 당하여 목숨을 잃었고, 그 순사는 해방 후에 월남하여 대구경찰서장이 되었다. 그 소식을 들은 선생의 아들은 대구항쟁 때 농민들과 합세하여 경찰서를 습격 방화하였다. 선생의 아들은 미군정청 경찰에 의해 체포되어 각계의 탄원에도 불구하고 사형을 당했었다.

《시대의 불침번》 정경모, 한겨레출판〈주〉 2010.10.11. 93~111)

경남 사천에는 덕유산에서 흘러내리는 곤양천이 곤명면 마곡마을 골짜기, 곤명면 조장부락 골짜기, 서포면 외구리 오리방천을 거쳐 오리 남짓하여 삼천포만으로 흘러들어가며 그 개울을 따라 양쪽에 부락들이 산재해있고 주변의 산은 야산지대였다.

1950년 8월 2일(음력 6월 20일) 외구리 주민들은 집에 있으면 폭격당할 위험이 있다는 소문에 주민들 모두가 흰옷을 입고 흰 천까지 들고 활처럼 휘어진 오리방천으로 나와서 피난민임을 완전히 표시한 채 있었다.

그런데 정오쯤에 정찰기 1대가 정찰하고 간 후 10분쯤 후에 폭격기 편대가 날아와 무차별 폭격을 가했다. 많은 부락민들이 죽고 부상을 당했다.

같은 날 조장부락 앞 자갈과 쐐기풀만 우거진 시냇가에도 역시 부락민들이 흰옷을 입고 피난해 있었다. 역시 정찰기가 정찰하고 간 뒤 얼마 후에 폭격기가 무차별 폭격을 했다. 사망자는 80여 명, 부상자도 80여 명이었다.

같은 날 오후 4시경 마곡부락 시냇가에 피난하고 있던 흰옷 입은 부락민들에게도 폭격기의 무차별 폭격이 있었다.

진주시 주약동 산 16번지 진치령 터널은 길이가 242미터의 곡선으로 휘어진 굴이었다. 여기에 수백여 명의 피난민이 피난해 있었고 굴 입구에도 피난민이 많이 있었다. 1950년 8월 2일(음력 6월 20일) 정찰기가 정찰한 후에 폭격기 편대가 날아 와 굴 입구 피난민에게 무차별 폭격과 기관포탄을 퍼부었다. 시체로 굴이 막혀 굴 안의 피난민들이 질식사하였고 합해서 약 400여 명이 학살되었다. 지금도 총탄자국이 남아 있다.

(《민족의 진로》 조국통일범민족연합 남측본부 2013.7.8.127호. 45~48)

1950년 8월 16일 경북 포항시 흥해읍 북송리 100여 호 마을에 미항 공모함에서 발진한 칙크 소령의 폭격단의 폭격과 기총 소사가 있었다. "민간인 마을을 인민군 집결지로 간주하라, 사격하라."라는 미 해군의 냉정한 사격술에 의한 작전이었다.

1950년 9월 5일 포항시 신광면 마북리에도 학교운동장만 한 비행기 바퀴벌레가 흉측한 배를 드러내고 시커먼 독침을 쏘아댔다.

(《인간의 문제》 도서출판 두엄. 고희림. 2013.10.1. 47~48)

6·25 한국전쟁 발발 직후 미군의 참전에서 9.28 서울 수복 시까지 약 3개월동안 발생한 미 지상군의 공격, 미 공군의 전폭기의 폭격과 기총소사, 미 해군의 함포사격 등에 의한 피난민, 민간인 학살 지역과 희생자 수는 다음과 같다.

평택역(17연대 군인과 민간인:200여 명), 이리(2차례:91명), 충북 청원(피난민 100여 명), 충북 영동(2곳, 노근리:400여 명), 경북 선산(피난민, 수백 명), 경북 김천(수십 명), 경북 구미(132명), 경북 경주(35명),

경북 포항(15곳, 1,500여 명이상:Philphine Sea CV 47군함에서 발진 전투폭격기의 네이팜탄과 함포사격), 충북 단양(4곳, 566여 명, 강간 방화), 인천(150여 명), 경남 사천(4곳, 160여 명), 경남 진주(2차례, 400여 명), 경남 함안(수백 명), 경남 창녕(1,000여 명을 폭격), 경남 마산(86명), 경남 합천(3명), 경남 산청(트럭 2, 3대에 가득 실은 차탄리 주민들).

선량한 한국민 4,300여 명 이상이 '전투지역 내로 들어오는 피난민들은 적으로 간주' (미 25사단 전투일지)하고 '작전지역 내 피난민을 공격하라는 명령' (미 10 군단 사령부)으로 미군의 야만적 잔인성으로 학살되었다.

과연 미군은 한국민에게 악마였던가? 도대체 무엇이었단 말인가?

(《국민은 적이 아니다》 신기철. 2014.4.20. 헤르츠나인)

이승만은 총독부 관료를 대체할 엘리트가 없다는 이유와 오랜 외국 생활로 인한 국내 정치기반이 취약했다. 좌익계와 극한 대립상태에서 친일파를 제거 하면 바로 그들이 다른 반대세력을 만들지 모른다는 우려로 친일관료를 대거 기용했었다.

해방이 되자 숨어서 찍 소리도 못하던 친일경찰들, 친일관료들, 친일지주들은 미군정이 들어와서 그들을 다시 불러들여 제자리에 앉혔고, 다시 친일깃발을 건 살쾡이 같은 친일파들은 살아남으려 간 쓸개를 다 떼어서 미군정에 아부하여 그들의 세상을 만들었다.

(《인간의 문제》 고희림)

## 국립경찰은 경찰간부를 포함하여 친일경찰 일색이었다.

"이승만 정권은 시와 도경 국장 등 경찰요직을 친일경찰로 배치했다. 이승만 정권의 도구로서 국민을 감시한 사찰계는 친일 경찰의 복마전이었다."

(《3·15의거》 제15호 2014. 〈3·15의거와 대한민국 근현대사〉 서중석, 성균관대 명예교수)

다시 일제강점기가 되어 버렸다. 그것이 바로 제2의 일제강점기이지 무엇이겠는가.

그들 친일경찰은 이승만이 소위 건국하는데 필요한 요원으로 활용

되었고 이승만 주구노릇을 충성스럽게 수행하였으며 어처구니없게 거룩한 이름의 애국자로 둔갑된 자들이었다.

그들 친일경찰은 일제 때 온갖 패악질을 하였고 독립 운동가들은 물론 순박한 민족을 잔인하게 탄압한 자들이었다.

그들은 독립운동가들을 소위 불령선인不逞鮮人이라 칭하고 색출, 체포, 고문하고 족쳐 죽음으로 몰아댔던 동족들이 아니었던가.

그들은 광복과 더불어 심판을 받고 형을 살아야 할 민족의 죄인들이었다.

바로 그들을 이승만 정권이 그대로 경찰로 조직하여 건국하는데 일을 시키고 철저하게 주구로 만들었다. 그들은 민족반역자들이었다.

제헌국회에서는 1948년 9월 22일 법률 제3호로 반민법을 공포하고 반민족행위특별조사위원회를 국회 내에 두어 민족반역자와 친일파를 처단하려 하였으나, 1949년 6월 6일 오전 8시 30분 중부경찰서장 윤기병 지휘로 경찰 86명이 반민특위를 습격하였다. 그 후 또 이승만이 '반민법은 3권 분립 원칙에 위배 된다' 는 성명서를 발표한 이후 민족반역자와 친일분자를 처단하는 일은 수포로 돌아 가버리고 친일분자들의 천국이 되었다.

그래서 제2의 일제식민시대가 되었다. ·

이와 같이 해방직후 친일분자들을 척결하지 못하고 오히려 그들이 득세하여 한국사회의 주류를 이루는 세상이 됨으로써 한국사회는 '가치전도사회'가 되었다. 악화가 양화를 구축하듯이 비정상적인 세력에 의한 불법과 부정이 판을 처 정치적으로는 이승만정권의 3·15 대통령 부정선거의 결과로 나타났다. 가치전도사회의 비정상과 전도된 가치에 박정희 군사정권의 성과주의와 결과주의·배금주의·폭력주의·국가주의·군사주의가 더하여 이루어진 불법 부정부패 비리의 적폐가 사회·문화·교육·경제·종교 등 모든 분야로 스며들었고, 특히 정부와 기업 사이의 불법과 부패의 먹이사슬 비리는 심각한 한국사회의 병폐가 되었다. 또 전두환, 노태우의 군사정권을 거치며 정권의 무능과 기업의 탐욕으로 그 폐해가 더 심화 고질화 되어 '위험사회' (독일 사회학자 울리히 벡. '위험사회' )보다 더 나쁜 '악성위험사회'를 만들었다. 그러한 사회를 방치함으로써 더 악화되어 한국사회는 '비리사회', '비리국가'로 전락하였으며 드디어는 '사고사회'로 추락하여 이명박 정부에 들어와서는 규제완화정책으로 인권은 무시되고 기업의 이익을 극대화 하였고 그 정책을 그대로 이어 받은 박근혜정권에 이르러 전 국민을 눈물 젖게한 세월호침몰참사가 일어났다

(상지대 홍성태 교수 : 《대한민국 위험사회》저자)

그 결과는 구포역열차전복(1993.3.28 : 사망 78명), 서해페리호침몰(1993.10.10 : 사망 292명), 성수대교붕괴(1994.10.21 : 사망 32), 삼풍백화점붕괴(1995.6.29 : 사망 501명) 그리고 2014년 4월 16일 세월호침몰참사로 304명 (안산 단원고생 250명 교사 12명) 이 사망실종 한 대형사고로 나타났다.

(하인리히 법칙 : 작은 사고 300건, 중형사고 29건을 방치하면 대형사건 1건이 발생한다는 법칙)

당시의 군인들도 경찰과 같이 무고한 양민을 남녀노소 가리지 않고 학살을 했다. 거창, 함양의 깊숙한 산간 마을에서 얼마나 많은 양민이 학살당했던가.

국군 제 11사단이 거창 낭월리 마을 200명 가까운 촌민들을 초등학교 마당에서 기관총 사격으로 총살하고 시체를 태우는데 아

직 살아 있어 엉금엉금 기어 나오는 어린애를 군인들이 구둣발로 불길 속에 처넣었다.

미 24사단(사단장 : 존 처치 John H. Church)에 배속된 한국군 제17연대(연대장 대령 김희준)가 합천에 들어오면서 경찰과 함께 학살을 자행했다.

인민군 제4사단이 7월 29일 오전 거창을 점거하게 되자

"7월 31일 오후 9시까지 합천경찰서로 집결 후퇴한다."

라는 전통을 받고 철수 하던 중 1950년 7월 31일 해가 질 무렵 17연대 2대대 주둔지를 경유하면서 경찰들이 이송해가는 민간인 20여 명을 데리고 왔다. 그리고는 "빨갱이들인데 어떻게 처리해야 할지 난감하다."며 17연대에 인계를 했다.

그리고 선우요 대위의 부대원들은 밤 12시경에 총살하면 공병들이 인민군인 줄 알고 지뢰를 폭파하니, 총을 사용하지 않고 총검으로 그들을 찔러 죽였다.

다음은 국민보도연맹원, 형무소재소자, 반정부 인사와 그 가족들이 학살된 지역과 희생자 수이다.

1950년 6월 25일 한국전쟁이 발발한 그날 오후에 내무부 치안국장은 '전국요시찰인은 경찰서에 구금할 것'을 지시하였으며 즉시 예비검속을 하였고, 28일부터 시작하여 불과 한 달 사이에 비극적인 민간인집단학살사건이 발생하였다.

저자 신기철 선생이 '진실, 화해를위한과거사정리위원회'에

서 5년간 조사관으로 활동하며 얻은 경험과 지식 그리고 누구나 쉽게 볼 수 없었던 국방부가 편찬한 《한국전쟁사》의 방대한 11권과 6·25한국전쟁 당시 군 지휘관의 회고록, 국내외 학자들의 연구 논문을 섭렵하여 쓴 참으로 귀중한 책 《국민은 적이 아니다》(2014. 4. 20. 헤르츠나인)에서 학살 지역과 희생자 수를 참고하였다. '주민들'이라 함은 보도연맹원, 반정부 인사와 그 가족을 이른다.

1. 국군 8사단(이성가 대령 : 중국군 소령),

   7월 6일~8월 7일. 담당 방어구역인 강릉에서 후퇴.

   단양(50여 명), 예천(주민들), 영천(400여 명)에서 집단학살.


2. 국군 6사단(김종오 대령 : 일학병 소위),

   6월 28일~7월 23일. 방어지역 춘천에서 후퇴. 가해조직은 주로 헌병대.

   횡성(보도연맹원 100여 명), 여주(보도연맹원), 원주(군형무소 수감자 180여 명), 충주(보도연맹원, 주민), 음성(주민 60여 명), 괴산(보도연맹원 800여 명), 청원(주민 300여 명), 문경(주민들), 상주(주민들)에서 집단학살.


3. 수도사단(이종찬 대령 : 일육사 일군소좌), 방어지역 포천.

   6월 27~8월 6일.

서울(형무소재소자 200여 명, 서대문형무소 재소자), 충북 청원(주민 300여 명), 충북 보은(200여 명),경북 의성(주민 50여 명), 경북 상주( 5명), 경북 청송(주민)에서 집단학살.

2. 국군 2사단(이형근 준장 : 일육사 일군소좌), 동두천, 6월 27 ~8월 6일.

충북 진천(보도연맹간부 10여 명, 주민), 경북 안동(보도연맹원 370여 명)에서 집단학살.

4. 국군 3사단(유승열 대령 : 일육사 일군대좌)), 7월 5일~7월 31일.

경북 울진(주민 40여 명), 경북 영덕(주민 240여 명, 30여 명 수장), 대구(대구형무소 재소자 1,438명과 보도연맹원 1천여 명)에서 집단학살.

5. 미 24사단 후퇴 경로에서 민간인집단학살 상황(배속된 한국군은 17연대 : 백인엽 대령 : 일군학병). 7월 5일~7월 12일.

경기 오산(주민 103여 명), 경기 안성(주민 80여 명), 평택(주민 50여 명), 연기(주민들, 보도연맹원 158명), 미 24사단(4명), 예산, 공주(배속된 국군 1기갑연대 : 유구국민교에서 보도연맹원 60여 명, 보도연맹원 600여 명, 현재까지 발굴 397명), 대전(미 24사단 지역 : 대전형무소재소자와 보도연맹원

4,900~7천 여명), 영동(300여 명:미 25사단 지역), 김천(주민들), 함양(주민들:미 34연대 주둔), 거창(미 34연대 주둔:주민들), 고령(17연대:보도연맹원 70~80명), 창녕(피난민 40명, 주민 50여 명), 합천(주민 48명), 하동(미 24사단 주둔: 주민 250여 명 이상), 산청(보도연맹원 370여 명), 진주(보도연맹원 2,000~2,500여 명 추정), 마산(보도연맹원 2,300여 명 추정), 울산(보도연맹 소속 민간인 870여 명)에서 집단학살.

6. 충남 호남에서 보도연명원, 형무소재소자, 반정부인사와 그 가족의 학살 상황.

경부국도를 중심으로 동쪽은 국군이 담당, 경부국도는 미군이 담당, 경부국도 서쪽인 충남 호남에서는 인민군과의 전쟁은 없었으며 가해조직은 경찰과 헌병이었다.

1) 충남 각 지역의 주민 상당수가 대전형무소로 이송되어 희생되었다.

7월 10일~15일까지 아산(미상), 당진(160~360명), 서산(100명), 태안(100명), 보령(미상), 청양(미상), 홍성(100명), 서천(미상), 예산(12명), 부여(50명), 논산(300명)에서 보도연맹원 학살.

2) 전북 : 가해집단은 경찰, 헌병

이리(주민들 220여 명), 군산(주민들 상당 수), 금산(주민

1,500여 명), 무주(300여 명), 전주 완주(보도연맹원 수백 명,
전주형무소 정치범 1,600여 명 : 7사단 3연대 5사단 15헌병
대), 김제(주민 100여 명), 임실(주민들), 남원(100여 명), 부
안(220여 명), 정읍(주민들 또 10여 명), 고창(주민들)에서
집단학살.

3) 전남 : 가해조직은 경찰과 헌병

광주(광주형무소 재소자와 보도연맹원 3천여 명), 장성(주민
400여 명),

화순(주민들), 영광(보맹도연맹원 240여 명), 함평(주민들:갑
종은 목포형무소로 이송 후 인근 바다에서 총살, 을종은 학
교면 얼음재에서, 병종은 나산 넙태에서), 나주(주민 70여
명:집단학살이 임무인 나주경찰부대가 활동), 목포(목포형
무소 재소자 1,000여 명과 보도연맹원 400여 명), 무안 신안
(피해사실만 확인), 영암(주민들), 구례(갑종 보도연맹원들,
토지면 주민들), 곡성(주민 200여 명과 보도연맹원), 보성(보
도연맹원 500여 명), 벌교(주민들), 고흥(주민들), 광양(주민
들), 순천(주민들 150여 명), 여수(주민 110여 명), 완도(주민
들은 바다에서, 군내리 주민 20여 명), 장흥(주민들), 진도(보
도연맹원 10여 명), 해남(주민들)에서 집단학살.

6월 27일 새벽 서울을 탈출한 이승만은 피난지 대전에서 서울

중앙방송국으로 전화하여 '… 국민은 … 굳게 참고 있으면 적을 물리칠 수 있을 것이니 안심하라' 라는 내용으로 담화를 녹음하고 마치 서울에 있는 것처럼 거짓 방송하였다. 그 방송을 믿고 피난길을 포기한 서울시민들은 결과적으로 '부역자'의 누명을 쓰고 국군 수복 직후에 부역이라는 모호한 기준으로 학살되었다.

이승만은 한국전쟁 시 공식적으로 피난민 1호였다.《한국전쟁비화》의 저자 굴든(Joseph C Goulden)은 그 피난행위를 '도주'라 하였고 전북대 교수 강준만은 '이상한 행동', '도망 다니기에 바빴다.' 라 하였다.

이승만은 역사적으로 가장 나쁜 국가지도자였고 이승만 정권은 태어나지 말았어야 할 민족사의 비극이었다. 이 민간인집단학살로 국민의 기氣를 완전히 빼버린 이승만은 초기 패전을 국민의 저항이 없어서였다고 억지를 부리며 자신의 책임을 국민에게 전가하는 파렴치한 가장 나쁜 대통령이었다.


그런데 그때의 친일경찰과 군의 후손들, 친일관료들, 친일지주들은 아비가 쌓아 놓은 일제와 이승만 정권에서의 권력과 부를 대물림을 받고, 또 신분까지도 이어 받아 호의호식하며 오늘날까지 부자로 잘 살고 있다. 또한 그들은 지금도 대한민국의 보수 주류의 한 축을 이루어 여론을 좌지우지하고 있지 않은가. 그들은 일제에 빌붙어 경제적 부를 이루어 낸 부자들이었다. 일본신민이 되기를 원하였고 일본천황을 찬양하였으며 조선청년들을 대동아전쟁에 지원하라고 선동했던 소위 지식인들이었다.

그들은 신문논조로 일제와 일본천황을 찬양하여 주구가 된 언론인들과 언론이었다. 그때부터 그들 후손의 시대인 지금까지도 대한민국의 보수주류를 형성하여 오늘에까지 이르고 있지 않은가.

이 무슨 역사의 아이러니인가. 이 얼마나 역사의 모순이고 반역사인가.

이승만 정권은 선량하고 순박한 국민을 억지로, 감언이설로 꼬여서 국민보도연맹에 가입 시켜놓고는 빨갱이라 몰아서 불법으로 잔인하게 학살한 정권이었다. 그들의 눈에는 어린애들도, 노인들도, 여자들도 오직 빨갱이로 보였고 무자비하게 죽였다.

> "일차적 책임은 인민군에게 동조하여 후방을 교란할 것이라는 예단 하에 보도연맹원 및 '요시찰인'을 예비검속하고 살해할 것을 지시한 경남경찰국과 합천경찰서에 있다.
>
> 이 사건의 직접가해자는 합천경찰서 및 관할지서 경찰들과 미 24사단에 편입되어 전투에 참전했던 한국군 제17연대 소속 군인들이다.
>
> 그 최종적 책임은 국민의 생명과 안전을 보장하여야 할 국가에 귀속된다."
>
> ( '진실.화해를 위한 과거사 정리위원회'의 결정문에서 2009. 11. 3.)

# 어머니의 행방불명
## - 경찰에 의한 죽음

아버지 시신을 넣은 관을 지게에 진 삯일꾼은 빠른 걸음으로 교대하면서 장지로 향했다. 진상의 가족 일행도 부지런히 뒤를 따랐다. 돌아오는 길은 더 멀었다. 시신을 넣은 관이 무거워 걷기가 더딜 수밖에 없었고 계속 비가 오고 있었기 때문이었다.

그 비는 아마도 하늘도 슬퍼서 울던 눈물이었을 것이다.

장지인 향교리에 있는 산에 오후 늦게 겨우 도착하였다. 하루 내내 구슬프게 오는 비는 이제야 그치고 하늘이 맑아지기 시작하였다.

"진상아 니 뛰어서 집에 가 장롱 속을 찾아보면 삼베 홑이불이 있을 끼다. 그리고 수건들을 챙겨 오그레이."

어머니는 무엇에 쫓긴 듯 말하였다.

"예, 뛰어갔다 오겠습니더."

진상은 헐레벌떡 뛰어서 탱탱 부은 눈으로 집에 들어섰다. 막내 진화를 보고 있던 동생 진국이 진상에게 물었다.

"헹님아, 와 그렇게 바쁘노. 어떻게 됐노"

"나 지금 바쁘데이. 어무이가 삼베 홑이불과 수건 몇 장을 챙겨 오라 했데이. 빨리 가지고 가야 된다. 말 붙이지 말레이."

장롱 속에서 찾아서 막 달려 나가려고 하니 동생 진국이가

"헹님아 나도 따라 갈꺼다. 어디고. 진화야 니 가만히 있그레. 내 빨리 오끄마."

진화가 울든 말든 상관 않고 따라 나섰다.

"향교리 산, 아버지 시신을 묻을 곳이데이."

장지 현장에 두 형제가 숨을 헐떡이며 도착하였다.

어머니는 삯꾼에게 다시 시신을 염습을 해 달라고 부탁하였다. 엉망으로 된 총살 현장에서 갈아입힌 옷을 벗기고 수건으로 시신을 깨끗이 닦아 내었다. 자꾸만 창자는 총상으로 구멍 뚫린 배 밖으로 나오려 하였다. 그러나 삯꾼은 능란한 솜씨로 창자를 배 속으로 넣고 수습하여 삼베 홑이불로 둘러싸 염을 다시 하였다. 그리고 관에 넣었다. 이 광경을 보고 있던 가족들은 더 이상 흘릴 눈물이 없었는지 탱탱 부은 눈으로 그저 헉헉대고만 있었다. 동생 진국만은 몸부림을 치며 목을 놓아 울고 또 울었다. 울음소리가 하늘에 닿을 듯하였다. 그곳은 지금은 공동묘지가 되었지만 당시는 벌거숭이 야산이었다.

이미 파 놓은 매장지의 묘혈에 아버지 시신의 관을 넣고 매장

하고 있을 때 100m 쯤 떨어진 앞 도로로 경찰차 3대가 지나가고 있었다. 3번째 차가 잠시 서서 진상이네 산일을 보고 지나갔다.얼마나 지났을까. 지서에서 급사가 자전거를 타고 매장 현장으로 와 어머니에게  끝나는 대로 지서에 와 보라하고 돌아갔다. 지서에서는 관내에 사망자가 없는데 매장을 하고 있으니 그것이 이상하다고 여긴 것 같았다. 그 총살 현장에서 시신을 옮겨와 매장한 것으로 판단한 것 같았다. 불안하였다. 불길한 생각이 들었다

"왜 오라고 할까요 어무이."

큰형이 걱정스럽게 말했다.

"글세. 니 아버지 시신 매장을 문제 삼는 거 아니겠나."

"우리 아버지를 죽이 놓고 무슨 낯판때기로 어무이를 오라 가라 할끼고, 나쁜놈들."

작은형이 흥분하여 말했다.

"내 이놈들을 꼭 죽이뿌끼다. 어서 어른이 되어 꼭 원수를 갚을 끼다."

작은형은 또 결의에 찬 분노로 말했다.

"헹님아, 우리 형제들이 힘을 합쳐서 꼭 죄 없는 아버지를 죽인 놈들에게 웬수를 갚자. 우리 꼭 그렇게 하제이."

진상이가 울면서 말했다.

"어무이 마음 단다이 먹고 가이소. 살인자들의 소굴을 무섭다 말고 가이소."

"절대 질리지 마이소. 이기야 합니더. 나쁜 경찰놈들. 언젠가

는 느그들 우리형제들의 손에 다 죽는데이. 살인마들아.”

“올케 마음 단단이 묵으라. 호랑이가 물어가도 정신 똑 바로
차리면 된데이.”

악랄하고 음침한 운명의 여신이 다가 오고 있음을 진상의 가
족들이 어떻게 알 수 있단 말인가. 안다 하더라고 어쩔 수 없는
가혹한 현실이었다. 매장 일을 끝내고 일꾼들을 돌려보낸 후 어
머니는 걱정스럽고 불안한 마음으로 고모, 두 형과 함께 진상의
손을 꼭 잡고 지서 앞까지 갔다. 고통스런 신음 소리를 내면서
지서 앞에서 울먹인 말로 큰형에게

“진승아 니는 동생 데리고 집으로 들어 가그레. 내는 지서에
들렀다가 갔끄마.”

“예, 어므이 그럼 저는 집으로 들어 갈낍니더. 빨리 오이소.”

“응 알았데이. 어서 가그레이.”

“올케야, 힘을 내거라. 약한 니가 힘센 그놈들을 이겨야 된데
이.”

어머니의 이 몇 마디가 어머니의 마지막 말이 될 줄 누가 알았
으랴.

이 무슨 운명의 장난일까.

그때의 어머니의 말은 평생 긴 시간 동안 진상의 귓전에 쟁쟁
거렸고 메아리 쳤다.

어머니는 처연하게 결의에 찬 얼굴이었다. 어떤 일이 닥쳐도
담대히 맞닥뜨리며 부딪치겠다는 의지가 엿보였다. 약한 한 여

인이 아니라 대담한 결기를 가진 모성의 결연한 모습을 진상은
보았다.

어머니는 지서 안으로 들어갔다.

주위에 어수선하게 서성거리고 있는 경찰들의 몸에서는 죽음
의 냄새가 진하게 풍겼다. 역겨웠다. 눈초리가 사나웠다. 금방이
라도 무슨 일을 낼 것처럼 긴장이 분위기를 무겁게 했다.

이남원 지서장이 살기 가득한 충혈 된 눈을 부라리며 어머니
를 쏘아 보았다.

"당신 방아재에서 당신 남편 시신을 수습하여 왔죠, 누구 허락
을 받았소."

"왜 내 남편을 죽였소! 이게 대한민국의 경찰이 할 일입니꺼,
내 남편 살려내거라, 이놈들아."

어머니는 지서 안 맨 바닥에 두 다리를 뻗고 대성통곡을 하였
다. 눈물을 펑펑 쏟으며 넋두리를 하였다.

"내 남편 시체 내가 찾아 왔는데 뭐가 잘 못이오. 말해 보소."

"당신 평소에 내 남편과 친하게 지내지 않았소?"

"무슨 웬수졌다고 안면을 싹 바꾸고 죽였소, 말해 보소."

"이놈들아 나도 죽여라, 죽여라, 원통해서 어찌 살겠노, 이놈
들아."

이남원 지서장 면전에 바짝 다가가서 손가락질을 하며 울부짖
었다. 어머니의 결의에 찬 항의는 간담을 서늘하게 했다. 목 놓
은 통곡은 계속 되었다. 무서울 게 없었다. 순간 어머니의 죽기

아니면 살기로 대어드는 결사의 열기와 이남원 지서장의 살기 등등한 독기가 격렬하게 부딪쳤다.

"당신 남편은 보도연맹원으로 빨갱이오. 그래서 죽을 사람이었소. 당신도 이렇게 나오면 죽어요, 알겠소!"

어머니는 죽음도 두렵지 않았다.

"그래 이놈들아, 내는 죽어도 좋데이. 느그는 사람 목숨을 파리 목숨으로 보이니 파리 죽이듯 죽였제. 이 살인마들아, 죽여 봐라. 인간 백정들아."

"이년 죽고 싶어서 환장했나. 여기가 어디라고."

"그래 이놈들아 환장했다. 국민의 생명을 지켜야 하는 경찰지서인 것 잘 알고 있데이. 그런데 이곳이 언제부터 사람을 죽인 곳이 됐노. 이놈들아."

어머니의 분노와 울분이 경찰의 살기와 부딪쳤다.

어머니의 정의와 경찰의 불의가 날카롭게 부딪쳤다.

어머니의 평화와 경찰의 폭력이 부딪쳤다.

어머니의 인간성과 경찰의 동물성이 부딪쳤다.

어머니의 선과 경찰의 악이 부딪쳤다.

약한 민초의 정당한 주장과 거대한 국가 권력의 부당한 처사와 부딪쳤다.

어머니는 처절하게 항거했다.

"야 짐승만도 못한 경찰놈들아. 느그는 떼거리로 사람을 직이는 인간 백정이데이. 느그 식구들이나 직이라. 이 개 백정놈들아.”

연약한 줄만 알았던 아낙의 서슬 퍼런 의기와 정기 그리고 간담 서린 대담한 항의에 살기가 넘치는 이남원 지서장의 독기가 잠깐 움찔하였다. 그 순간 이남원의 이성을 잃은 군홧발이 어머니의 사타구니를 사정없이 발길질을 하였다. 어머니의 강단 있는 가냘픈 결기는 결국 이남원의 이성 잃은 과격한 폭력으로 여지없이 무너져 버렸다. 임신으로 배가 부른 어머니는 배를 움켜잡으며 쓰러졌다. 신음소리가 너무나 컸다. 무척 심하게 가격이 된 것 같았다. 혹시나 뱃속의 태아에게 큰 충격이 되어 오금을 쓸 수 없었던 것이 아니었을까.

살기등등한 이남원은 쓰러져 있는 어머니는 안중에 없었다.

“본서로 데리고 가 넘겨 버려라.”며 부하에게 명령을 내렸다.

그러자마자 지서 밖에서는 민간인에게서 징발한 스리쿼터의 시동 소리가 났다. 그리고 그렇게 명령 받은 경찰에게 귓속말로 또 다른 명령을 내렸다.

“가다가 적당한 곳에서 알아서 처리하라.”

초주검이 되어 있는 어머니를 차에 싣고 합천읍 쪽으로 갔다. 도대체 어머니는 어떻게 되었을까. 아무도 아는 사람이 없었다.


또 다른 소문에는 그렇게 초주검의 어머니를 삼가지서 김 형사란 자가 자전거 뒤에 싣고 합천경찰서로 가는 도중 어느 다리 밑에서 살해하였다는 말들도 있었다.

그날 저녁 삼가지서에서는 여자의 앙칼진 소리와 남자의 큰 소리가 났으며 곧이어 비명이 크게 난 소동이 있었다는 말들도 퍼져 있었다. 어쨌든 진상의 아버지와 어머니의 비정상적인 죽음은 삼가면 사회에서 특이한 사건이라 밑도 끝도 없는 소문이 되어 전설처럼 떠돌아 다녔다.

진상이네 가정의 불행은 금리 마을의 불행이었다. 마을은 살벌하고 흉흉했다. 죽음의 도시처럼 너무 조용했다. 동네 사람들은 입이 있어도 말을 삼가고 움직임도 조심했다. 아마도 어머니는 어린 자식들과 고모의 이기고 오라고 한 소리를 생각하며 죽었을 것이다. 어머니가 졌다. 죽었다.

어머니의 분노, 울분, 정의, 평화, 인간, 선, 정당한 주장은 경찰의 살기, 불의, 폭력, 동물성, 악, 부당한 처사에 여지없이 무너지고 말았다.

아, 이 땅에 정의와 평화가 올 날은 언제일까. 잔인한 인간사여.


어머니에게 어떤 고약한 일이 벌어지고 있는지 전혀 모르는 진상의 형제들은 집으로 와 어머니를 기다렸다. 그러나 어머니는 오지 않았다. 시간이 자꾸 가고 있었지만 어머니가 오는 소리는 들리지 않았다. 끝내 어머니는 오지 않았다.

어머니는 임신 중이었다. 비명에 간 아버지의 처참한 죽음의 충격에서도 견디어 왔던 형제들은 밤이 깊을 수록 어머니에게 무슨 일이 생겼을까 봐 걱정이었고 더군다나 어머니의 건강이 염려 되었다. 집에 오지 못할 이유가 없는데 불안하였다. 그러나 이미 그 이유가 무엇인지 벌어져 버리지 않았는가.

형제들은 저녁밥도 먹지 못하고 걱정하다가 자신들도 모르게 지쳐서 잠이 들어 버렸다. 그날 저녁에 어머니에게 일어난 큰 사건을 전혀 모른 채 형제들의 시간은 그렇게 흘러갔다.

진상이 새벽에 잠을 깨서 보니 두 형은 이미 일어나 걱정스런 이야기를 하고 있었고 어린 두 동생은 천진스럽게 코를 골며 잠을 자고 있었다. 일본에서 살다가 왔으므로 한국말이 서툴고 겨우 일상의 필요한 말만을 듣고 할 줄 아는 큰형이 진상을 보면서

"진상아 니가 지서에 가서 좀 알아 보그래. 진창이는 암띠고 나는 말이 서투니 니가 천상 좀 가 보그레이."

작은형도

"미안하지만 니가 가 알아보면 좋겠데이. 그렇지 않아도 방금 그 이야기를 하던 참에 니가 일어 난 것 아이가."

"걱정이다. 어무이가 밤에 들어오지 않아 자꾸 불안해 죽겠데이."

진상은 평소 행동이 민첩하고 성질이 낫낫한지라 화통하게 대답하였다.

"알았다. 내 갔다 오께."

진상이 집을 나설 때는 실비가 오고 있었으나 우산을 쓰지 않아도 될 정도였다. 빠른 걸음으로 지서에 갔다.

그날은 1950년 7월 23일.

이른 아침인 데도 마침 지서에 들어가니 지서장 이남원이 있었다. 진상은 이남원 지서장을 평소 잘 알고 지냈다. 이전에는 인자하고 친절한 아저씨였다. 지서가 바로 집 앞에 있고 또 동네 일을 보는 아버지에게 일이 있을 때 진상의 집에도 왔었기 때문이다. 진상의 집 사정도 잘 아는 사람이었다.

지서장 옆에는 낯선 민간인 복장의 아저씨가 앉아 있었다. 민간인 복장의 사나이는 '의용경찰대원'이었다. 경찰의 밀정노릇을 하고 있는 질이 좋지 않은 경찰의 끄나풀이었다.


당시 우익 단체로 '청년방위대', '의용경찰대', '민보단民保團'이 있었다.

청년방위대는 준군사조직으로 이는 마을 단위로 조직되어 있었는데, 주로 일본군대 출신이 대장을 맡고 있었으며 계급장 없는 군복을 입고 있었다.

의용경찰대는 경찰업무를 돕는 단체였다.

민보단은 동네 유지와 일반 마을사람들로 구성된 우익단체였다.


진상의 눈에 보이는 지서장 이남원은 딴 사람이 되어 있었고, 눈이 충혈 되어 살기가 가득했다. 피 맛을 본 미친개였다. 험악하고 악독한 늑대로 변해 있었으며 차가운 살상의 독기를 풍기고 있었다.

　진상은 몸이 오싹했고 무서웠다. 공포가 느껴졌다.

　"니 여기 아침 일찍 무슨 일로 왔지?"

　뻔뻔하기 짝이 없는 질문이었다. 어떻게 저렇게 후안무치일까.

　진상은 용기를 내서,

　"울 엄마가 어제 저녁 때 지서에서 오라고 해서 갔는데 지금까지 안 와서 알아 보려고 왔심더."

　"아 니가 그 집의 아들이구나."

　"예, 맞심더. 울 엄마 어데 있읍니꺼. 찾아 주이소."

　그런데 옆 민간인 복장의 아저씨가 힐끔 쳐다봤다. 한 동안 침묵이 흘렀다. 그리고 또 진상을 노려보았다.

　지서 주임도 물끄러미 쳐다보았다. 그런데 민간인 복장의 그가 이남원 지서 주임한테 귓속말로 속삭이었다.

　"야도 그 집 자식인데 없애뿌리지요."

　그 말소리가 들릴락 말락 하였지만 귀 밝은 진상의 귀에 들렸다.

　순간 '아이구 악마의 소굴로 들어 왔구나.' 하는 생각에 머리가 멍해졌다.

　이 무슨 청천벽력의 말인가.

　순간 진상의 뇌리에 저 인간 도살자들의 대화 내용으로 봐서 '아! 아! 어머니가 이놈들 손에 이미 돌아 가셨구나.' 하는 생각이 들었다. 진상이 어렸지만 벌써 돌아가는 분위기를 눈치로 알아차렸다. 두렵고 공포가 느껴져 몸이 떨렸지만 참고 참았다. 여기 있다가는 필시 끌려가 죽음을 당할 것이라고 느껴졌다. 그렇지만 지금 나가기는 이미 틀려버렸다.

그때 이남원 지서장이 급사를 불러 지시를 내렸다.

"야를 보호소에 집어넣어라."

진상은 어제 저녁밥도 못 먹었고 아침도 거른 채 보호소에 갇히는 신세가 되어 버렸다. 죽음의 공포가 밀려 왔다. 겁이 났다.

사람이나 짐승이나 한 번 피 맛을 보면 다시 피를 보기가 쉽고 악마가 되어 간다고 하지 않았는가. 그래서 무서웠고 틀림없이 죽을 것만 같았다. 총살 현장에서 많은 주검을 보지 않았던가. 몸이 떨렸다. 이곳을 도망쳐야만 하는데 어떻게 도망가야할지 곰곰이 생각을 했다. 순간순간이 절박했다. 잠시 후 생각이 떠올라서 기지를 썼다.

"아저씨요. 나 지금 똥이 급하게 나올라고 합니더. 옷에다 싸겠습니더."

큰 소리로 울면서 소리소리 질렀다. 지서 급사가 왔다.

"너 왜 이래 고래고래 큰 소리고. 여기가 어디라고 큰 소리고?"

"나 지금 급합니더. 우선 똥이나 좀 눕시더. 옷에 싸려고 합니더. 급합니더." "그래 알았다."

잠시 급사는 사무실로 갔다가 금시 와서 보호소 문을 열어 주었다.

"빨리 누고 온나, 알았제."

"예, 알았심더."

밖으로 나오니 비가 주룩주룩 쏟아지고 있었다.

도망가기 딱 알맞은 비가 내리고 있었다.

어머니의 비였고 어머니의 눈물이었다. 어머니의 슬프디슬픈 한의 눈물이었다. 옷이 마구 젖어 왔지만 시원하였다. 어머니의 사랑의 비였기 때문이다.

그리고 변소 쪽으로 가는 것처럼 하다가 평소 잘 아는 담 길을 찾아 뛰어 넘어 죽으라고 달려 줄행랑을 쳤다. 참으로 일촉즉발 순간에 죽음의 문턱에서 빠져 나온 것 같았다. 그리고 찾지 못할 곳으로 가서 숨어 버렸다. 헐떡거리며 숨이 찼다. 다리가 후들후들 떨렸다. 안도의 한숨이 나왔다.

배도 고팠지만 어쩔 수 없었다. 죽지 않고 살기만 해도 얼마나 다행인가.

그러나 눈물이 마구 쏟아졌다.

불쌍한 어머니가 표독한 그들에 의해 돌아가신 것이 확실해서였다. 그 살인마들의 대화 속에서 "야도 그 집 자식인데 없애 뿌리지요."란 말을 곰곰이 새기어 보았다.

'야도… 없애… ' 라는 말만으로도 어머니가 돌아가셨음이 확실했다. 눈물이 자꾸 흘렀다. 어머니 뱃속에는 여섯째가 들어 있었는데 임신부까지도 죽인 천인공노할 살인마들을 기어코 찾아 없애버리겠다고 마음먹었다. 빨리 어른이 되길 바랐다. 지구 끝까지라도 찾아가 꼭 죽여 버리겠다고 다짐을 했다.

불쌍한 어머니, 자꾸 눈물이 나고 또 났다. 안전한 은신처에서 지쳐 쓰러져 잠이 들었다. 한참을 자고나니 배가 고팠다.

아직도 밖은 밝았다.  저녁까지 기다리기로 작정했다. 그러나 배가 너무 고팠다. 마침 땅바닥에 연한갈색의 고운진흙덩어리 돌판이 있어서 입에 넣고 깨물어 씹어 보고 뱉았다. 그런데 입안에 남아 있는 그 뒷맛이 씹는 기분이 느껴졌다. 다시 한 번 입에 넣어 깨물어 씹어 보았다. 과자처럼 씹는 맛이 났다. 그리고 삼켜 보았다. 처음 먹어본 것 치고는 먹을 만했다. 그래서 계속 먹었다. 시장기가 없어진 것 같았고 배가 부른 것도 같았다.

아버지가 죽음의 독기로 전신이 마취된 멍청이 바보 로봇이 되어 항의도 항거도 하지 못하고 도살장의 소처럼 가신 날은 1950년 7월 21일이었다.

어머니는 격렬하게 항의하고 항거하며 악과 부딪치고 대단한 결기로 대항하며 이 세상을 등진 날은 1950년 7월 22일로 추정되었다. 국가와 경찰의 폭력에 의한 아버지의 죽음과 어머니의 죽음은 이렇게 너무나도 뚜렷한 대조를 이루었다.

아, 아 인간사여. 인간사여. 잔인한 인간사여.


나는 그의 어머니의 처참한 죽음을 마음 아프게 생각하며 지긋이 눈을 감았다. 그때 K.Grieg의 〈오제의 죽음〉의 바이올린곡이 환청으로 들려 왔다.  나는 눈물이 났고 슬펐다.

"종소리 들리네 멀리멀리 은은히 슬프게 들리네 어머니 가셨네
종소리 울리네 멀리멀리 아득히 슬프게 들리네 어머니 가셨네
바람결 따라서 차가운 겨울이여 어두운 이 세상 어머니 가셨네
외로운 한평생 끝나고 슬프다 어머니 한평생 끝나고
어머니 가셨네 가셨네 아 아. "

아버지의 죽음을 알려준 석동정은 아버지로 봐서는 최선이었
지만 어머니로 봐서는 최악이었다. 아버지로 봐서는 불행 중 다
행이었지만 어머니로 봐서는 불행 중 불행이었다. 아버지로 봐
서는 은혜였지만 어머니로 봐서는 원수였다.

참으로 인간사는 아이러니컬했다.

진상은 헷갈렸다. 머리가 혼란스러웠다. 아마도 이 세상에서
진상의 경우와 같은 경우는 단연코 없을 것이다.

아버지의 죽음은 어머니가 있는 한 하나의 사건으로써 지나,
견디어 살아갈 수가 있었겠지만 아버지에 이어 어머니의 죽음은
오 형제가 고아가 되어 참혹하고 고단한 인생살이의 시작이었
다. 총살 현장 근방 어디쯤 표시된 적당한 곳에 시신을 매장하였
다가 사회가 안정 되었을 때 이장을 했었더라면 어머니의 죽음
은 없었을 것이다.

아버지 매장지가 만약 벌거숭이산이 아니었고 숲이 우거져
있었다면 보이지 않아 어머니의 죽음은 없었을지도 모를 일이
었다.

참으로 인간사라는 것은 가정假定해서 생각하면 아쉬움이 너무 크게 남는다.

우리는 어린 진상이 처절하게 당했던 그 당시의 시대 상황을 모두 함축하고 있는 '보도연맹'에 관해 꼭 알아야만 한다.

# 보도연맹의 진실과 오해
## - 민족적인 비극의 참상

부산일보 사회부 김기진 기자가 쓴 책《끝나지 않은 전쟁 국민 보도연맹》은 방대한 자료와 관련자, 피해자, 가해자의 인터뷰가 소상하게 수록되어 있고 자료를 체계적으로 정리하여 놓았으므로 생생한 역사를 담은 독보적 저술이다. 그 책에는 소설가 요산 김정한 선생의 증언도 들어 있다.

또《피어오를 새날》(전희구. 도서출판 삶과 꿈. 2004. 12.)에서 그 책을 참고로 하여 쓴 보도연맹에 관한 부분들은 그 보도연맹의 진실과 오해 그리고 그것으로 인한 민족적 비극의 참상이 어떻게 잉태하였는가를 알 수 있었다.

역사에 관심을 가져야 하는 우리 모두는 보도연맹의 진실을 알아야 하고, 선입견과 편견으로 나쁜 것이라고 치부했던 우리들의 부끄러운 과오를 시정해야 할 것이다.

보도연맹은 국민보도연맹國民保導聯盟의 약자이다.

'보호하여 지도한다'는 뜻의 '보도保導' 연맹이다.

해방 후 이승만 정권이 정권유지를 위해 고안해 낸 좌익포섭 단체였다. 이는 이승만 정권의 창작품이 아니고 일제의 '사상보 국연맹'을 모방한 보도연맹은 좌익세력을 단속, 통제하고 척결 하는 것이 설립목적이었다.

친일 사고를 가졌던 이승만 정권의 태생적 탄생은 정권 구성 원들의 어쩔 수 없는 친일이 일본 것을 그대로 사용 할 수밖에 없었다. 아니 명목은 철저하게 반일정부인 것처럼 보였으나 실 제 속살은 친일정부일 수밖에 없는 것을 단적으로 웅변하고 있 는 것이다.

1937년 일제 때 우리나라 사상범을 무조건 가입시키는 사상보 호단체인 '대화숙大和熟'과 이듬해 만든 '사상보국연맹', 곧 이어 중앙조직으로 '조선방공연맹'을 만들어 사상범을 통제했다. 사 상보국연맹의 설립취지는 대외적으로는 사상범의 통제였지만 실제의 속셈이 독립운동의 싹을 자르고 독립운동을 탄압하기 위한 수단이었다.

서울지검의 오제도 사상검사가 직접 입안 했으며 역시 사상검 사 선우종원과 함께 주도적으로 실무 역할을 하였다.

오제도하면 서슬이 시퍼런 검사 아니었던가. 그가 1917년생으로 1948년 보도연맹을 조직할 때는 31세의 약관이었다. 인생 경험도 전혀 없는 인생 풋내기가 민족적인 대 참상을 일으켰던 보도연맹을 입안하고 실행했다는 것이 이승만정권의 실상적 실체를 정의한 것이었다. 독재를 할 수 밖에 없었다. 그래서 이승만정권은 민족적 비극이었다. 그래서 오제도야 말로 실무적이나 원조적으로 잔악한 학살의 주범으로 봐야 할 것이다.

1948년 8월 남한단독정부가 수립된 후 계속된 극심한 사상 대립 속에서 이승만 정권은 정권을 유지하기 위한 특단의 조치가 필요해 그 법적 장치로 '국가보안법'(1948년 12월 1일 공포)을 제정하기에 이르렀고 이를 뒷받침할 기구로 보도연맹을 1949년 6월에 조직하기 시작하였다.

《재미동포, 북한에 가다》저자인 신은미 (전 음대 성악과 교수, 캘리포니아 거주)는 2002년 10월에 방영한 MBC TV의 〈이제는 말할 수 있다〉의 프로를 한참 지난 후 우연한 기회에 보게 되었다. 그 프로에서 국가보안법은 1948년 11월 제헌국회에서 제정 당시 치열한 논쟁을 불러일으켰고, 상당수의 의원이 그 제정에 적극 반대하여 심한 비판을 하였다.

"3,000만 국민이 다 걸릴 이 법을 만들면 자손만대에 죄를 짓는 것이 된다."라며 양식 있는 한 의원이 비판하며 강력히 제지하는 열변을 토하기도 했다.

그러나 장로교 목사로 진실한 '주의 종'으로 불리며 많은 이웃들에게 존경을 받았던 포항지역구 출신 박순석 의원(4선)은 "이 법안이 잘 돼야 인민공화국이 되지 않고 자손만대에 자유국가를 물려 줄 수 있다."라며 이승만을 추종하는 다수의 의원들의 지원을 받아 강하게 밀어 붙인 결과 제헌국회에서 통과 되었다. 그러한 내용으로 박순석 의원의 영상이 나오자 신은미는 깜짝 놀랐던 것이다.

그는 다름 아닌 자신의 외조부였기 때문이었다. 그 외조부는 임종 때 자신이 한 일에 대해 후회를 하였다고 했다.

그래서 신은미는 외조부가 못 다 내려놓은 '참회의 빚'을 짊어 질 것이라고 했고 또 외조부의 '마음의 짐'을 대신 지고 참회하는 마음으로 살겠다고 했다.

(2014년 3월 27일자 오마이뉴스의
신은미《재미동포, 또 북한에 가다》기고문에서)


국가보안법은 당시 남조선노동당 등 좌익세력은 물론 통일을 주장하는 민족주의 진영 등 반정부세력을 탄압하는데 중추적 역할을 했다.

이 법 제1조 범죄구성요건에서 "국가를 참칭僭稱하거나… 목적으로 한 자"라고 포괄적으로 규정함으로써 무소불위로 적용하여 자의적 법집행이 가능하여 인권유린의 극치를 이루었다. 이법으로 구금하고 석방한 후에는 보도연맹에 가입시켜 감시, 감독하는 하나의 틀이 짜인 것이었다. 그 틀은 태권도의 2단 옆차기나 다름없는 것이었다. 보안법은 1단 옆차기이고 보도연맹은 2단 옆차기인 셈이었다. 이는 이승만 정부에 반대하는 자들을 통제하고 관리하는데 아주 편리한 틀이었다.

그때 이후에는 보도연맹 대신 간첩과 연좌제로 바뀌었고 박정희 정권 때는 통제의 극치를 이루었다. 오늘날에도 여전히 편리하게 정권을 유지하기 위한 수단으로 사용하고 있는 것이 현실이다.

보도연맹의 역할은 보안법에 의해 노출된 좌익세력 뿐만 아니라 그 잠재세력까지 척결하는데 있었다. 이를 위해 정부는 회유, 협박 등 모든 수단을 동원했고 행정, 국방 등 관계기관의 최고책임자들이 일선에 직접 나섰다.

당시 김효석(내무장관), 권승렬(법무장관), 신성모(국방장관), 김익진(검찰총장), 김준연(국회의원), 검사로 오제도, 정창운, 이태희, 경찰국장 김태선, 양우정 연합신문사장이 주도적 역할을 하였다.

보도연맹의 조직운영은 철저하게 관 주도로 이루어 졌다. 전향자가 실제 구성원이었음에도 조직운영에 대한 협의권과 결정권을 갖지 못했다. 지방조직은 경찰국장, 서장, 사찰과장 등이 조직운영의 최고 책임자인 이사장 등의 직책을 맡았다. 전향자를 교육하는 보도부장은 우익인사가 담당했다.

정부는 효율적인 관리와 운영을 위해 1950년 3월 경찰조직을 개편하여 보도연맹을 담당할 부서를 사찰과로 하였다. 정권은 탄압 일변도의 강경책이 오히려 좌익세력을 지하로 은닉하게 만드는 한계성으로 인해 선전, 선무를 통한 포섭공작을 펴기 시작했다. 자수기간을 설정하여 기간 내에 자수한 모든 좌익세력은 죄의 경중을 떠나 일절 과거를 묻지 않고 직업까지 알선해 주는 철저한 신분보장을 약속했다.

좌익세력을 색출하기 위해 1949년 10월 26일 이후 두 번째 연기 후, 다시 세 번째는 11월 한 달 동안 전국에 걸쳐 가장 집중적으로 선전, 선무하여 포섭공작을 폈다. 자수전향권고 삐라가 전국에 살포되고 법무, 내무, 국방 3부 장관, 검찰 총장 등 관계기관의 최고책임자들이 직접 나서서 촉구했다. 대상은 남로당, 인공단 등 좌익정당원은 물론 민청, 농조 등 사회단체에 관여한 사람, 학교교사, 군, 형무소에 수감 중인 좌익사범 등이었다. 뿐만 아니고 전혀 관계가 없었던 순진한 농민들도 감언이설로 가입하게도 했다.

어쨌든 보도연맹을 조직한 것은 정부였다. 그런 정부가 보도연맹 창설 1년 만인 1950년 6월 25일 전쟁이 터지자 이 정책에 추종한 보도연맹원들을 이렇다 할 재판 절차도 없이 불법적으로 집단학살을 했던 것이다. 보도연맹원들에 대한 재판은 애당초 불가능했는데도 그렇게 함으로써 야만적 국가가 되었다. 재판이 불가능했던 이유는 아무런 죄가(남한정부 전복, 예비음모 등) 없었기 때문이다. 범죄구성요건 자체가 형성 될 수가 없었다. 더군다나 무죄하다고 3부 장관, 검찰 총장 등이 성명을 발표해 약속했으므로 정부가 그들을 죽일 아무런 근거가 없었다. 결국 학살은 '적에 동조할지도 모른다'는 단순한 가능성 하나로 자행된 '예비학살'이었다.

전선의 급격한 후퇴로 시간적 여유가 없었던 서울, 경기도 일부를 제외한 전국에 걸쳐 예비학살을 저질렀다. 비점령지역인 부산과 경남 일원에서 가장 피해가 컸다. 학살된 맹원의 절대 다수는 정권의 회유와 협박 등에 못 이겨 연맹가입에 도장을 찍은 양민들이었다. 학살 피해규모는 전국에 걸쳐 최소 35만 명으로 추산하고 있다.

참고로 한국전쟁이 발발하여 휴전협정이 조인 될 때까지 군, 경, 민, 유엔군이 모두 1,418,477명이 죽거나 부상했다. 민간인 희생은 총 992,019명으로 학살 및 사망이 374,160명, 부상이 229,625명, 납치 및 행방불명이 388,234명이었다.

소설가 요산樂山 김정한金廷漢 선생(1908-1996)은 첫 번째 학살현장에 끌려가기 직전에 장교였던 제자에 의해서 살았고, 두 번째는 형무소 마당에서 학살현장으로 태우고 갈 트럭을 타려고 줄을 서 있을 때 서북청년단으로 내려와 학살에 가담하고 있던 제자가 노령의 노병용과 함께 학살 행렬에서 제외해 주어 살았다. 선생은 해방 직후 여운형이 주도하는 건국준비위원에 가담한 이유로 해서 전쟁이 터지자 검문에 걸려 부산형무소에 수감되어 있었다. 훗날 성균관대 총장을 지낸 조좌호와 인공시절 부산시 인민위원장을 지낸 노병용과 같이 지냈고 요산 선생은 무혐의 처분 받고 풀려났지만 계속 갇혀 있다가 회갑을 맞은 노병용을 주인공으로 한 부산형무소 상황을 묘사해서 쓴 소설은《옥중회갑》이었다.

당시 특무대와 경찰에서는 진보적인 지식인들을 없애 버리려고 혈안이 되어 있었다. 요산 선생은 〈차라리 개를 배우자〉라는 글에서 〈함양, 산청 가는 길은 골로 가는 길〉이라는 선생의 친구 글을 회상하면서 한 증언에서는

" … 팔순이 넘은 노인들을 비롯하여 주로 부녀자, 어린애, 젖먹이들까지 모조리 빨갱이로 몰아서 한꺼번에 400∼500내지 700∼800명씩 피난이다, 시국강연이다 해서 몰고 나와 총화와 휘발유로 쏘아 죽이고 태워 죽였던 것…"이라 했다.

1951년 3월 경남 산청의 한 부락의 한 가족이 보도연맹원들과 함께 경찰에 끌려가 몰살을 당한 후에 3일 만에 시신을 수습하러 갔을 때 유일하게 젖먹이 갓난아이와 개가 살아 있었다. 그때 현장에서 그 개는 어미개이었던지 갓난아이에게 젖을 빨리고 있었다. 그래서 당시는 개만도 못한 세상이었으니 개 같은 세상만 되었어도 다행이었을 것이다.

그러므로 요산 선생이 '차라리 개에서 배우자' 라고 질타하지 않았는가.


1960년 각 지역의 유족들이 유골 발굴한 결과는 동래가 713명, 양산 712명, 김해 의창이 750명, 울산 870여 명이었다. 경북 경산의 폐코발트 광산에 무려 3,500구의 유골이 갱도에 방치된

사실로 봤을 때 실제 학살 폐해 규모가 더 많을 것으로 추정하고 있다. 동래, 울산, 통영, 거제, 밀양, 진영, 마산, 고성, 거창 등에서는 보도연맹원 대다수가 학살을 당했지만, 남해, 하동, 합천 등지에서는 보도연맹 간부들만 희생된 것으로 파악되었다.

남한만의 단독정부 수립에 반대하는 단독선거 반대투쟁인 이른바 '1948년2·7구국투쟁'(2·7사건)에 연루되었던 사람들의 명부를 관리하면서 강압적인 수단에 의해 자수를 종용하여 보도연맹에 가입하게 하였고, 또 이들로 하여금 사상이 의심스럽다고 생각되는 사람들을 고발하게 하여 가입자 수가 많았다.

1949년 4월 보도연맹 결성 당시 이승만 정부는 사상검사 선우종원과 오제도를 통해 국가보안법 위반자 중 단독정부 수립에 반대했던 사람들을 보도연맹에 의무적으로 가입하게 하였다.

2·7군중시위는 합천군 17개 면에서 각 면마다 100여 명 이상이 참가하게 되어 총 4,000여 명 이상의 군민이 시위에 참가하였다.이들은 수차례 경찰서에 연행되어 고문과 구타를 당한 후 훈방 또는 구류 등으로 풀려나왔다. 그리고 그들의 명부와 행적기록부를 합천경찰서 사찰과에서 관리하고 있었다.

경남경찰국에서 발표한 1949년 10월 26일부터 11월 30일까지 경남지역 보도연맹 자수전향자 수는 총 5,548명 중 의령이 77명에 비해 합천지부(1949년 11월 24일 결성)가 1,305명으로 압도적으로 많았다.

합천면이 100여 명, 대병면이 80여 명, 초계면이 60여 명, 삼가면이 100여 명, 가회면이 100여 명, 가야면이 80여 명이었다. 그래서 합천군에서는 학살 희생자가 많았다.

경남 경찰국은 인민군이 대전 침공이 임박한 7월 11일 관할 경찰서에 수합되어 있던 불순분자를 일제히 검거할 것을 지시하는 통지문을 일선 경찰서에 하달했다. 그 검거통지문이 하달되기 전 합천경찰서는 7월 초순부터 이미 보도연맹원 등을 예비 검속하기 시작했었다. 한 술 더 떠서 미리 검속한 것이었다. 100여 명의 보도연맹원을 강당에 모아 놓고 서장 장재익은 지휘봉을 휘두르며,

"골로 가도 좋다는 사람 손 한 번 들어 봐라."

아무도 손을 들지 않으니

"그러면 이 중에서 골로 가면 가장 억울타 생각하는 사람 손들어 봐라."

하고 연설까지 했다. 경찰들은 도시락을 한 곽씩 주면서

"죽여도 먹이고 죽이겠다."라 위협을 가하고 인간적인 모멸감을 주기도 하였다. 당시 국회의원 노기영은 경찰서 앞에 트럭을 죽 대기 시켜 놓고 그들을 곧 태워 나가 죽일 판이라 서장에게 사정하여 일단 방면이 되도록 하였다. 서장 장재익은 참으로 잔인무도한 놈이었으며 냉혈 인간이었고 개 보다 못한 놈이었다. 틀림없이 일제의 친일 순사 출신이었을 것이다.

서장 장재익은 합천사람들에게는 불구대천不俱戴天의 원수이

고, 불운이었으며 살인마를 서장으로 맞이하게 된 것이 엄청난 큰 불행의 씨앗이었다. 극악무도하고 사람도 아닌 짐승 같은 서장 장재익은 지옥으로나 갈 인물이었다.

　　보도연맹 인사들과 그들 가족의 고난은 계속되었고 이승만 독재정부에 의한 백색테러의 희생양 대상의 최우선순위에 있었다. 이승만 친일 독재정부에 의해 1960년 3월 15일 역사상 유례를 찾기 어려운 부정선거에 마산시민이 자발적이고 대대적으로 항거해 일으킨 시위를 공산분자의 사주로 일어난 것처럼 꾸미기 위해 마산경찰서 사찰계 형사들에 의한 용공조작은 말할 것도 없었으며, 김주열의 처참한 모습의 시신이 떠오른 것이 직접적인 요인이 되어 촉발된 4월 11일 제2차 마산 민중항쟁 때 "이승만 정권 물러가라!"라는 구호가 나오자 놀란 이승만 백색독재정부는 빨갱이 너울 씌우기를 공공연히 계획하였다. 즉 4월 13일 국무회의 의결로 대검찰청 오제도 검사, 조인구 치안국장, 하갑청 특무대장으로 '대공 3부 합동수사위원회'를 구성하고 '합수본부'를 만들었다. '대공'이라는 명칭이 상기 하듯 2차 마산의거를 공산당의 조종 하에 빨갱이들의 폭동이라고 몰아붙였다. 합수본부의 밀명을 받은 오제도, 조인구, 하갑청 3인은 파면된 전국 사찰경찰 십수 명으로 별동대를 만들었고 그들로 하여 마산시민 중 1) 전 보도연맹 인사 및 유가족, 2) 전쟁 당시 월북한 가족, 3) 민주당원 가족들의 명단을 조사, 작성하게 하였다. 그리고 이들로 하여금 데모대 속으로 들어가 데모를 하되 불온구호를 외치고 파괴행위를 하게 하였고 체포되어 심문을 받을 때는 상기 3집단과 공모하여 데모했다고 진술하도록 했다.

《3.15의거》, 제15호, 2014. 〈3·15의거와 대한민국 근현대사〉

서중석, 성균관대 명예교수)

누가 빨갱이라고 손가락질하면 그대로 빨갱이가 될 수밖에 없었던
시절이었다.

《피어오를 새날》30쪽, 46쪽, 이광우 전 국제신문 사장 증언)

보도연맹에 가입자는 죄가 있고 없고를 떠나 빨갱이로 몰면 빨갱이
이가 될 수밖에 없었을 것이다.

당시 부산지구 계엄사령부 보도부장 김종원 중령이 종군기자 최태
원에게 "너 같은 기자 한 놈 바다에 집어넣어 버리면 아무도 모른다."
라는 폭언은 목숨의 위협을 받는 공포를 느꼈다고 증언했다.

《피어오를 새날》에서)

운이 있어서 살아남은 보도연맹원들은 숨을 죽이고 목숨만 유
지한 채 비참하게 살아갈 수밖에 없었다. 그들의 후손들은 공직
진출의 길이 막히고 곳곳에서 불이익을 감수하지 않으면 안 되었
다. 연좌제라는 고약한 제도가 있어서 그들을 옭아맸고 또 그들
에게 적용되는 간접살인의 역할을 하였다. 그들 후세들에게 가하
는 다른 얼굴의, 다른 이름의, 다른 표현의 제2의 학살이었다.

연좌제를 시행하지 않겠다고 공포를 해 놓고도 현실의 장막
안에서는 연좌제의 그림자가 여전히 작용하고 있었다. 오늘날
도 그 그림자가 드리운 그늘에서는 사상적, 정신적인 연좌제가
작용하고 있는 것이 현실이다.

보수정치권과 보수언론에서는 자기네들 생각에 반反한다는
이유 하나만으로 사람들을 간첩, 빨갱이, 종북으로 몰아서 옥죄
고 비이성적으로 나쁘게 생각하며 싫어하고 있지 않는가.

# 고아 오형제
## - 작은형의 행방불명과 피난살이

1950년 7월 23일 이른 아침에 어머니에 관해 알아보려고 삼가 지서에 간 진상이 돌아오지 않자 큰형이 걱정스럽게 말했다.

"어무이도 안 오고 진상이도 오지 않고 이게 우이 된 일이고. 걱정이데이."

"헹님아 내가 한 번 살짝 갔다 와 보께."

작은형이 말하고 나갔다가 얼마 후에 돌아 왔다.

"지서가 조용하던데 더 알아 볼 수 없어 그냥 왔데이. 겁이나 서."

하루 내내 불안하고 걱정이 되었다.

큰형은 어머니도 아침까지 오지 않아 죽을 지경인데 혹시나 진상에게도 무슨 일이 생긴 것 아닌가하고 불길한 생각이 방정 맞게 들었다. 그날 저녁 진상은 슬그머니 집으로 숨어 들어갔다.

아무런 일이 없는 듯이 집안은 조용했다. 형제들이 반가워 어쩔 줄을 몰라 했다. 연세가 80인 기력이 쇠약한 할아버지도 행랑채에서 5형제가 있는 본채 큰방으로 왔다. 얼굴이 어두웠다. 걱정스럽게 진상을 바라보면서 무엇인가 물어보려는 눈치다.

"진상아 니 죽을 뻔 했제. 니 에비가 졸지에 죽고 니 에미마저 경찰에 가 오지 않으니 이게 무슨 꼴이고. 아이고."

"할배요, 헹님아, 어무이는 아부이 땜에 죽었데이. 아부이 땜에 죽었데이."

크게 소리치고 울지 못하여 몸을 비틀며 오열嗚咽하였다.

"니 그게 므신 소리고. 진상아, 어이 된 일꼬?"

작은형이 울먹이며 신음하면서 말했다.

"어무이가 아부이 땜에 죽었데이."

진상은 아버지 때문에 어머니가 죽은 것으로 생각했다. 어머니에 대한 그리움이 마음에 확 밀려 왔다. 어머니가 보고 싶은 생각이 머릿속에 가득했다. 어머니가 불쌍한 생각이 들어 눈물이 자꾸만 흘렀다. 얼마 후 진상은 마음이 안정 되자 지서에서 일어난 일을 설명했다. 할아버지와 형제들은 놀랐다. 형제들은 목을 놓아 울었다. 울어도 울어도 슬픔은 가시지 않았다. 눈물이 범벅이 되도록 한참을 울었다

"할부지 우리들은 어떻게 해야 하입니꺼. 큰 일입니더."

큰형이 울면서 말했다.

"글쎄다. 어이 살 낀지 걱정이 참 크데이. 근데 진상아 니가 얼

매나 놀랬나. 에비 에미 잘 못 만나 느그가 고생이 많데이."

할아버지인들 무슨 수가 있을 수가 있었겠는가. 자식 며느리를 잃은 참담한 심정을 어디에 하소연할 수도 없고 속으로 끙끙 앓고 있는데 무슨 말을 할 수 있단 말인가.

할아버지가 울먹이며 말을 했지만 더 이상 말을 잇지 못했다.

"헹님아, 지서에서 나 찾으러 안 왔나. 나 정말 죽는 줄 알았데이."

"그래 죽을 뻔 했제. 얼매나 놀랐나. 아무 기척이 없었데이. 마음을 놓아서는 안 된 데이."

지서에서 진상을 찾는 낌새는 없었다. 그렇지만 신경을 날카롭게 해 경계를 게을리 하지 않았다. 언제 들어 닥칠지 모르니 긴장을 하고 있었다. 어떤 낌새가 있으면 형제들 모두가 도망 갈 준비를 하고 있었고 바깥 동정도 예의 살피고 있었던 터였다.

"진국아 니는 어려서 지서 주임과 경찰들이 알아볼 수 없으게 네 자주 지서 앞이나 근방에 가서 잘 살펴 보그레이"

큰형이 말했다.

"그래 알았데이, 나 이 다음 커서 경찰들 죽이삘끼다. 아버지 어머니 웬수를 꼭 갚을 끼다"

일곱 살 먹은 진국이의 대답이 결연했다.

"잘 못하면 우리 형제들이 당할 수 있데이. 그들은 살인마다. 느그 모두 정신 바짝 차리그라."

하고 큰형은 다시 정신 차릴 것을 환기시켰다.

"어머니는 어제 돌아가신 것으로 하자. 어머니 시신을 찾으면 그 때는 돌아가신 것이다. 느그 다 알았제?"

큰형이 말했다. 형제들은 어머니가 돌아가신 것으로 했다. 참으로 기가 막혔다. 돌아가신 것으로 하자는 말이 어린 진상이었지만 뇌리에서 공허하게 맴돌았다. 갑자기 천애의 고아들처럼 되어 버렸다. 엄마 잃은 기러기들이 되어 버렸다.

큰형, 작은형, 진상은 앞으로 살아갈 것이 너무 걱정이었다.

"큰 헹님아 앞으로 우리 형제들은 어떻게 살고. 걱정이데이. 보통 일이 아니데이. 아부지 어무이가 돌아가신 것도 슬프고도 슬픈데 앞으로 살아갈 것이 걱정이데이"

10살 어린 진상이 어른스럽게 말했다.

"참으로 황당하데이, 막막하다. 연세 많으신 할아버지도 계신데 큰 일이데이"

작은형이 말했다.

"헹님아 왜 우리가 이렇게 비참하게 됐노. 너무 비참하데이. 왜 우리가 기둥 잃은 다섯 서까래가 됐노."

진상이가 울면서 말했다.

"글세 그놈의 보도연맹 때문일 끼다. 아니다 경찰 때문이다. 살인마 경찰들이다."

큰형이 울먹이며 말했다.

"그래도 고모님이 계시니 막내 진화 걱정이 덜 된데이."

아기 진화는 천진난만한 장난꾸러기 얼굴을 하고 자고 있었다. 바로 그게 평화였다. 아무 것도 모르는 불쌍한 막내 동생이었다. 모두 고생문이 훤히 열렸다. 억울하고 원통하였다.

"고모님을 어무이처럼 여기고 힘을 내서 살제이."

작은형이 말했다. 그렇다 고모님이 계시니까 그나마 다행이라면 다행이었다. 고모가 저녁 밥상을 들고 들어왔다. 며칠 만에 밥다운 밥상을 대하니 눈물이 주르르 흘렀다.

"느그들 아버지 어머니 없다고 기죽지 마그레이. 힘을 합쳐 열심히 살그레이. 이젠 울지 말고 살아 갈 생각을 해야한데이."

진상은 아버지 어머니의 존재가 너무나 커 그리움이 확 밀려왔다.

"고모! 고모가 계시니 그래도 마음이 훨씬 놓입니더. 오래 살으셔서 우리 형제들의 든든한 힘이 되어 주이소."

큰형이 말했다.

"할부지는 몸이 좋아 보이지 않던데 식사는 잘 하시는지 모르게 심더."

"글쎄다. 식사가 전 보다 못한 것 같드레이. 걱정이 된데이."

"야들아, 저녁에는 불도 켜지 말고 지내자. 경찰들이 올까 봐 겁난데이. 내일 부터는 나, 진창이, 진상이는 낮에 산으로 올라가 지내자. 진국이 니는 지서를 신경써서 살피그레이. 고모는 막내 진화를 좀 보아 주이소. 의용경찰대원들, 청년방위대가 동네마다 있어 늘 감시하고 있데이. 여하튼 조심해야 한데이."

큰형답게 정리하여 말했다.

"야들아 할부지가 잘 걷지도 못하고 서지도 못하고 엉거주춤 하고 걷는데 큰 일이데이."

고모가 걱정이 큰 듯이 말했다. 이때 할아버지가 엉거주춤한 걸음으로 들어 와서 밥상머리에 앉았다.

"할부지. 우이 해서 그렇게 걷심니꺼?"

진상이가 울먹이며 말했다.

"글쎄다. 머리를 큰 망치로 친 것 맨치로 머리가 디잉 하드마 는 이렇게 됐데이. 너무 걱정마레이. 곧 괜찮아 지겠지. 신경 쓰 지 말그레이."

고모가

"자 어서 밥이나 먹제이."

밥이 입속에서 모래알처럼 썰컹썰컹 거렸다. 그래도 배가 고 파 억지로 씹어 삼켰다. 할아버지는 아들과 며느리의 갑작스런 죽음으로 인해 충격이 너무나도 커 감당할 수 없을 정도로 힘들 어 했으며 비통 속에 심신이 많이 허약해 졌고 몸이 굳어지면서 건강이 급격히 나빠졌다. 식사를 잘 못하시더니 반 앉은뱅이로 지내게 되었다.

다음날 7월 24일 큰형, 작은형, 진상은 도시락을 싸서 뒷산으 로 갔다. 동네가 잘 보이고 경찰의 움직임도 확인할 수 있는 곳 에 자리를 잡았다.

진상은 산에 지천으로 있는 연한갈색의 진흙덩어리 돌판을 또 과자처럼 먹어보았다. 지난번에 먹어본 맛이 그대로였고 먹을 만했다. 동생 진국이는 동네 꼬맹이 친구들과 지서가 잘 보이는 나무 그늘에서 주로 놀았다. 경찰의 움직임을 어린 눈으로도 철저하게 살폈으나 별로 특이할 만 한 것이 없이 하루가 지났다.

이튿날(25일)도 똑 같이 행동했다.

진국이가 저녁 때 집에 온 형들에게 말했다.

"헹님아 내 친구들 하고 지서 앞 나무 그늘에서 같이 돌멩이 공기놀이를 하고 놀았데이. 경찰놈들은 군복을 입고 들어갔다 나왔다 하면서 바쁜 것 같드라. 근데 우리들한테는 전혀 신경을 쓰지 않드레이. 뭐가 있긴 있는 것 같은데 나는 전혀 모르겠드라."

"으응 고생했데이. 뭐가 있기는 있는 것 같다. 그래도 신경써야 한데이."

그길로 큰형은 친구 김홍석에게 갔다. 친구도 잔뜩 긴장하고 있었다. 얼굴을 보니 불안한 기색이었다.

"홍석아 요새 동네가 어떻게 돌아가나?"

"글쎄, 동네가 꼭 죽은 마을 같다. 말도 함부로 못하고. 어쨌든 니 집 큰일을 당해서 참으로 않됐데이. 진작 한 번 가 보려 했지만 주위가 겁이 나서 그랬데이. 미안하다."

"고맙데이. 니도 몸 조심하그라."

"경찰들이 동네를 왔다 갔다 한 것 같지는 않드라."

"그래, 나 갈꺼다. 잘 있그레이."

큰형은 동네가 불안한 적막감이 짓누르고 있는 것 같은 분위기라고 느꼈다.

형제들은 계속 같은 일과를 보냈다. 그런데 진화가 엄마를 찾는 성화가 대단하였고 떼를 쓰며 울어서 형제들이 달래고 얼러서 울지 않게 하려고 무척이나 애를 썼다. 그것도 하루 이틀이 아니고 매일을 그렇게 하니 힘이 너무 들었다. 그러다가 밤이면 쓰러져 자는 얼굴을 보면 참으로 가슴이 메었다.

그 동안 별 특이한 일이 눈에 보이지 않았다.

7월 31일 저녁에 동생 진국이가 형들에게 말했다.

"헹님아 경찰새끼들이 오늘은 이상하게 참 바빠 보이드레이. 지서 안에서 무엇인가 마구 정리도 하고 큰 소리도 나고 그러드라. 내 낌새로도 뭐가 있는 것 같드레이."

저녁 늦게 지서 쪽에서 차들이 윙윙대고 우왕좌왕 하는 것 같기도 하고 어수선한 소리들이 진상의 집에서도 들렸다. 이럴 때 형제들은 바짝 긴장하고 지서 쪽 동정을 살폈다.

이튿날 8월 1일 아침은 상쾌한 바람이 마당 한 쪽에 있는 감나무 잎 끝에서 잔잔한 흔들림으로 불어왔다. 밝은 햇빛은 오랜만에 온 집안에 가득했다. 아직은 실감나지 않는 고아들이 되어버린 오형제는 모처럼 묘한 안도감을 느꼈다.

아버지 어머니가 돌아 가셔서 이 세상에 존재하지 않는다는 사실이 느껴지지 않았다. 참혹한 일을 당한 집답지 않게 참으로 평온해 보이는 집안의 분위기였다. 십여 일 동안의 시련과 고통이 너무나 혹독했기에 고아의 현실이 느껴지지 않았다.

"진국아 또 지서에 가서 한 번 더 살펴보고 오그레이."

"어 알았다."

얼마 후에 진국이가 집에 와 알렸다.

"헹님아 지서에 아무도 없드라. 경찰새끼들이 안 보이드레이. 살 들어 가 보이 종이들이 널려 있고 어수선하드라."

"어, 정말이가. 믿기지 않는데."

"정말이다. 가서 보그레."

그렇다. 무슨 큰 변고가 있음에 틀림이 없었다.

그날 형제들은 산에 가지 않고 집에 있었다. 오랜 만에 편한 마음으로 집에 누워서 자기도 하고 편히 쉬었다. 살만 했다.


1950년 7월 31일 야밤을 이용하여 어두움을 타고 삼가지서 경찰들이 철수하고 없었다. 북한 인민군이 곧 삼가면에 진입할 것이라고 소문이 나돌았다. 주민들은 어떻게 해야 할지 갈피를 못 잡고 혼란스러워 했고 우왕좌왕했다. 그러는 사이 8월 2일 저녁 7시경 어둠이 내릴 즈음 북한군이 삼가면에 진입하였다. 그런데 작은형은 저녁 늦도록 집에 오지 않았다. 어떻게 된 것일까 형제들이 걱정했다. 집에 들어오겠지 하고 잠자리에 들었다. 경찰이 없으므로 경찰을 경계할 필요는 없었다.

작은형은 밤에 잠을 자러 들어오지 않았다. 다음날 8월 3일에도 작은형이 보이지 않았다. 걱정이 되어 찾아 볼만 한 곳은 다 찾아보았다. 작은형 친구들에게도 물어보고 동네 아이들한테도 물어 봤지만 전부 모른다는 답뿐이었다.

"야들아 동네 사람들이 피난을 간다고 야단들인데 우리도 피난을 가야 될 것 같데이. 인민군은 경찰들 보다 무섭다더라. 그리고 여기는 전장이 될끼라 카더레이. 전장이 되면 서로 총을 쏘고 폭탄도 떨어져 너도 나도 다 죽은다 카더라"

고모가 근심스런 표정으로 말했다.

"진창이도 올지 모르고 또 할부지 기력이 좋지 않아 걷기도 힘이 든데 참 곤란합니데이. 우이 하면 좋겠읍니꺼"

큰형이 힘없이 말했다.

"헹님아 그러면 며칠 더 있어 보자. 돌아가는 판도 좀 알아보고 결정하는 게 좋을 같은데…"

진상이가 조심스럽게 말했다.

"고모, 그러면 며칠 좀 있어 봅시더. 무슨 안이 나와도 안 나오겠읍니꺼"

"그럼 그러자"

며칠을 더 기다렸지만 작은형은 오지 않았다. 색색이 비행기들이 왔다 갔다가 날아다니고 정신이 없었다. 전쟁이 난 것이 틀림없는 것 같았다. 폭격기에서 기관포를 쏘는 소리가 요란하게 나기도 했다. 총소리도 크게 들리고, 어디에서는 폭탄 터지는 소리가 멀리서 들렸다. 때로는 가까운데서 총소리가 나고 기관총소리도 나기도 했다. 집에 있기가 불안했다. 언제 집에 폭탄이 떨어질런지 걱정이 되기도 했다.

고모가 서둘러 말했다.

"야들아 피난 짐을 꾸리그라. 도저히 안 되겠다. 피난을 가제이"

"예. 알았심더. 진상아 너 힘들겠지만 덮을 이부자리도 3,4개를 보자기에 싸고 가마때기도 5,6장을 챙겨 지게에 실어 단단히 매그레"

고모도 부지런히 양식이며 냄비며 간단한 취사도구를 챙겨서 쌌다. 큰형은 지게에 이불을 놓고 단단히 동여매고 있었다. 할아버지는 요사이 먹성도 더 나쁘고 기력이 더 없어 보였다. 거의 앉은뱅이 처럼 일어서지도, 걷기도 힘들어 하는 것이 여전했다. 큰형은 할아버지를 지게에 앉히고 지고 걷기 시작했다. 큰형은 장손의 역할을 어른스럽게 잘 해 나가고 있었다. 요사이 그 어려운 일을 당해서 갑자기 어른이 되어 버린 것 같았다.

고모는 큰 보따리를 머리에 이고 세살 먹은 진화를 업고 힘들게 걸었다. 진상이도 지게에 이불 보따리와 취사도구, 양식 등을 지고 무겁게 걸었다. 동생 진국이도 일곱 살 나이답지 않게 어린 나이임에도 좀 큰 보따리를 메고 걸었다.

아침나절에 금리 집을 나서 동네 큰 길로 해 합천읍 쪽으로 가는 국도를 따라서 뜨거운 한 여름날의 뙤약볕을 받으며 땀을 펄펄 흘리면서 걸었다. 한 낮의 뜨거운 열풍은 너무 더웠다. 1Km쯤 가다가 신기다리를 만나 건너 그 다리를 왼쪽으로 꺾어서 외초천을 따라 동쪽으로 자굴산을 향해 계속 걸었다.

열여섯 살 나이에 결코 쉽지 않은 큰형의 지게질은 할아버지 체중 때문에 무척 힘이 들어 보였지만 말없이 끙끙거리며 부지런히 걸었다. 땀으로 옷이 흠뻑 적셨다. 그래도 큰형 본인이 장손으로 당연히 하여야 할 일을 하고 있는 것처럼 묵묵히 걷고 있었다. 산들은 벌거숭이라 더 찌는 듯이 더웠다. 나무도 없고 풀만 무성하여 8월의 더위는 더 더웠다. 폭염으로 주위는 이동하는 사람도 없어 한낮의 정적이 새들의 움직임조차도 없게 하였다. 다만 일가의 피난 행렬의 발걸음 소리만이 주변의 고요를 깨뜨리고 있었다.

진상의 가족들의 피난 행렬은 너무 참담 해 보였다.

고모는 힘이 들었던지 피난 보따리는 놓아두고 아기 진화만을 업고 걸었다. 한참을 가다가 중간에 나무 그늘이 있어서 일행을 쉬게 하고 왔던 길을 재촉하여 가서 놓아둔 보따리를 가지고 왔다. 고모는 몇 번을 더 보따리와 아기 진화를 두고 왔다갔다 하였다. 이 무더운 날씨에 왔다갔다 하느라 정말 힘이 들어 보였다. 미안하기 짝이 없었다.

그들의 고난은 계속될 것이고 앞으로도 편안함이 보장되지 않는 불안한 한 시대의 상징 같았다. 이 고통의 피난 행렬을 만든 자들은 도대체 누구인가.

외초천 다리에서 1.5Km쯤 가서 자굴산 초입 삼가면 동리라는 마을에 도착하니 늦은 오후가 되었다. 마을에서 할아버지가 가자고 한 집으로 들어갔다. 중년의 남자가 마침 집에 있었다.

"여보게나 우리 가족이 피난할 수 있게 좀 도와 주시게. 어쩌나 우리 형편이 이렇게 죽을 지경이 되었으이 살려준 셈 치고 도와 주게나. 내도 이렇게 늙고 몸이 좋지 않으니…"

할아버지가 하대를 하는 것을 보니 잘 아는 사람이거나 친척인 것 같았다.

"죄송합니더. 아저씨, 빨갱이 집안이라고 여기까지 소문이 나 있음니더. 잘못하면 우리도 빨갱이로 몰려 큰일날 것 아이닙꺼. 오히려 우리를 살려 주이소. 사정합니더."

"그런가 알았네. 이렇게 전쟁 인심이 박한 줄 몰랐네. 우리는 빨갱이가 아니라네. 억울하게 아들 며느리가 죽었다네. 참으로 너무 억울하게 당했다네"

"미안합니더. 몸 둘 바를 모르겠심더. 용서해 주이소"

문전 박대를 받고 진상의 가족들은 발길을 돌렸다. 할아버지의 눈에서는 눈물이 주르륵 흘러 내렸다. 고모도, 큰형도 크게 한숨을 지었다. 그러나 어쩌랴. 할 수가 없었다.

더 깊은 곳으로 한참을 갔다. 해가 서산에 얼마 남지 않아 밤이 가까우므로 산속에서 여장을 풀고 첫날 저녁을 산 속 나무 밑에서 노숙하기로 했다. 더 들어가고 싶어도 너무 지쳐서 걷기가 힘이 들었다.

"오늘 밤은 여기서 보내기로 하제이. 진승아 너무 힘들었제"

고모가 땀을 닦으면서 말했다.

"진승아 니가 나 때문에 고생했데이. 내가 죽었어야 한데 느그

아비 에미가 먼저 죽었으니…"

할아버지가 말을 잇지 못한다.

"할부지, 괜찮씀니더. 우리가 어렸을 때 지게에 우리를 얼마나 많이 태워 주었슴니꺼. 오늘 보답했슴니더"

큰형이 위로하듯 웃으며 말했다.

"진숭아, 산에서는 소나무를 많이 베어가지고 골고루 펴서 가마때기를 깔면 비가 와도 괜찮데이"

할아버지는 산 속 노숙의 지혜를 알으켜 주었다.

"예 알았심더. 지금부터 진상이하고 진국하고 자리를 만들겠심더"

큰형, 진상, 동생은 낫으로 소나무를 잘랐다.

한참을 잘라서 평평한 곳을 찾아 펴고 가지고 간 가마때기를 깔았다. 그럴 듯 했다. 잠자리 위를 긴 오리나무 작대기 세 개를 소나무 사이에 걸고 솔가지를 걸어놓으니 얼기설기 지붕이 되었다. 어느 정도 밤이슬을 막아줄 것 같았다.

"어둡기 전에 싸온 밥이나 묵고 잠자리에 들제이. 솔가지로 지붕을 했다 하드래도 아무래도 밤에 이슬을 맞을 것이고 잠자리가 불편해서 편한 잠이 안될끼다. 그리 알고 자거라"

밤이 되었다. 좀 늦게 보름이 지난 둥근달이 환하게 떠올랐다. 진상은 나무에 기대어 밝은 달을 처다보고 있으니 어머니가 보고 싶었다. 요사이의 사건들도 악몽처럼 떠올랐다.

앞으로 어떻게 살아가나 하고 어린 생각으로도 걱정이 되었다. 슬픔이 물 밀 듯이 밀려 왔다. 눈물이 주르륵 하염없이 흘러내렸다.

"아부이 땜에 어무이가 죽었 데이"라고 중얼거리며 훌쩍이었다. 진상의 손에는 연한갈색의 부드러운 고운 진흙덩어리 돌판이 과자처럼 들려 있었고 어느새 입으로 가저가 아싹아싹 깨어서 먹었다. 어머니의 사랑의 과자처럼 생각되었다. 참 맛이 있었다. 배가 불렀다. 진흙덩어리 돌판은 밭이나 길바닥이나 집 흙벽이나 돌담 흙에는 흔하게 널려있는 돌판이었다. 지금도 그 때와 마찬가지고 흔하게 널려있었다.

진상은 배가 고파서 먹어보기 시작을 했지만 어머니가 그리울 때는 자신도 모르게 과자처럼 아싹아싹 깨물어 씹어 먹곤 하였다. 좀 떨어진 곳에서 큰형도 훌쩍거리고 있었다. 형도 나와 같은 생각을 하고 있을 것이다. 도대체 진창 작은형은 어떻게 된 것일까. 어디로 간 것일까. 경찰한테 아님 인민군에게 붙잡혀 갔을까. 진상은 어리지만 걱정이 끝없이 이어졌다. 할아버지도 신세타령하면서 울고 계실 것이다. 고모도 친정이 걱정이 되고 할아버지도, 조카들도 어떻게 거둘 것인가 걱정하며 울고 계실 것이다. 아, 아 어찌 할 것인가. 잔인한 운명이여.

그 이튿날 저녁때에 큰 소나무 밑에서 가족들이 앉아 있었다. 그 때 어디선가 나타난 폭격기가 기관총으로 쏘고 그 탄피가 바로 옆에 떨어지니 고모는 기겁을 하여 형제들을 안전하다는 곳으로 피난 시켰다. 고모는 경찰이든 군인이든 인민군이든 어린 조카들에게는 무서운 존재들이고 조카들을 해칠 수도 있다는 강박관념에 사로잡혀 있었고 또 무조건 조카들을 지켜야 한다는 절대절명의 책임과 역할을 다 하는데 민감하였다.

진상은 입구가 작은 굴이 마침 옆에 있어서 고모가 그곳으로 떠밀어 넣어 들어가게 했다. 굴은 진상이가 누울 만큼의 크기여서 어른에게는 작은 굴이었다. 그 굴에서 숨어 있다가 그만 잠이 들었고 일어 나보니 아침이었다. 간밤 꿈에서 어머니를 보았다. 생생하게 어머니의 웃는 모습을 본 달콤한 꿈이었다. 그래서 밤이 좋았다. 잠을 자면 꿈에서 어머니를 볼 수가 있어서 좋았다. 기분이 좋았다.

굴 안을 자세히 살펴보니 사람 시신을 넣은 관 자국이 있는 굴이었다. 시신과 관이 있었던 묘지였기에 기분이 섬뜩하였다. 한낮 동안 그곳에서 그대로 쉬고 있다가 역시 안전하지 않다는 고모의 판단으로 오후 늦게 짐을 꾸려 더 깊은 곳으로 피난길을 걸었다. 고모는 아기 진화를 업고 보따리짐을 머리에 이고 가는 것을 너무 힘들어 했다. 고모는 먼저 무거운 피난 보따리를 놓아두고 애기 진화를 업고 일행과 부지런히 갈 길을 재촉했다. 한참을 가서 고모는

"우리 여기서 쉬자. 진화야 니 여기서 엉가들하고 가만히 있그레이. 내 가서 놓아두고 온 보따리 짐 옮겨 오꾸마."

일행이 쉬고 있는 동안 고모는 달리듯 가서 무거운 보따리를 가지고 왔다.

또 다시 발길을 재촉하여 걸었다. 한참을 간 후 또 쉬었다. 이번에는 보따리가 무거워서 먼저 보따리를 옮기고 난 후에 와서 애기 진화를 데리고 오는 것이 낫겠다 싶어서,

"진화야 니 여기서 가만히 있그레. 내는 형아들 하고 갔다가 다시 빨리 오꾸마. 단디이 있거레이"하고는 고모는 일행의 발길을 재촉하였다. 고개를 넘어가니 골짜기가 나오고 학교도 보이고 동네가 있었다. 학교 옆을 지나 적당한 곳에 일행을 쉬게 했다. 그곳은 의령군 대의면 임하 마을이고 학교는 모의국민학교(초등학교)였다.

다시 오던 길로 달리듯이 급하게 돌아갔다. 해는 어느덧 산기슭으로 넘어 가고 있었다. 마음 급하게 가서 진화가 있을 자리까지 왔으나 진화가 보이지 않았다. 주변을 샅샅이 살펴 찾았다. 한참을 찾으니 잔디 위에서 얼마나 울었는지 퉁퉁부은 얼굴을 하고 코를 골며 자고 있었다. 고모는 반가워 얼른 업고 뛰듯이 걸었다. 날은 곧 어두워지고 걷기도 힘들었다. 어두우니 무섭기도 했다. 인적이 없으니 긴장되고 무서워 살갗이 쭈뼛쭈뼛 했다.

마침 컴컴한 모의국민학교 옆 나무 골목길로 접어들면서 다 왔구나 하고 안도의 숨을 쉬었다. 그런데 캄캄한 학교 쪽에서 아이들이 떠들고 웃고 장난치는 소리들이 요란하게 들려 왔다. 아이들이 전혀 눈에 보이지 않고 컴컴한 곳에서 나는 소리가 기분 나쁘게 들렸고 섬뜩한 생각이 들었다. 아 저게 바로 귀신소리구나 하는 생각이 드니 무서웠다.

고모는 마구 달려 일행이 있는 곳에 도착했다.

"고모 왜 그렇게 숨차고 늦었읍니꺼. 우리는 무슨 일이 생겼나 해서 진상이하고 지금 막 찾으러 가려고 하던 참이었습니다"

큰형이 긴 숨을 내쉬며 말했다. 고모는 자초지종 이야기를 해 주었다. 한참 후에 밤의 학교에서의 현상은 낮 동안에 운동장에서 많은 학생들이 와자지껄 놀았던 소리가 한 낮의 열기에 녹아 들어가 섞이며 학교 건물에 흡수하여 차곡차곡 머금은 것이 밤이 되자 기온이 낮아지면서 어둠 속으로 토해내는 소리라는 것을 어른들에게 듣고 알았다.

철없는 진화는 고모의 등에서 그러한 일들을 아는지 모르는지 새근새근 자고 있었다.

"오늘은 여기서 잠을 자제이. 어서 잠자리를 차리그거레"

그곳에서 노숙을 했다. 불편한 잠이 아침 일찍 모두를 일어나게 하였다. 노지의 밤이슬은 기분을 언짢게 만들었다. 몸이 모두 무거웠다.

아침을 간단히 먹고 피난 발길을 재촉하였다. 낮에 보니 산속이 아니라 들판이나 다름없었다. 어두운 밤길에서 방향과 지리를 모르니 깊은 산 속으로 알고 찾아 간다는 게 오히려 산중의 들판이었다.

고모는 긴장하는 눈치였다. 깊은 산 속이 아니기 때문에 신경이 날카로워졌다. 갈 길 재촉에 성화를 부렸다. 산 그림자가 눈에 보이는가 싶더니 얼굴을 들어 쳐다보니 큰 산이 앞을 막고 가로 놓였다. 고모는 좀 마음이 놓인 것 같아 보였다. 그 곳이 깊은 산 속 입구에 있는 의령군 중촌리 마전마을이었다. 그 마을을 지나서 진화만을 업은 고모는 일행과 같이 한참을 간 후 형들 속에 있게 하고 다시 오던 길로 되돌아가 무거운 보따리를 이고 왔다.

고모는 형제들보다 두 배나 많은 발품을 팔고 있어서 힘들어하는 기색이 역력하였다. 그렇지만 생사의 피난이므로 이러기를 몇 번을 할 수 밖에 없었다. 얼마를 더 가니 한낮인데도 산 그림자를 만나게 되었고 자굴산의 큰 줄기가 가로 놓인 깊은 산 속으로 들어가고 있었다. 좀 더 들어가니 길이 없어진 곳에 작은 마을이 있었다. 오후나절에 도착한 그 곳 마을에서 산을 바라보니 경사가 급하고 짙게 녹음이 지어 있었다.

마을은 의령군 대의면 마전리 삼바실이라는 동네였고 10여 채의 집이 있었다. 고모는 땀을 닦으며 말을 하였다.

"자, 이 동네를 우리들 피난처로 잡을 꺼다. 골이 깊어 안심이 될 것 같데이. 내는 방을 얻으러 가보끄마"

고모는 얼마 후에 와서

"작은 방 하나 구했데이. 주인이 마음 좋아 보이드레."

"오늘은 첫 날이라 우리 식구 모두가 그 방에서 불편하지만 지내제이."

"고모 다른 집에는 방이 없읍디꺼."

"다른 집에도 피난민이 살고 있고 이 작은 마을에 방이 더는 없더라."

방을 얻어 놓은 집으로 모두 가서 피난 보따리를 대충 풀었다.

"그러면 이 작은 방에서 우리 모두가 있는 겁니꺼?"

"아이다. 아무래도 느그가 거처 할 움막을 하나 산에다 만들어야 될 것 같데이."

그 얼은 방에서 첫 밤을 지내고 다음날부터는 주로 몸이 불편한 할아버지와 고모, 그리고 막내가 기거하였다.

세살 진화는 무언가 돌아가는 것을 아는지 보채지도 울지도 않고 잘 놀고 있었다. 그간 진화는 제법 큰 것 같았다.

그 이튿날 고모, 큰형, 진상, 진국이는 산에 움막을 만들기 시작했고 지붕은 비가 새지 않도록 단단히 동여매어 잠자는데 어려움을 없게 하였다.

"자 오늘부터 느그는 여기서 자그레. 먹을 나물도 부지런히 뜯어야 한데이."

이렇게 하여 그 곳에서 피난살이가 시작 되었다. 서글펐지만 어쩔 수 없었다. 고모는 매일 새까만 보리밥에 소금물을 뿌린 도시락을 산 움막으로 가지고 가서 먹으며 생활하게 하였다.

형제들이 한 여름이었지만 들에서 비름나물, 좀 억세진 질경이, 돼지풀 등을 뜯어서 가지고 가면 고모는 삶아서 된장으로 무쳐 반찬으로 먹게도 하였다. 때때로 고모는 삼가 집으로 가서 양식과 간장 된장 고추장 등 먹을 것들을 가져오기도 하였다. 그래서 먹고 사는 것은 그럭저럭 해결 할 수가 있었다.

양식이 부족하므로 산에서 산나물을 채취하고 논밭이 있는 곳에서는 비름나물. 돼지풀 등을 부지런히 뜯었다. 하루는 삼가 집을 다녀온 고모가 수심이 가득 찬 얼굴로 맥이 하나도 없어 보였다.

"야들아, 느그 집이 폭격으로 온데 간데 없어졌데이. 그리고 큰 웅덩이가 생겨 있더라. 앞으로 먹을 양식도 없어져 버렸으니 큰 일이데이."

"아 아 이젠 집마저 없어져 버렸구나. 왜 고통의 시련이 계속 될꼬."

큰형이 탄식을 하며 절규하였다. 한 사람도 아니고 여섯 사람의 운명이 왜 이렇게 잔인한 시련이 계속 되는 것일까. 이제부터는 집에 가서 가지고 올 식량도 없어졌으니 난감하기 짝이 없었다. 그러나 어떻게 해서든 살아야 한다고 생각했다.

삼바실 피난 동네에서 형과 진상은 동네 잘 사는 집의 소를 끌고 나가 풀을 뜯게 하는 일을 해서 밥을 얻어먹고 얼마를 얻어와서 할아버지, 고모, 동생들이 먹을 수 있게 했다. 겨우 머슴살이 형태로 남의 집 생활을 하며 가족이 근근이 연명하였다.

고모도 삼바실 동네에서 밭도 매고 또 다른 일감을 찾아서 일을 한 후 먹을거리를 얻어 오곤 했다. 동네에서 일감이 없을 때는 산과 들에 있는 비름, 돼지풀, 질경이 등 먹을 만한 나물들을 뜯어서 데쳐 된장에 무친 나물로 허기를 때우기도 하였다. 그리고 나물 된장국을 끓여서 배를 채우기도 하였다.

칡을 캐서 질겅질겅 씹어 즙을 빨며 허기를 면하기도 하였고 바위이끼도 뜯어서 삶아 먹기도 하였다. 바위이끼도 먹을 수 있다는 것을 처음 알았으며 굶주림을 면하기 위해서는 독이 든 것만 빼고는 무엇이든지 먹었다.

소나무 속껍질을 삶아 방을 얻은 집 절구통에서 동네에서 얻어온 밥과 함께 찧어 떡처럼 해서 먹기도 하였다. 그게 엉성한 송기떡이었다. 그야 말로 초근목피의 생활을 하고 있었다. 먹기 싫어도 배가 고프니 살려면 먹을 만한 것은 다 찾아 먹어야만 했다.

진상은 가족들 몰래 부드럽고 연한갈색의 고운진흙덩이 돌판을 과자처럼 먹으며 허기를 채우기도 하였다. 그럴 때면 배가 든든했고 어머니가 간절히 그리웠다. 진상은 아버지 어머니의 참담한 죽음과 어머니의 사랑이 가장 많이 필요로 할 때 어머니 사랑의 상실감이 너무 커 정신적, 심리적인 불안감이 극에 달해 있었다.

이제는 어머니가 보고 싶을 때마다 자신도 모르게 땅에 있는 고운진흙덩어리 돌판을 주워서 먹곤 하였다. 그 흙덩어리 돌판은 입에 넣어 씹으면 마치 과자를 씹는 것처럼 아삭아삭 씹는 식감도 있고 맛이 느껴지기도 했다. 맛이 있었다. 그 맛은 굶주림에 시달려본 사람만이 느낄 수 있는 맛이었다. 바삭바삭 씹히는 그 맛이 나름대로 불안감을 없애 주는 것 같았고 또 배가 불러지기도 하여 배고픔을 견딜 수가 있었다.

"헹님아 니 뭐 묵노. 바싹바싹 과자 먹는 소리가 난데이. 나도 좀 주그레이. 혼자 먹지 말고 나도 좀 도."

진상은 도둑질하다 들킨 사람처럼 놀랬다. 동생한테 들킨 것
이다.

"아무것도 아이다. 물어 보지 마레."

"입 한 번 벌려 보그레이. 어서"

"아이다. 아무 것도 아이다."

진상은 난처했다. 그때 고모가 와서 두 형제가 투닥투닥 다투
는 말을 들었다.

"그래 진상아 니 묵는 것 도대체 뭐꼬? 동생하고 나누어 먹어
야제. 니 혼자만 묵나. 묵을 게 있으면 동생도 주어야 한데이."

진상은 난감했다. 고모한테도 들킨 것이다.

"사실은 내가 이 흙덩어리 돌판을 먹고 있었습니더. 나도 모르
게 입에 넣고 깨물어 먹으면 과자 같아 먹을만 합니더. 맛도 있
습니더."

그러면서 손에 쥐고 있는 과자 같이 생긴 흙덩어리 돌판을 보
여 주었다.

"진상아 그거는 묵는 것이 아이데이. 진흙덩어리 아이가. 세상
에 흙을 먹는 사람이 어데 있더노. 이젠 묵지 마그레. 배속이 뭐
가 되겠노."

고모는 얼마나 배가 고팠으면 흙을 다 먹었을까 하고 생각하
며 눈물을 훔쳤다. 진상의 진흙덩어리 돌판을 먹는 버릇은 어머
니가 간절히 생각 날 때 마다 자신도 모르게 먹곤 하기도 했지만

배가 고플 때도 자주 먹었다.

어느 날 큰형은 진상에게

"진상아 니 진흙덩어리 돌판을 묵는 다미. 니 배가 고파서 묵나. 이젠 묵지 마라. 고모가 걱정이 되어 울먹이며 내한테 흙 묵은 거 이야기 해 주었데이."

"으응 알았데이. 안 묵으께."

그렇게 말했지만 진상의 흙덩어리 돌판을 먹는 것은 여전했다. 동네의 담벽이나 집 흑벽에도 있어서 쉽게 먹을 수 있었다. 피난살이도 오래 된 것 같은 어느 날 저녁에 둥근 보름달이 떠올랐다. 진상은 소나무를 등받이 삼아 달을 쳐다보고 있었다. 마치 어머니가 환하게 웃고 있는 듯이 떠 있어서 바라보았다. 어머니 얼굴 같았다. 어머니가 보고 싶고 그리웠다. 눈물이 주르륵 흘렀다.

"어무이 어디 있읍니꺼. 빨리 집으로 오이소. 보고 싶씁니더."

그리고 학교에서 배웠던 노래가 낮은 소리로 나왔다.

　　해는 저서 어두운데 찾아오는 사람 없어
　　이일 저일을 생각하니 눈물만 흐르네.
　　내 동무 어디 가고 이 홀로 앉아서
　　밝은 달을 쳐다 보니 외롭기 한이 없다

그러고 나니 마음이 좀 편해졌다.

그 다음날도 진상은 그 소나무를 등받이 삼아 밝은 달을 보고 있었다. 컴컴한 밤보다 달이 뜬 밤이 좋았다. 어쩐지 어머니를 볼 것 같은 생각이 들었기 때문이다.

진상의 머릿속에는 구체적인 단어인 아버지, 어머니, 형제들 이름, 할아버지, 고모, 밝은 둥근달, 뜨거운 해 등이 들어 있었고, 추상적인 언어인 어머니의 그리움, 어머니의 사랑, 슬픔 등 만이 마음 속에 들어 있었다. 그 외 다른 단어들은 몰랐다. 알고 있다 하더라도 진상의 언어가 아니었다. 진상의 단어들이 아니었다.

진상만의 세계에서는 제일 큰 것이 어머니에 대한 그리움, 어머니 사랑이었다. 둥근달이 어머니의 얼굴처럼 느껴져 달이 있는 밤이 좋았다. 어머니가 그리워졌다. 달을 바라 보고 있으니 어머니의 사랑이 달빛으로 되어 진상을 어루만져주고 있는 것만 같았다. 가을이 된 듯 귀뚜라미 소리가 처량하게 들렸다. 진상의 마음을 아는 듯이 울었다.

> 울 밑에 귀뚜라미 우는 달밤에
> 기럭 기럭 기러기 날아갑니다.
> 가도 가도 끝없는 넓은 하늘을
> 엄마 엄마 부르며 날아갑니다.
> - 윤복진 시 〈기러기〉, 박태준 곡

학교에서 배운 노래를 부르고 나니 마음이 편해졌다. 진상 자신이 꼭 기러기 신세가 된 것처럼 생각이 들었다. 마음으로 끝없는 하늘을 날아가고 있는 것만 같았다. 엄마 엄마하며 찾아 날다

보면 어머니를 찾을 것만 같았다. 또 학교 친구들이 생각이 났다. 그들은 지금 학교를 다니며 부모와 집안에서 웃으며 행복해하겠지.

진상은 또 마음이 쓸쓸해 졌다. 귀뚜라미가 우는 쓸쓸한 달밤이 슬퍼졌다. 어머니가 그리워 노래를 부르다 그 노래로 친구들이 생각이 났던 것이다.

어느 날 아침에 고모는 시꺼먼 보리밥을 뭉쳐서 소금물을 뿌리고 나뭇잎에 싸면서 진상을 보고 말했다.

"진상아 니 내와 같이 갈 데가 있데이. 저 높은 고개를 넘어 가면 집 몇 채가 있는 마을이 있는데 오늘 같이 가제이."

"뭐 하러 그 마을에 갑니꺼?"

"니는 오늘부터 그 마을 부자 집에 머슴살이를 하러 간데이. 밥이라도 따뜻하게 배부르게 먹고 살그레. 이젠 그 흙덩어리 과자 묵지 않아도 된데이."

"예, 알겠심더. 고맙습니다."

고모는 진흙덩어리 돌판을 먹는 것을 보고 마음이 너무 아파 따뜻한 밥이라도 제대로 먹일 심산으로 그렇게 하였다.

아침나절에 고모와 진상은 천천히 경사진 길을 올라갔다. 경사가 심해 오르기가 힘이 들었다. 도중에 나무 그늘에 앉아서 싸간 보리밥을 먹었다.

"고모, 보리밥이 디게 맛있습니더. 이렇게 맛있는 보리밥을 먹어 보기는 생전 처음인 것 같습니더."

122

"그래 변변찮은 보리밥도 제대로 먹지 못하이 그런 갑다. 또 산을 힘들게 올라왔으이 더 안 그렇나."

고개는 경사가 급하고 높아서 한참을 가다가 쉬곤 하였다. 드디어 고갯마루가 나왔고 좀 더 가니 집이 몇 채가 있었다. 그곳은 의령군 칠곡면 살남마을이었다. 고모는 약속이나 한 듯이 어떤 집을 찾아 들어 갔다.

"아이구 안녕하셨읍니꺼. 마침 집에 계셨네 예. 여기 우리 조카 좀 부탁하입시더. 지난번에 삼바실에서 말씀 안 하였읍니꺼."

"아 예 알겠읍니더. 걱정 하지 마이소."

진상을 향해서 아주머니가 말했다.

"야 야, 니는 오늘부터 우리 집에서 산데이. 풀도 뜯고 소도 몰고 나가서 풀을 뜯게 하는 기다. 알았제."

"예 알겠심더."

"진상아 전쟁 끝날 때까지 잘 있그레. 그리고 아즈매 말도 잘 듣그레이."

고모의 눈가가 촉촉해진 것을 볼 수 있었다. 조카들의 안전을 최대한으로 지키려는 모성 본능이었음을 진상은 느낌으로 알 수가 있었다. 어렸지만 진상은 고모의 자상한 마음이 너무 고마웠다.

진상의 머슴살이가 시작되었다. 밥을 굶을 일은 없었다. 그러나 외로움을 느끼고 어머니가 보고 싶을 땐 눈물을 흘리며 기러기 노래를 불렀다. 어머니가 그리우니 어느 사이 손에 진흙덩어리 돌판이 들려져 있어 아싹아싹하고 깨물어서 씹고 있었다.

어머니의 사랑을 씹고 있는 것 같아 그 순간은 행복이 느껴졌다. 맛이 있었다. 고소한 맛이 났다. 진상만이 느끼는 이 맛은 어느 누구도 느낄 수 없는 맛이었다. 그러면서 시름을 달랬다. 진상은 전쟁이 끝 날 때인 9월 말경까지 칠곡 살남마을에서 지냈다. 이 깊은 산촌에서는 전쟁이 없었다. 평온한 숲 속처럼 평화만 있을 뿐이었다. 다만 이따금씩 멀리서 들려오는 폭탄 소리나 기관총 소리가 들리고 쌕새기가 날아가는 정도만 없었다면 전쟁이 전혀 느껴지지 않은 마을이었다. 국가가 경찰과 군을 동원하여 많은 사람들을 죽였던 그 분탕질이 있었어도, 남한과 북한 사이의 그 전쟁이 있었어도, 그런 사실 조차도 전혀 모른 채 이 세상과 동떨어져 있는 다른 세상 같았다.

얼마를 지났을까, 어느 날에 재 넘어 삼바실에서 큰형이 와서 전쟁이 끝났으며 인민군이 물러갔다고 알려 주었다. 또 삼가 집으로 간다고 하였다. 그래서 주인아주머니에게 인사를 하고 형을 따라 나섰다. 피난살이는 끝났지만 진상에게는 생존을 위한 생명의 전쟁만이 있었던 처절한 피난살이였을 뿐이었다.

하지만 평화와 심신의 안식이 있었던 살남마을에서의 생활은 그런대로 추억으로 만들어 졌다.

# 아! 고달프다
## - 계속되는 곤궁한 생활

9·28수복 후 인민군은 철수를 하며 후퇴를 하였다. 그때쯤에 삼가 금리 고향으로 돌아왔다. 그해 10월 초순쯤이었다.

진상의 집은 폭격으로 없어져 버렸으니 할 수 없이 고모 집에서 살기 시작했다. 방이 두 칸인 오두막집이어서 불편했지만 어쩔 수 없었다. 그래도 방이 두 칸이어서 큰 방에서는 고모, 진국, 진화가 사용하고 작은 방에서 큰형과 진상이 할아버지와 함께 기거를 할 수 있었으니 피난살이보다 훨씬 나았다.

진상은 학교를 다닐 수 없어서 학업을 포기했다. 먹고 살기도 힘이 드는데 학교는 언감생심이었다. 피난살이보다는 심신은 편했다.

고모 집이었지만 우리 집이나 다름이 없어 살아가는 것이 피난지 고행보다는 훨씬 나았다. 그때는 산속 노천에서 주로 이슬을 맞으며 자야 했던 잠자리가 무척이나 불편하지 않았던가. 그렇게 좀 생활이 안정되니 아버지와 어머니, 작은형의 빈자리가 큰 상실감으로 엄습하여 왔다. 아니 어머니 배 속의 동생까지 네 사람의 빈자리. 아, 아 또 있다. 집도 먹을 양식도 없어졌다. 너무 너무 크게 잃었다. 참으로 너무 컸다.

가슴에 큰 구멍이 뚫려 바람이 씽씽 거리며 지나가는 것 같이 느껴졌다. 걸핏하면 어머니가 보고 싶어 눈물이 났다.

어머니의 사랑이 너무 그리웠다. 그래서 울보가 된 것 같았다. 그럴 때 마다 그의 손에는 어김없이 진흙덩이 돌판 과자가 들려 있었고 아삭아삭 먹는 소리에 마음이 편해졌다. 맛도 있었다. 어머니의 사랑 맛이었다.

그런데 당장 입에 풀칠이라도 해야 할 먹을거리가 큰 문제였다. 가만히 있으면 영판 굶어 죽는 수밖에 없었다. 아버지가 3대 독자로 일가친척도 없었다. 주위 이웃에게도 그 어려운 때에 식량을 얻을 수도 없었다. 참으로 암담하였다.

가족들은 보도연맹, 빨갱이 가족이라고 손가락질을 받고 살아야 하기도 했다. 또 입도 봉하고 이야기도 마음대로 할 수가 없었다. 동네 사람들의 인심이 정말 무서웠다. 그들은 진상의 가족과는 왕래도 거의 하지 않았다. 주위의 눈이 무서워 서로 눈치만 보고 살아야 했던 험악한 시절이었다. 그래서 어떻게 식량을 구해 볼 도리가 없었다.

진상의 가족들은 우선 급한 대로 폭격으로 웅덩이가 된 집터의 잔해를 정리하면서 쓸 만한 물건과 혹시나 식량이 있을까 봐 뒤지기 시작 하였다. 다행히 폐허 더미 속에서 된장이며 간장이 든 항아리를 찾았고 또 쌀이 들어 있는 독도 찾아냈다. 얼마 동안은 굶주림을 면할 수 있게 되어 기뻤다.

어느 날 동네 친구들이 진상을 찾아왔다. 홍원유, 성중권, 장익상은 아직 어리니까 어른들과 달라 진상을 찾아와 위로 해 주었다. 어린 애들이 가상嘉尙했다.

친구 홍원유가 진상에게 말했다.

"진상아. 니 학교 다니기 어렵드래도 다니면 안 되겠나. 어이 하면 좋겠노. 그래도 진상아 힘을 내서 웬만하면 학교 다니그레."

"내는 이제는 학교 다닐 수 없데이. 어떻게 학교를 다닐 수 있겠노."

"진상아, 느그 집이 폭격을 당해 웅덩이도 생기고 해서 그걸 보니 내 마음이 더 아팠데이."

친구 성중권은 마음이 아픈 듯 눈가에 눈물이 묻어나며 진상에게 말했다.

"진상아, 힘을 내그레이. 선생님이 니 걱정을 많이 하드레이."

"그래, 선생님과 반 친구들이 보고 싶데이. 느그는 부모가 있슨게네 걱정이 없겠지만 나는 먹고 살 것이 큰 걱정이데이. 우리 집은 엉망진창이데이."

성중권은 진상의 부모의 죽음에 관한 위로 말을 차마 꺼내지 못했다. 친구 장익상은 멈칫거리며 호주머니에서 무엇을 싼 봉지를 꺼내면서

"진상아 이거 떡이다. 니 줄라고 내 좀 가지고 왔데이. 어제 우리 집 제사가 있었거든."

"그래 고맙데이. 익상아, 내는 하루하루가 먹고 사는 것이 힘들데이."

"그래도 힘을 내그레. 무어라 위로 말을 못하겠데이."

"야 친구들아, 이렇게 와 주니 고맙데이. 느그들은 부모가 있어서 좋겠데이. 내는 어머니가 제일 보고 싶고 그립데이."

드디어 진상은 눈물을 글썽이며 부모 말을 꺼냈다.

그 말을 들은 친구들은 눈가에 눈물이 촉촉이 젖어 나왔다. 진상은 친구들도 싫었다. 어서 가 주었으면 하고 바랬다. 친구들이 간 뒤에 많지는 않지만 형과 동생하고 떡을 나누어 먹었다. 정말 맛이 있었다.

진상은 학교를 다닐까하고 생각도 해보았지만 마음의 상처가 너무 크고 심란하여 공부하기가 싫었다. 그러나 동생 진국은 학교를 다니기 시작하였다.

고모, 큰형, 진상은 삼가 시장에 있는 어머니 비단 상점에 가서 비단이라도 가지고 와 팔아 식량을 만들려고 갔다. 그러나 상점 안이 텅텅 비어 있었다. 뿐만 아니라 유리창도 깨져있고 문도 열려 있었다.

"와 비단포목이 하나도 없이 다 없어저삣다. 전쟁 사변 인심 참 고약타. 어쩌면 이렇게 하나도 없노. 참 기가 막힌데이."

고모가 허탈하여 말을 더 잇지 못했다.

"정말 기가 막힙니더, 동네 사람들이 다 도둑놈으로 변해 우리 비단을 다 가져갔삣네"

큰형이 기가 찬 듯이 말하였다. 진상이도 얼굴을 찌부러뜨리며 허탈해 했다. 사변 동안 그대로 비단이 있었다면 오히려 그게 이상한 일이었을 것이다. 전쟁 때는 사람들이 이성을 잃어버리고 약탈, 폭력이 난무하여 생명까지도 담보할 수 없어서 피난을 가지 않았는가. 모두들 집으로 돌아 왔다. 그나마 조금 있었던 양식이 바닥이 나고 먹을 것이 부실하여 허기로 지내던 어느 날 고모는

"야들아 몇 끼를 굶으니 배가 너무 고팠제. 자 이거라도 한 사발씩 마시그레. 진상아 이 사발은 할부지한테 갔다 드리레."

"고모야 이게 뭡니꺼. 푸른 물이네요."

큰형이 말하며 한 모금 먹었다.

"아이구 씹어라. 무슨 풀물입니꺼?"

"그거는 씀바귀와 쑥을 간 긴데. 약도 된데이."

몇 끼를 먹지 못해 배가 너무 고파서 그 쓴 풀물이라도 맛있게 마셨다. 몇 끼만 먹지 못하여도 이렇게 배가 고픈데 앞으로가 참으로 큰 문제였다. 진상은 큰형, 동생이 보지 않는 곳에 혼자 있었다.

어머니 생각이 간절했다. 어머니가 있었으면 이렇게 굶지 않고 쓴 풀물도 먹지 않았을 것이다. 어머니가 그리웠다. 눈에서 굵은 눈물이 뚝뚝 떨어졌다. 우물로 가 한 두레박 물을 퍼서 꿀꺽꿀꺽 마셨다. 이튿날 고모가 큰형과 진상에게

"야들아, 느그들 낫 들고 산에 가서 소나무 있제. 겉껍질을 비끼 내고 속에 있는 흰 껍질을 벗겨 오그라. 오늘 먹을 양식이데이. 피난 때 먹어 봤었제"

"예 알겠심더. 피난 가서도 소나무 속껍질을 벗겨서 송기떡을 해 먹은 거 생각납니더. 지금 올라가 벗겨 오겠습니더."

형제들은 산에 가서 소나무 속껍질을 한 소쿠리 벗겨 왔다. 고모는 어디서 구했는지 모르지만 쌀과 형제들이 벗겨온 소나무 속껍질을 솥에 넣고 밥을 했다. 그리고 절구통에 넣어 찧기 시작했다.

"야들아 이것 좀 찧어 보레이. 힘이 부친데이."

큰형이 힘 있게 찧었다. 보기에도 쫄깃쫄깃 하게 찧어져 떡처럼 되었다. 불그스럼한 송기떡이 되었다.

"자 오늘 밥이데이. 할부지께도 갔다 드려라. 자 묵자."

형제들은 시장이 반찬이라 반찬도 없이 송기떡을 맛있게 먹었다. 약간 곡기가 들어가 있으니 먹기가 훨씬 좋았다.

가을이라 봄 같지 않았지만 고모와 형제들은 들과 산으로 가서 먹을 수 있는 나물이나 먹을 만한 것들을 다 뜯어다가 허기를 면했다.

진상만은 또 먹을 것이 있었다. 흙덩어리 돌판 과자가 있었다. 산에서는 칡뿌리도 캤다. 그냥 씹어 먹기도 하고 절구통에 찧어서 즙을 내서 먹기도 했다. 어느 날 큰형이

"진상아 우리 양천강에 가서 고기 잡으까. 고기도 우리 양식 아이가. 가자."

"형 알았데이. 내 수영 실력이 대단한 거 알제. 근데 한 여름이 아니고 초가을이니 물속에는 못 들어 가겠제. 달팽이라도 되는 대로 잡제이. 형아."

"진국아 니도 갈끼가. 가고 싶으면 따라 온나."

큰 소쿠리를 가져가서 발로 자근자근 밟아 더트기도 하고 또 손으로 더듬어서 피리, 모래무치, 동사리, 빠가사리, 달팽이 등을 제법 잡아 왔다. 고모는 맛있게 요리를 하였고 오랜 만에 고기 맛을 보니 꿀 맛 같았다.

"느그들 또 나중에 강에 가서 잡아 오그레이. 참 맛 있데이"

고모는 오랜만에 먹어 본 물고기 맛이 좋았던지 활짝 웃으며 말했다. 가을 추수 때가 되어 들판은 황금벌판인데 아버지가 지으시던 논이 어떤 것인지 알 수가 없었다. 아버지가 지은 논농사가 생각이 났다.

"할부지요. 아버지가 농사지었던 우리 논은 어데 있읍니꺼. 우리도 추수를 해야 안 하겠읍니꺼."

큰형이 물어 보았다.

"글쎄다. 사들이벌판에 우리 논이 있데이. 그 논들은 우리가

소작을 내준 것인지 자작을 한 것인지 확실히 모른데이. 다 니아비가 알아서 했스이 내는 잘 모르겠데이."

"할부지요, 좀 자세히 이야기 해 주이소."

"그래, 더는 내가 잘 모른데이. 눈도 어둡고 바깥 출입이 힘 든게네 논을 찾기도 힘이 든데이. 느그가 알아서 찾아 보그레."

할아버지는 팔십 노인으로 당시는 상노인 중 상노인이었고 귀도 어두웠다. 또 방안에 자리보존하고 있으니 몸이 점점 더 쇠약해졌고 요사이는 건강이 더 나빠져서 기억력도 떨어져 할아버지 말은 횡설수설하여 믿을 수가 없었다. 직접 모시고 논의 위치를 알아보고 싶어도 반 앉은뱅이로 건강이 너무 안 좋으니 참으로 답답할 노릇이었다.

큰형은 아버지를 따라 논에 가보지 못한 것이 너무나 후회가 되었다.

"우리 논을 우이 찾노. 할부지 건강도 안 좋고 기억력도 오락가락하여 갈피를 잡을 수가 없는 게 안타깝데이. 이러다가 우리 논을 못 찾는 게 아이가. 큰일이데이. 고모도 모릅니꺼?"

큰형은 독백 하듯이 작은 소리로 말했다. 고모도 답답하고 안타까운 눈치였다. 아버지가 지었던 아버지의 흔적인 사들이벌판의 논들이나 어머니가 장사를 하였던 어머니의 발자취인 포목상점은 도대체 어떻게 된 것이었을까.

큰형은 열여섯 나이이고 또 일본에서 나온 지 몇 년 밖에 되지 않아 언어에 불편이 많고, 또 그런 부동산을 알아보고 처리 하는 것은 어린지라 무리가 있고 어려웠다.

진상은 물론 말 할 것이 없었다. 너무 어리기 때문이었다. 포목 상점이나 사들이벌판의 논을 열 살 진상에게는 도저히 어떻게 해볼 요량이 서질 않고 어리벙벙할 뿐이었다. 보도연맹이다 빨갱이다 하여 사회적 분위기가 살벌하여 챙겨 볼만한 형편도 되지 못 하였다. 친척이라도 있었다면 또 달랐을 것이다.

진상의 집안일을 도와 줄 동네 사람도 없었다. 고립무원이었다. 그런 상황을 어떻게 해결해야 할지 너무 답답할 뿐이었다. 아 아 답답한 진상의 집안 형편이여! 답답한 인간사여! 인간사여!

지금 당장도 문제지만 추운 겨울을 지나려면 양식을 준비해 놓아야 했다. 추수가 끝난 논에 가서 고모와 세 형제는 벼이삭을 부지런히 주웠다. 그 양이 제법 되었다.


성경 구약 레위기 23장 22절에서는

"… 네 수확의 떨어진 이삭을 주워서도 안 된다. 그것들을 괴로움 당하는 이와 외국인 거주자를 위하여 남겨 두어야 한다. 나는 너의 하느님 여호와이다."

이런 이삭은 진상이네 식구들을 위하여 하느님이 마련해준 것이었다. 당장의 호구책을 위한 것이기도 하고 추운 겨울을 나기 위한 양식으로 하느님이 주신 것이었다. 하루 세 끼를 먹으면 겨울나기는 어렵겠지만 배추나 무시래기를 넣어 죽으로도 끓여먹고 어떨 때는 하루 두 끼 정도로 끼니를 때우면 겨울을 날 정도는 될 것도 같았다. 그래도 이만큼이라도 준비가 되었으니 부자가 된 기분이었다. 부자가 따로 없었다. 가을 나물도 눈에 보이는 대로 고모와 형제들은 들과 산으로 가서 부지런히 채취하였다. 먹을 수 있는 것들은 보이는 대로 다 뜯었으며, 먹을 수 있는 것이라면 무조건 챙겼다.

김장배추 시래기며 무 밭에서 무청 등은 무조건 거두었다. 고구마를 다 캔 밭이랑을 쇠스랑과 괭이로 뒤집어서 거두지 못한 이삭 고구마도 주웠다. 고구마 잎도 보이는 대로 땄다.

산에 가서 도토리와 밤도 부지런히 따기도 하고 줍기도 하였다. 며칠 걸러 도토리와 밤을 자굴산 깊은 곳까지 가서도 따고 주워 모았다. 이렇게 준비한 먹거리로 겨울은 날 수 있을 것이라고 생각이 되었다.


날씨가 좀 싸늘한 늦은 가을 어느 날 큰형은 고모에게 말했다.

"고모. 내는 요, 내 한 입이라도 줄이고 싶어서 친구를 따라 부산으로 갈낍니더. 가서 밥만이라도 얻어먹을 수 있으면 무엇이라도 다 할 낍니더. 오래 생각 끝에 이런 힘든 결정을 했읍니더. 고모 허락해 주이소."

"그래 네 뜻은 고맙지만 날씨는 추워 오는데 나가다니."

"겨울 먹을거리도 준비가 됐으이 저 하나의 입도 덜하면 그만큼 안 좋겠습니꺼."

큰형의 눈에는 어느 새 눈물이 글썽거렸다. 열여섯 나이에 걸맞지 않게 요 몇 달 동안 생각이 깊은 어른이 다 되어 있었다. 얼마나 혹독한 시련이었던가. 분노, 울분, 증오, 적개심으로 가득 찬 마음을 추스르느라 얼마나 힘이 들었겠는가. 지금도 시련은 계속되고 있지 않은가. 앞으로도 부딪칠 시련은 어떤 것일까 두려움이 앞섰다.

큰형은 쓰러지지 말고, 희망을 가지고 용기 있게 이 세상사를 헤치고 꿋꿋이 살아 나가자고 마음에 다짐을 했다.

"그래 알았데이. 한 입이라도 줄이면 그만큼 고생이 덜하끼다. 니 결심이 대단 하데이."

고모가 촉촉이 젖은 눈을 감추고 큰형을 꼭 안아 주었다.

"진상아, 니는 학교를 그만 둔 것이 참 안타깝구나. 그러나 우리 집 어려운 사정으로 인해 니가 다니지 않겠다고 하니 어쩔 수 없구나. 니 심성이 참으로 가상하데이. 어쨌던 니는 아직 타지로 나갈 수 있는 나이가 안 되었은게네 집에서 고모님의 힘이 되어 주고 도와 드리레이. 내가 니에게 너무 미안하데이. 내가 해야 할 일을 어린 니에게 짐을 안겨 줘서 미안하기 짝이 없데이."

진상은 어리벙벙하였다.

"진국아, 니는 기왕 학교를 다니고 있은게네 열심히 공부하고 진상 형 말을 잘 듣그레이. 기 죽지 말고. 내 말 알아 들었제."

"응 알았데이. 헹님아."

동생 진국은 일곱 살 나이치고는 몇 달 동안 나름대로 너무나

큰 고통에 시달려서 어떻게 집안이 돌아가는지를 아는 것 같았
다. 큰 시련들을 어린 나이에 버겁게 견디어 오지 않았는가. 아
버지 어머니의 죽음으로 인해 응석을 부리고 사랑을 받을 나이
에 걸맞지 않게 커져 있었다.

"고모, 진화는 고모가 계시니 든든합니더. 부디 몸 건강하시이
소. 근데 할부지가 걱정입니더."

"그러게 말이다. 할부지 때문에 걱정이데이."

이튿날 큰형은 할아버지에게 인사를 하고 떠났다.

"할배요 저 진승이 부산에 갑니데이. 안녕히 계시이소."

"그래, 야 야, 부산으로 간다고. 가서 건강하그라. 가지 말라고
붙잡을 수도 없데이."

진상은 큰형을 보내며 상실감이 더해져서 엉엉 울어 버렸다.
고모도 따라서 울었다.

"그래 몸조심하고 열심히 살그레이."

고모가 당부하며 눈물을 손으로 훔쳤다.

오 형제 중 작은형은 죽었는지 살았는지 행방불명이 되었고
큰형은 부산으로 떠나버렸다. 큰형이 집을 떠난 것은 자신의 생
존을 위한 한 방편일 수도 있었겠으나 그래도 남은 가족 모두의
생존을 위해서는 어찌 할 수 없었을 것이다.

그러나 진상은 자신과 남은 가족의 생존은 자신에게 무거운
책임이고 몫이 되었음을 어린 마음에도 어슴푸레 짐작이 되었
다. 열 살 먹은 나이에 감당할 수가 있을까. 그래도 한 입을 덜었

으니 먹는 걱정은 그만큼 덜어졌다.

아 아, 이 벅찬 무거운 생존의 짐을 진상은 어떻게 감당하랴!

진상은 아버지와 어머니, 어머니 배 속의 동생의 죽음, 두 형제와의 이별, 집이 없어지고, 학업 중지 등의 고통스런 상황으로 둘러싸인 속에서 살아야 하는 현실이 너무나도 무거운 짐이고 감당하기가 벅찬 것이었다. 그는 아직 어리므로 이런 현실이 실제로 실감이 되지 않았을 뿐 아니라 얼마 전까지만 해도 북적거리던 가족들과 집 안에 가득 찬 가족들의 웃음소리가 다 사라져버린 고독에서 혼자 외톨이가 되어버린 것 같아 눈물만 나왔다.

진상은 학살, 고통, 생존, 책임, 보도연맹, 빨갱이, 인생, 행복, 시련 등의 어려운 단어들이 무슨 뜻인지도 모르는 어린 아이에 불과할 뿐이었다. 그 단어들은 어른들의 언어일 뿐이었다. 안다면 오직 어머니에 대한 그리움뿐이었다. 어머니가 보고 싶다는 말 뿐이었다.

진상은 사랑이 무엇인지 모르지만 어머니의 사랑을 갈구하고 있었다. 그것에 대한 표현은 우는 것이었고 기러기 노래를 부르는 것이었다. 그것으로도 성性에 차지 않으면 집 밖으로 나가 양천강 둑을 식식거리며 마구 달리곤 하였다.


겨울은 추웠지만 준비된 식량으로 그럭저럭 보냈다.

1951년 봄이 찾아 왔다. 진상의 나이가 열한 살이 되었다.

38이북에서는 아직도 전쟁은 끝나지 않고 계속 중이었다. 중

공군이 참전하면서 인해전술로 한국군과 UN군을 압박하고 치열한 전투가 진행 되고 있었다. 1·4후퇴라는 대규모 피란 행렬이 있어서 많은 사람들이 고통을 받아야만 했다. 그러한 전쟁을 알 필요도 없고 상관없는 진상은 고모와 함께 치열한 생존의 전쟁을 치루고 있었다. 목구멍이 포도청이었기 때문이었다.

겨울 양식도 떨어져 가므로 이른 봄부터 먹을거리를 찾으러 다닐 수밖에 없는 생존을 위한 처절한 전쟁만이 있을 뿐이었다. 산과 들에서 냉이, 쑥, 민들레. 씀바귀, 질경이, 밥보자기, 두릅, 고사리 등 봄나물을 부지런히 캤다. 얼마 남지 않은 쌀로 나물밥을 지어 먹곤 하였다. 나물을 데쳐서 된장으로 무쳐 먹기도 하고 된장국에다 몇 숟갈의 밥을 말아서 물을 마시 듯 마셔 배를 채우기도 하였다. 잔디밭에서는 속살이 솜처럼 흰 삐삐도 뽑아 먹었다. 진달래 꽃잎이나 찔레나무 순도 따 먹으며 배를 채웠다. 먹을 만 한 것은 무엇이든 먹었다. 배가 고프니 어쩔 수가 없었다. 쌀밥이나 보리밥은 언감생심焉敢生心이었다.

진상은 품팔이 할 곳이 있으면 품팔이도 하여 고모를 도왔다. 고모와 큰형과 함께 지난 해 가을 동네 뒤 동산 너머에 있는 당산의 밭에 파종해 놓은 보리도 가꾸기 시작하였다. 집 안 변소간에 큰 독을 묻어 배설한 인분과 오줌을 모아 만들어진 인분거름을 진상은 어린 나이임에도 불구하고 이른 봄부터 작은 똥장군에 넣어 지게에 지고 보리밭까지 가서 보리에 주었다.

동산을 오르는 길은 경사가 급하고 바위도 있었지만 부스러지기 쉬운 진흙 덩어리 돌판으로 된 곳이 있어서 미끄러지기 쉬워 위험하기도 하였다. 집 뒤 동산을 넘어서 당산 보리밭까지는 거리가 제법 멀었다. 진상은 똥오줌거름을 보리에 주고 빈 똥장군을 가볍게 지고 집에 올 때는 그 진흙덩어리 돌판을 보고 어머니 생각이 났고, 어머니가 그리워져서 과자처럼 씹어 힘든 지게질의 고된 일을 잊곤 하였다. 당시 진상은 또래 친구들 보다 덩치는 컸지만 이런 일을 하기에는 너무 어리고 힘든 일이었다. 똥냄새는 또 어떤가. 머리를 아프게 할 정도로 독했다. 퇴비용 풀도 베어 그 밭으로 바지게로 옮겨 퇴비로 사용할 두엄도 만들었다. 진상은 청년의 일을 해내고 있었다. 어리지만 본능에서 나온 힘으로 그런 일을 감당하였던 것이었다. 이 모든 것은 자신과 가족의 생존을 위해 생명에서 나온 힘이었다.

진상은 천성이 착하고 순진한 것이었는지 아니면 학살을 당한 아버지 어머니의 비참하고 억울한 죽음으로 인해 주눅이 들어 바보가 되어서였는지 몰라도 그러한 힘든 일을 해내고 있는 것이 기이할 정도였다. 그는 어른들의 언어는 전혀 몰랐고 어른들처럼 복잡한 생각을 할 줄 몰랐다. 그래서 현실의 삶이 고단하고 힘들어도 자신이 죽는다는 생각은 전혀 하지 않았다.

그저 어머니만을 보고 싶어 하고, 그리워하며 모정을 갈구하는 순진한 어린 아이였기에 단순한 생각만을 가지고 있으므로 스스로 죽는다는 것을 알지 못하였다. 어린 진상의 마음에는 하느님의 사랑이 하느님의 뜻으로 자신도 모르게 들어 있었다. 어른들의 언어를 이해하고 어른들의 단어를 알고 복잡한 생각을 할 줄 알았다면 진상은 벌써 죽어 이 세상에 없었을 것이다.

고모는 새벽에 집 밖으로 나가서 거름으로 사용할 개똥을 주우러 다녔다. 개똥을 물에 풀어 변소간의 인분통에 넣어 인분거름에 보태곤 하였다.

어느 날 고모가 제법 많은 흰 색깔의 개똥을 물에 풀어서 씻고 있는 것을 진상은 보았다. 인분거름에 보태려는 경우와 다르게 더 깨끗이 씻고 있었다.

"고모 더럽심더, 고만 씻고 그냥 변소간에 넣어 버리시이소. 왜 자꾸만 씻습니꺼?"

"다 쓸 일이 있데이. 니는 신경 쓰지 말고 방으로 들어 가레이."

진상은 무엇을 하려는지 도무지 알 수 없었다. 그 흰 색깔의 개똥은 개가 동네 방앗간에 가서 보리쌀을 먹고 소화하지 못하고 그대로 배설한 것이었다. 진상은 몰랐지만 고모는 씻고 또 씻어 깨끗이 씻은 후에 그것으로 밥을 하였다. 고모는 먼저 그 보리밥을 몇 숟갈 먹었다. 그 보리밥의 맛을 본 후에 고개를 끄덕끄덕이며 할아버지와 진상 진국에게 먹으라고 하였다. 왜 그랬을까! 나중에야 알았지만 속 깊은 고모의 뜻이 있었다.

"고모. 오랜 만에 보리밥을 맛있게 묵었심더. 고맙습니더."

진상은 보리밥이라도 없어 못 먹었지만 이번에 쌀밥처럼 맛있게 먹었다.

"오냐 니가 맛있게 먹었으이 나도 좋데이."

흰 개똥에 들어 있었던 보리를 가지고 지은 보리밥을 진상과 두 동생에게 도저히 먼저 먹게 할 수 없었다. 그래서 고모가 먼저 맛을 본 후에 먹게 하였던 것이다. 혹시라도 그 보리로 지은 밥을 먹었다고 하늘에서 벼락이라도 쳐 어린 조카들이 죽을까봐 미신적 의미의 모성의 보호 본능에서 나온 고모의 깊은 심성의 표현이었다. 그런 고모의 자상한 마음을 안 그는 자신이 먹고 있는 보리밥 한 그릇이 그토록 힘들게 지어진 밥이었구나 생각하면서 그 후 보리밥을 먹는 동안 자신도 모르게 눈물이 주르륵 흘러 내렸다. 어린 막내에게는 고모가 씹어서 먹여 주었다. 아직도 아기였기 때문이었다.

고모는 남의 집 밭도 매고 허드렛일도 하며 하루하루 품팔이를 하였다. 보릿고개가 있던 시절이라 먹을거리를 찾기가 힘들었어도 보리 수확이 끝난 남의 논에 가서 보리 이삭을 줍기도 하였다. 모내기에 품을 팔아서 그 삯으로 양식을 얻어 오기도 하였다. 당산 보리밭에 똥오줌거름을 열심히 주며 가꾼 보리를 거두어 들여와 타작을 하였다. 보리 수확이 좋아서 한동안 양식 걱정은 하지 않아도 되었다. 흐뭇하였다.

고모는 다섯 식구를 먹이고 살기에 혼신의 힘을 쏟았었다. 진상은 산에서 땔감을 해 와 삼가 시장에서 팔기도 하며 고모를 도

왔다. 고모는 작년 가을에 주운 도토리로 묵을 쑤어 삼가 시장에서 묵을 치고 국수를 삶아서 국수를 파는 장사를 하기도 했다. 장사 하다가 남은 것은 집에 가지고 와서 할아버지와 진상이가 먹게 했다.

"진상아 이것 할부지께 갔다 드리고 너는 이것 먹어라. 막내도 니가 먹게 해 주그레. 진국아 니도 와서 어서 먹그레."

"예 고맙심더. 맛있게 먹겠읍니다"

"고모, 이 도토리묵이 진짜로 맛이 있습니더. 고맙습니더"

장사로 얼마의 돈이 모이면 할아버지 노환에 드리려고 한약을 지어다 복용하게 하였다. 고모는 모내기철에는 보리와 밀 타작, 모내기 등에 품을 팔았고, 뜨거운 여름에 벼가 어느 정도 자란 논에서 고되고 힘든 농사일인 호미질과 2벌, 3벌 논매기도 마다 하지 않고 품을 팔았다. 한 여름 폭염이 기승을 부릴 때에도 밭에서 김을 매는 일도 서슴없이 품을 팔기도 하였다.

삯은 돈으로 받기도 하고 보리쌀이나 밀을 받아오기도 하였다. 진상은 늦은 봄부터 삼가 시장 아이스케키 만드는 공장에서 아이스케키를 받아 삼가면 온 동네를 다니며 팔기도 하였다.

"아-이스 케-키, 아-이스 케-키"하며 외치고 다녔다.

더워서 땀이 흐르고 목이 마르면 아이스케키를 하나 꺼내서 먹는 맛은 천하 일미였다. 그때만큼은 임금님도 부럽지 않았다. 제법 세차게 내리고 있는 여름비에 습기를 잔뜩 머금은 집안에서 한가하게 여유를 즐기고 있는 진상에게 고모는

"진상아 오늘 느그 아부이 첫 제삿날이데이. 오늘이 음력으로 6월 6일이데이."

"아 그렇심니꺼. 몰랐심더. 비가 이렇게 많이 내린 거이 본게 네 제삿날이 맞는 것 같습니더."

"야 이것아. 비가 온다고 느그 아부이 제삿날이가. 그런 게 어디 있노. 이 철부지야."

"아부이 돌아가신 다음 날에 이렇게 비가 오지 않았습니꺼. 그렇지요?"

"그래 작년 니 아부이 시신을 그 처참한 현장에서 찾을 적에 비가 왔었데이."

진상은 어리니까 그런 것을 잘 알지 못해서 철부지 말을 하였던 것이다. 그날이 돌아오니 하늘도 무심하지 않았던지 하늘에 흐르는 슬픔의 눈물이 비가 되어 내리고 있는 것 같았다. 진상은 마음이 산란해지면서 슬픔이 가득 밀려 왔다. 아버지의 그 처참한 모습이 눈에 생생하게 스쳐지나갔다. 그리고 몸서리를 치며 눈물을 흘렸다.

얼마 후에 어느새 장만하였는지 고모는 큰 밥상에 흰 쌀밥 두 그릇과 몇 가지의 나물을 정갈하게 차려서 방 윗목에 놓았다.

"고모, 밥이 두 그릇이네요." 하며 의아해서 물었다.

"니 작은형 진창이 것 아이가. 전쟁 통에 틀림없이 죽었을 끼다. 지금까지 집에 안 온 것 보면 틀림없이 죽었데이. 니 형도 아버지 상에서 묵어야 할꺼 아이가."

"그런데 어무이 것하고 세 그릇이어야 안 맞습니꺼?"

"느그 에미 제삿날은 음력 9월 9일이데이."

"와 그렇습니꺼? 아부이 돌아가신 다음 날에 돌아가시지 않았습니꺼."

"그래 그건 맞데이. 그렇지만 죽은 날이 확실하지 않은 사람은 음력 9월 9일 날 제사를 지낸단다."

"아 그렇습니까. 알겠습니다."

죽은 날을 확실히 모르거나 모든 제사를 합사하는 경우는 음력 9월 9일 날 제사를 지내는 것이 관습이었다. 그래서 그날을 중구重九 또는 중양절重陽節이라고 하였다.

"니도 절을 하그레. 진국아 형하고 같이 절 하그레."

그 다음날은 오랜 만에 흰쌀밥으로 호식을 하였다.

늦여름까지 진상은 아이스케키 장사를 열심히 해서 돈을 벌었다. 그리고 진상은 풀을 베어 밭에다 두엄을 만들기도 하였다. 할아버지 병간호도 하고 막내를 돌보기도 하여 고모의 일손을 덜어 주었다. 고모는 가을에도 벼 베기며, 논에 보리 파종 등 할 수 있는 어떤 일에도 주저 없이 일을 하였다.

추석이 지나고 가을 음력 9월 9일 아침이었다.

"야 야, 진상아 오늘 느그 에미 제삿날이데이."

"예 알겠습니더. 앞으로 매년 그렇게 해야 합니꺼?"

"그럼. 그렇게 하그레이."

그날 진상은 동생 진국이와 함께 어머니 제사를 지냈다. 어머니가 너무 보고 싶었다. 어머니가 너무 그리워 슬퍼서 크게 흐느끼며 울었다. 그날 밤 꿈에서 웃고 있는 어머니를 생생하게 보았다. 잠을 자면 생생하게 어머니꿈을 꿀 수가 있어서 밤이 좋았다. 작년 가을과 마찬가지로 겨울을 지내기 위해 부지런히 양식 준비를 하였다. 그리고 겨울을 보냈다.

1952년 진상의 나이 열두 살이 되었다.

봄이 되자마자 작년과 같이 초근목피의 생활이 시작되었다. 봄과 여름을 지나며 고모와 진상은 부지런히 품도 팔고 먹을거리를 열심히 준비하며 먹고 살았다. 진상은 아이스케키 장사도 하고 땔감도 산에서 해 와 팔기도 하였다. 고모도 온갖 일을 마다하지 않고 다 하였다.

가을이 한참 깊어가고 있을 때 동네 어른들과 진상은 합천읍 쪽으로 밤에 갈 일이 있었다. 한참을 가다가 도로 가로수인 포플러나무 위에서 흰 저고리에 옥색치마를 입고 편하게 앉아있는 여자를 보았다. 그 여인이 머리는 길게 풀어 웃으며 그에게 무어라고 말을 하고 있는 것 같은 장면을 보았다. 순간 진상은 귀신인 것을 알고 무서워서 같이 가는 어른들에게

"아저씨 저기 보이소. 귀신이 나무위에 앉아 무어라고 말하고 있습니더. 디게 무섭습니더."

"어데, 안 보인다. 니 헛것을 본 것 아이가."

"지금도 내 눈에는 보입니더, 집으로 빨리 돌아 가입시더. 무섭습니더."

진상은 두려움의 식은땀으로 온몸이 젖었다.

"아무 것도 없데이. 우리가 있으이 무서워하지 말그라. 아무 것도 없데이."

그런 일이 있고 나서는 진상은 밤에 마당에도 나가지 못했다. 생각만 해도 무서웠다. 밤이면 생각이 나서 더욱 무서웠다. 아마도 그 근방에 어머니 시신이 묻혀 있는 것이 아니었을까 하고 진상은 생각을 해 보았다. 그렇지만 그 위치도 정확하게 기억하지 못했다. 너무 무서운 경험을 했기 때문에 생각만 해도 몸이 움찔하였다. 초근목피로 생활하니 몸이 쇠약하여 헛것을 본 것이었을까.


겨울 양식을 준비하였다. 벼이삭 줍기. 고구마 이삭, 김장 무 배추 밭에서 시래기도 보이는 대로 주웠다. 고구마를 다 캔 밭에서 고구마 이삭을 줍고 잎도 땄다.

고모와 진상은 동네 뒷산너머에 있는 당산 밭을 갈고 보리씨를 뿌렸다. 자굴산 속으로 들어가 산도토리도 채취하였다. 밤도 보이는 대로 주웠다. 진상은 땔감을 해서 삼가시장에서 팔았고 고모는 동네 가을걷이에 품삯꾼으로 부지런히 품을 팔아 돈 아니면 쌀을 품삯으로 받아 왔다. 다섯 식구가 겨울과 내년 초봄을 견딜 수 있는 양식이 준비되었다.

진상이 열네 살로 어린 티를 벗고 소년이 되었다. 동생 진국은 6학년이 되었고 막내 진화는 어느덧 커서 1학년으로 삼가국민학교에 입학을 하였다. 이른 봄에는 들에 나가 냉이와 민들레, 쑥 등을 캤다. 산에서 고사리도 꺾었다.

봄이나 여름에 먹고 살 수 있는 나름대로 문리를 터득했던 것이다. 이제는 먹고 사는데 별로 걱정이 없었다. 사람은 다 살게 되어 있는 것 같았다. 죽으란 법은 없는 것 같았다. 그러나 아버지 어머니는 죽으란 법이 없었는데도 국가가, 경찰이 일부러 죽이지 않았던가. 이 얼마나 악독한 국가의 폭력이었던가. 이런 경우 '일부러'라는 표현이 알맞은 표현일 것 같았다.

그렇다 일부러 고귀한 생명을 죽인 것이었다.


고모는 작년에 딴 도토리로 묵을 쑤어 삼가 시장에서 묵을 치고 또 국수도 삶아서 음식 장사를 하였다. 양식도 팔아 오고 저축도 하였다. 돈이 모이자 고모는 마산으로 나가 멸치와 오징어 등 건어물을 떼어 와서 건어물장사도 하였다. 어떤 때는 건어물을 머리에 이고 여러 이웃 동네에 가서 팔고 시골에서 곡식이나 채소를 사 와서 그것들을 시장에서 팔기도 한 함지박장사도 하였다. 어려운 곤궁한 생활은 면하고 있었다.


진상은 몇 년 전부터 배가 불러오고 계속 약간씩 아프기도 해서 참아 왔는데 이제는 더 심하게 아프기 시작했다. 배가 부르고 아픈 것은 배 속에 회충이 들어 있었기 때문이라고 할아버지나 고모가 말해 주었다. 실제로 회충이 항문으로 나와 간지럽게 하였고 드디어는 밖으로 나오기도 하였다.

어떤 때는 회충이 절반쯤 나왔다가 다시 배 속으로 들어가기도 하였고 또 다시 못 들어가게 하려고 항문 괄약근을 힘을 주어 오므리고 회충을 손가락으로 빼내기도 하였다. 그렇게 회충을 빼내는 일들이 자주 있었다. 회충이 많이 들어서 배가 불렀고 꾸물꾸물 대기도 하였다. 그래서 회충을 없애려고 지푸라기 속대를 할아버지의 담뱃대에 넣어 새까만 담뱃진을 빼내서 먹기도 하였고 휘발유를 마시기도 하였다. 당시 사람들 대부분이 회충이 많았지만 마땅한 약이 없어서 담뱃진과 휘발유를 보통으로 이용 하였던 것이다. 진상은 회충 배앓이가 진흙 덩어리 돌판 때문이라고 생각했다. 과자를 먹듯이 했으니까 그렇게 생각을 할 만 했다. 이제는 먹지 말아야 하는데 그렇게 쉽게 될 것인지 자신이 없었다.

# 머슴살이
## - 조부의 운명과 유언

    어느 날 아랫마을 하금리 한성여관의 여주인이 진상에게

    "진상아, 니 우리 집에 와서 있으면 안 되겠나. 지금 여관에서 심부름하는 아이가 필요하단다. 니가 아들처럼 생각이 든게네 니가 왔으면 좋겠데이."

    "예 고맙심더. 생각해 보겠습니다. 고모에게 물어 보겠습니더."

    "알았데이, 마음이 있으면 언제든지 오그레이. 니가 밥도 변변히 먹지 못해 안타깝기도 하고 늘 마음이 안 편했데이."

    한성여관 여주인은 진상의 어머니와 친구나 다름없는 친한 사이였다. 몇 년 동안 진상이네가 어렵게 살고 있는 것을 알면서도 동네 사람 여러 눈들 때문에 마음의 고생을 많이 했다고 하였다. 그러한 동네 인심이 진상이네를 얼마나 힘들게 하였던가. 참 세월의 흐름이 좋긴 좋은가 보다. 동네 인심과 인정이 돌아온 것 같았다. 그래서 세월이 약이라고 하지 않았던가. 생각을 해 보면서 며칠이 지나 갔다. 이제는 형처럼 집을 나가도 집안 걱정을 많이 하지 않아도 될 것 같았다.

"고모, 이젠 먹고 사는데 지장이 없응게네 내는 머슴살이 하러 갈낍니더. 내 한 입이 덜한기 그기 얼마 입니꺼."

"니가 머슴살이 안 해도 이제는 먹고 살만 한데 그래."

"그래도요 저도 좀 컸슨게네 나갈 낍니더. 멀리도 아이고 바로 하금리에 있는 한성여관 입니더."

"아 기양루* 바로 앞에 있는 여관 집 말이제. 가깝구나. 알았데이."

"예, 여주인이 엄마 하고 친한 사이였습니더."

"그래 알았다. 가까운 데서 하게 되었으니 마음이 놓인데이. 항상 몸조심 하그레."

* 기양루 岐陽樓 : 조선시대 관아 부속건물. 임란 때 건축

열다섯 살 진상은 이제는 어느 정도 사는 것이 무엇인가를 좀 알 것 같았다. 또 앞으로 어떻게 살 것인가도 알 것도 같았다. 그래서 바로 한 동네나 마찬가지인 하금리 성봉식이라는 분이 운영하는 한성여관에서 머슴살이를 시작했다.

머슴살이라고 해 봤자 새경을 받는 것이 아니었다. 그저 세끼 밥만 얻어먹는 남의 집 살이었다. 하는 일이란 방을 청소하거나

잔심부름도 하며 또 주방에서 그릇을 씻는 것 정도였다.

여관은 식당을 겸하고 있어서 삼가 장날이면 장꾼들이 식사를 하려고 많이 와서 바빴다. 또 지리산 공비 토벌작전에 동원된 군인들과 경찰들이 한꺼번에 100여 명씩도 와서 식사를 하기 때문에 그때는 무척 바빴다. 식사 손님들 심부름도 해야 할 때는 눈코 뜰 새가 없었다. 세끼 밥을 밥답게 편하게 먹을 수 있기만 해도 낙원에 온 기분이었다.

여관에서 머슴살이를 하면서 밤이 되면 방에 혼자 있을 때는 외로워서 언제나 어머니 생각이 났고, 그리워서 그저 훌쩍였다. 그렇지만 밤이 좋았다. 잠을 자는 동안 꿈을 꾸게 되면 어머니를 현실처럼 생생하게 볼 수가 있어서 좋았다.

어떤 엄마가 아이 손을 잡고 가는 것만 보아도 어머니 생각이 나서 나는 왜 어머니가 없을까 하고 신세타령을 하며 훌쩍이기도 하였다. 어머니 손을 잡고 웃으며 지나가는 아이가 부럽고 미워서 죽여 버렸으면 하는 나쁜 생각도 들기도 하였다. 그럴 때마다 진상의 손에는 진흙덩어리 돌판 과자가 쥐어져 있었고 자신도 모르게 아삭아삭 씹고 있었다. 맛이 있었다. 어머니의 사랑 맛이었다. 그리고 '기러기' 노래를 불렀다.

1955년 11월 22일 가을이 깊어서 을씨년스럽게 추위가 느껴지는 아침나절에 진상은 고모와 함께 몇 년 동안 노병으로 고생한 할아버지의 임종을 곁에서 지켜보았다.

"진상아 느그… 오 형제는 서로 도…웁고… 우…애 있게 히…
힘을 합쳐서 여…열심히 살아 가…그레이…."

할아버지는 손자들이 크게 걱정이 된 것 같았다.

"예 예, 할부지 알겠습니더."

"이… 지…집안을 꼬…오옥 일으켜… 세우… 그레이."

"에비 에미 어…억울한 죽…으음 진실을 꼬…옥꼭 밝히…
거…레이."

"예 예."

"내가 어…린 니…한테 너무 지…짐이 되었데이…."

말할 것이 더 있었던지 입술이 파르르 떨리더니 더 이상 말을
잇지 못하고 머리를 힘없이 떨어뜨렸다. 아들과 며느리의 억울
한 죽음의 한을 안고 운명殞命하였다. 향년 85세로 당시로는 매
우 드물게 장수를 하셨다.

고모와 진상은 눈물을 흘리며 울었다. 슬퍼서 한없이 울었다.
3일장을 치를 수도 없었다. 바로 그날 할아버지 시신을 입관하
였다. 할아버지 시신을 입관할 때에 무릎마디가 꼬부라져 굳어
있어서 관에 넣을 때 잘 들어가지 않아 넓적한 큰 돌을 올려놓아
바르게 한 후에 입관하였다.

이름이 황정일이라는 동네 사람 지게꾼을 사서 지게에 지고
뒷산너머 당산 밭으로 갔다. 장지에는 이미 사람이 와서 매장지
의 묘혈을 다 파놓았다. 그 중에는 지관도 있었다.

"이 자리는 좋은 땅세이지만 후손들이 뿔뿔이 헤어질 자리인

데…."

하고 중얼거리는 소리를 진상은 들었다. 그때는 무슨 말인 줄 몰랐다. 너무나도 초라한 장례였다. 진상에게 또 한 가족의 상실이 큰 슬픔으로 다가 왔다. 또 한 주검을 보았다. 머리가 멍하였다. 눈물이 주르륵 흘렀다. 어머니가 보고 싶었다. 어머니가 그리웠다.

진상의 손에는 어김없이 부드러운 진흙 덩어리 돌판이 과자처럼 쥐어져 있었다. 그리고 아삭아삭하고 씹어 먹었다. 회충 때문에 먹지 않겠다고 다짐을 하지 않았던가.

얼마나 정다웠던 할아버지였던가. 어릴 때 지게에 지고 좋다고 하던 모습이 선했다. 아들 며느리의 죽음의 충격으로 갑작스럽게 반 앉은뱅이가 되어 문 밖 출입이 힘들었어도 눈물을 삼키며 참는 모습은 처연하여 볼 수가 없었는데, 이제는 돌아가신 것이다. 삶의 막판까지 고통 속에서 인고의 세월을 보냈으나 아마도 편안한 저 세상으로 가셨을 것이다.

아 아 인생의 무상함이여.

이제 진상은 삶과 죽음이 무엇인지 알 것만 같았다. 인생이란 무엇인가 어슴푸레하게 알 것만 같았다. 그가 겪은 감당하기 어려웠던 그 동안의 일들이 작은 어깨를 무겁게 짓누르고 있었더라도 이제는 견딜 수 있도록 그를 성장시켰다. 진상은 무거운 짐을 메고도 이 세상을 당당하게 뚜벅뚜벅 걸어갈 수가 있도록 굳세게 살아야만 하였다.

대학을 다니고 있는 한성여관 둘째 아들인 성영근이 여름방학을 맞아 집에 와 있었다. 그리고 진상을 불렀다.

"진상아 니가 겪은 고난은 나도 잘 안데이. 힘과 용기를 내어서 이 세상을 굳세게 열심히 살그레이. 내가 니를 어떻게 위로를 해야 할지 모르겠데이. 그저 마음만 아팠을 뿐이었데이."

"예, 알겠습니더. 고맙습니더."

"그런데 진상아, 니 기러기 노래 부르는 것도 듣고 우는 소리도 내가 들었을 때 마다 마음이 참 아팠데이. 얼마나 니 어머니가 그리우면 그렇겠노."

"예, 영근 형. 나 같은 놈이 이 세상에 또 어디 있겠습니꺼."

"그래, 나는 안다. 니의 고난을, 진상아, 니한테 내가 불던 하모니카를 줄테니 이제부터는 하모니카로 기러기 노래를 불어 보그레."

"아니, 내가 어떻게 형 하모니카를 받습니꺼."

"아이다, 괜찮데이. 내가 한 번 불러 보께 잘 들어 보레이."

영근형은 기러기 노래를 진상에게 하모니카로 들려주었다. 하모니카 멜로디가 슬프게 마음을 흔들었다. 눈가에 눈물이 핑 돌았다.

"노래가 더 슬프네요. 하모니카로 부르면 참 좋을 것 같습니더."

"자, 받아라. 나의 마음이니 받그레. 그리고 방학 동안에 내가 부는 법을 아르켜 주꾸마."

"고맙씁니더. 잘 배우겠습니더."

그날부터 하모니카 부는 방법을 배우기 시작하였다. 얼마 후에는 기러기 노래를 하모니카로 서툴렀지만 혼자서 불게 되었다. 한성여관 머슴살이는 1년 반쯤 하였다.

그리고 금리 집에서 가회면 쪽 방향으로 약 4Km 쯤 떨어진 삼가면 합판리(늘티마을) 어느 부농의 집에 가서 새경 없이 밥만 얻어먹는 머슴살이를 두 번째로 또 시작 했다.

풀을 베어 두엄을 만들고 똥장군도 지고 한 경험들이 농촌 머슴살이 하는데 도움이 되었다. 하루 세끼 먹는 것은 걱정이 없어 배는 곯을 일은 없었다. 하지만 파리가 날고 있는 소리를 들을 수 있는 정도의 한 낮의 정적이 있을 때면 오히려 진상을 더 슬프게 하였다. 이 험난한 세상에서 홀로 남겨진 것 같아서 그 외로움에 눈물이 났고 어머니에 대한 그리움이 간절하였다. 그리고 자신도 모르게 진흙덩어리 돌판을 바싹바싹 씹어 먹는 자신이 서글퍼졌다. 그럴 때 영근 형이 준 하모니카로 '기러기' 노래를 부르며 시름을 달랬다. 어쨌든 심신이 편했던지 2년여를 늘티마을 그 집에서 보내고 이제부터는 남의 집 머슴살이를 청산하기로 마음먹었다.

19살의 건장한 장골 청년이 되어 어른스럽게 고모 집으로 돌아왔다. 청년으로서 당당하게 집안 살림과 농사를 관리할 수 있는 능력을 갖게 되었다. 동산너머에 있는 당산 밭 농사를 짓기 시작하였고 틈이 나는 대로 땔나무를 해서 시장에 팔았다.

금리에서 가회면 쪽으로 20여 리(8Km) 가면 제법 큰 고개인 가회 거문재가 있는데 그 곳은 나무가 울창하여 땔나무를 쉽게 많이 할 수 있는 곳이었다. 가까운 거리도 아니고 제법 먼 곳이어서 지게로 땔나무를 해 하루에 겨우 한 지게를 삼가 시장에 가져다 팔 수 밖에 없었다.

또 거문재를 채 못가면 두무실 마을이 있고 그 마을을 지나 더 들어가면 송곡리의 깊은 쇄실 골짝이 있어 그 곳도 울창하여 땔나무를 하기가 쉬웠다. 땔나무가 귀하여 값이 비싸 돈 벌이가 쏠쏠하였다. 이제 진상은 자신이 번 돈을 만질 수 있었다. 이전에 머슴살이 할 때는 밥만 먹었지 자신의 돈이 만들어지지는 않았었다. 멀리 가서 땔나무를 하여 지게에 지고 오는 것은 힘들고 고됐지만 청년이 된 진상은 할 수 있었다. 20리 길을 나뭇짐을 지고 오는 일은 해 보지 않은 사람은 얼마나 힘이 드는 일인지 모를 것이다. 지게질로 장거리를 왕복한다는 것이 너무 힘이 들었다. 그래서 방법을 바꾸어 지게 대신 쇠바퀴의 작은 수레를 세를 내었다. 거문재로, 쇄실 골짜기로 가서 땔나무를 규모 있게 해 와 시장에 파니 제법 수입이 짭짤하였다. 새경이 없는 머슴살이보다 훨씬 나았다.

때로는 자굴산 깊은 골짜기에 가서 약초, 버섯도 채취하고 초

피나무열매, 산초열매도 따와서 시장에 팔았다. 봄, 여름, 가을에 어디를 가든 돈이 될 만한 것들이 진상의 눈에는 많이 보였다. 또 여름이면 했던 아이스케키 장사도 하였다. 그럴 즈음 큰형이 집에 왔고 한동안 함께 일을 하였다. 그런데 고모의 건강이 좋지 못하여 병원에 입원 치료를 할 정도로 많이 아팠다. 입원 치료비가 걱정에 되어 큰형이 진상에게 제안을 했다.

"진상아, 아무래도 집터와 당산 밭 땅을 팔아야 될 것 같데이, 이젠 먹고 살기는 걱정 없는데 고모 병원비가 없다아이가."

"그래 헹님아, 고모가 우리들 땜에 얼마나 고생했다고. 생각하면 고모가 불쌍해 죽겠데이."

"그래서 당산 밭과 집터를 팔제이. 땅이 팔리면 고모를 병원에 입원 시키자."

"헹님 생각대로 하그라."

"근데 사들이벌판 우리 논은 어떻게 된기고. 누군가가 차지해 버린 것 아이가?"

"아부지, 어무이 돌아가셨을 때 할부지는 팔십된 병약한 노인이고 정신이 없었제, 헹님과 나는 아무 것도 모르는 어린애이지, 빨갱이 집이라고 풍지박산 난 우리 집 사정을 잘 아는 사람이 챙겨 먹어 뺀 것 아이가."

"진상아 우리 한 번 알아 보제이."

"응 헹님아, 그러자."

그리고 병원비를 마련하기 위해 집터와 당산 밭을 팔았다. 집터는 꽤 커서 약 1,000평에 이르고 당산 밭도 평수가 컸다. 아깝지만 할 수 없었다. 집터와 당산 밭을 판돈으로 합천읍내에 있는 병원에 고모를 입원시켜서 대장 부분에 있는 종양을 제거하는 수술 치료를 하였다. 그리고 사들이벌판 논과 포목점이 어떻게 되었는지 알아보았지만 논과 포목상점이 분명히 아버지 어머니 재산이었는데 도저히 찾을 수가 없었다.

통탄할 일이고 분통이 터질 일이었지만 어찌 할 수가 없었다.

경주 대남면 민보단장 이협우의 온갖 패악질 중에서 특히 1949년11월16일 대남면 덕천2리 거주하는 결혼 날까지 받은 순진한 양민인 주성조(당시 62) 씨의 딸 주순희(26세) 씨를 탐냈다. 그런데 이를 주성조 씨가 거절하자 주 씨 일가 8명을 처참히 총살하고 짚단으로 소각하였다. 그리고 주 씨의 7칸 집을 해체해 동생 이한우의 집을 짓고 식량과 농우, 가재도구 등을 강탈했다. 그는 약탈한 재산을 기반으로 1954년 3대 국회의원도 지냈다. 세 번이나 사형이 선고되기도 하였으나 반민특위의 해체로 이승만 정권과 5·16군사정변으로 박정희 정권에 의해 살아났다.

《인간의 문제》. 고희림. 도서출판 두엄. 2013.10.1. 34쪽)

대진읍 대한청년단장과 방위대장을 겸하고 있는 일본군 하사 출신인 김기환과 부읍장 박대순이 용주골 이 씨 부잣집에 찾아와 일곱 아들들의 군소집과 방위대 소집, 빨갱이 등으로 공갈, 협박한 후에 선처해주겠으니 특별기부금으로 논 열 마지기를 요구하였다.

《밤의 눈》. 조갑상. 산지니. 1012.12.3. 97~104쪽)

# 인생의 숙고熟考
## - 사랑의 감정과 결혼

　진상은 한恨의 응어리와 어머니에의 그리움을 마음 깊은 의식 속에 간직한 채로 인생을 어떻게 살아가야 할까 하고 고민하였다. 앞으로 자신의 인생에서 전개될 처세에 대해 생각을 깊이 하였다. 무엇보다도 빨갱이 집안이라고 손가락질을 많이 받았으며 그것으로 인해 정신적인 고통이 얼마나 컸었던가. 또한 주위 사람들 눈치 보기가 일상화 되었던 불편한 생활의 고충이 그 얼마였던가. 연좌제라는 몹쓸 제도가 있어서 자신 뿐 아니라 앞으로 태어날 자식들의 장래 사회생활이 크게 제약을 받을 것이 뻔했다. 그러므로 이런 눈에 보이지 않은 수갑을 끊어 내야만 하였고 억울한 불이익의 고리를 제거해야 한다는 절체절명의 과제가 무겁게 어깨를 눌렀다.

　국민학교 3년 수료 학력으로는 아무 것도 할 수가 없을 것이고 실력으로도 경쟁을 할 수도 없을 것이었다. 또 실력으로 경쟁 할 수 있다 하더라도 연좌제 때문에 어려울 것이고 그렇다면 방법은 군에 자원입대하여 장기복무를 하는 것밖에 없을 것으로 생각하였다. 아니면 운명이라고 치부하고 현실을 그대로 인정하여 받아들이고 주저앉아서 소극적으로 인생을 한탄하고 자괴하며 살아야만 할 것인가 하는 것이었다.

한의 응어리로 이상한 충동에 사로잡히지 않는 것만으로도 그의 이성이 아침 이슬방울처럼 밝고 맑았다. 그는 깊이 생각을 하고 고민하였다. 국가가 진상의 가정과 형제들, 그리고 자신을 파괴한 철천지원수徹天之怨였고 더러웠지만 역으로 국가 속으로 들어가 봉사를 함으로써 보이지 않은 수갑과 고리를 적극적으로 끊을 수 있는 방법이 있을 것이라고 생각하였다.

그래서 5·16군사반란이 나던 해인 1961년 9월 1일에 공무원들과 삼가면민들의 열렬한 환송을 받으며 육군에 자원입대하여 논산 신병 훈련소에서 훈련을 받기 시작하였다. 신병 훈련은 고되고 힘들었다. 그렇지만 이루어야 할 자신의 목표가 세워져 있기에 참을 수 있었고 열심히 훈련을 하였다.

어느 날 훈련소에서 고된 하루의 훈련이 끝나고 저녁노을이 하늘을 벌겋게 물들이고 있을 때 동료 훈련병들과 함께 휴식을 취하며 쉬고 있었다. 이때 모든 훈련병이 너도 나도 담배를 피우며 하루의 노고를 풀고 있었다. 주위는 담배 연기로 가득했다. 끽연의 경험이 없는 훈련병조차도 담배를 피우고 싶은 강한 충동을 느끼게 하는 시간이었다.

진상도 그러한 분위기에 한껏 젖어 난생 처음 담배 한 개비를 입에 물고 불을 붙여서 한 모금의 연기를 눈을 지그시 감고 길게 뿜어내었다. 가슴이 시원하였다. 뿜어낸 한 모금의 연기는 한의 응어리가 풀어져 그 만큼의 한이 뿜어 나오는 것처럼 느껴졌다. 가슴이 확 트이는 것 같았다. 아, 아, 이래서 담배를 피우는구나 하고 생각하였다. 또 한 모금을 머금고 길게 뿜어내었다. 가슴이 시원하였다. 가슴 답답함이 없어진 것 같았다.

신병 훈련을 마치고 강원도 춘천 102보충대로 가서 대기하고 있다가 화천 사방거리에 주둔하고 있는 15사단 68포병대대에 배속되어 군 병영생활을 본격적으로 시작하였다. 자신의 슬픈 과거를 훈련병이나 기성 부대에 배치된 후 동료 전우들 어느 누구에게도 결코 말한 적이 없었다. 병영생활은 과거 진상의 한의 결과물인 빨갱이라는 손가락질도 눈치 보기도 없는 천국 같은 다른 세상이었다. 그에게는 평화의 장소였다. 평화가 있는 곳에 참된 인간이 있기 때문에 천국이었다.

이등병, 일등병 때는 야간보초다 교육이다 하여 힘들었지만 그래도 장기복무를 염두에 두고 있었고 또 입대 전과 같은 고통은 없으므로 나름대로 재미가 있었다.

논산 훈련소의 저녁노을 진 하늘 아래서의 기분 상쾌한 끽연의 경험은 그 이후부터 훈련병 때나 15사단에 배속되어서도 힘들거나 고독 할 때, 어머니가 그리워질 때는 담배를 피워 가슴 속의 응어리를 뿜어내곤 하였다. 그때마다 마음의 평온이 왔고 답답한 가슴이 편해졌다.

국민학교 3학년 학력으로는 실력이 모자라 군대에서 실시하고 있는 보습교육을 통해 부족한 한글을 완전히 깨쳤고 수학, 과학, 영어 등을 배우고 공부하면서 부족한 실력과 지식을 채우느라 다른 병들보다 2, 3배 열심히 공부하였다. 그런 과정에서 영어실력도, 한문도 남들에게 뒤떨어 지지 않을 만큼 알게 되어 병영생활 전반에 있어서 무리 없이 업무를 수행할 수 있는 실력을 갖추게 되었다. 짧은 학력을 만회하려는 노력은 힘은 들었지만 과거의 악몽을 잊어 버리는데 보탬이 되었다. 또 힘이 들 때는 담배한 대로 피로를 풀어 버렸다. 그리고 한의 응어리를 연기로 훅 뿜어냄으로써 가슴이 시원해지며 마음까지 편해지게 되었다.

상등병, 병장으로 진급하면서 밑에 부하가 생겼고 또 대학 재학 중에 군에 들어온 신참병에게 일을 시키는 등 자부심이 생겨 군생활의 재미가 쏠쏠하였다. 그것은 오직 그만이 가지고 있는 내밀한 보람이고 재미였다.

병장 때 장기복무 신청을 하였으며 부대가 철원 외수리로 이동하여 주둔할 때 하사로 진급하였다. 하사 초임시절에는 포병이므로 최전방 대성산 고지에서 선임 무선통신병으로 파견근무를 하였다.

그가 대성산 고지에서 근무 하던 때에 건너편 오성산의 북한군 진지에서는 둘째 형이 군복무를 하고 있었지 않았을까 하는

초임 하사 시절 강진상

생각이 들었다고 노인 진상은 회상하였다. 둘째 형은 2,000년에 북한에 생존하고 있으며 남쪽 형제들을 찾는다고 대한적십자사가 알려 왔었다. 그 이전에는 죽은 것으로 생각하여 부모 기일 때 형 몫의 밥그릇을 떠 놓고 제사를 같이 지내고 있었다.

고참 하사가 된 후에는 대대 본부중대에서 통신선임하사관으로서 주 임무는 유선가설반을 책임지고 있었었다. 하는 일은 장교 집과 영외거주 하사관 집에 부대에서 전선을 끌어와 유선을 가설하여 전화기를 설치하는 일이었다.

어느 날 같은 대대 예하 C중대의 임경철 중사 집에 전화기를 설치하던 중 처음 본 임 중사의 부인이 복스럽고 귀부인 인상으

좌로부터 강진상 하사, 안금자 여사, 임경철 중사

로 예쁘게 생겼다고 생각이 들었고 첫 눈에 사랑의 감정을 느끼
게 되었다. 목석 같이 메마른 그의 마음에 삶의 생기를 불어넣어
주는 사랑의 감정은 몸에 기름을 친 것 같은 부드러움이 느껴졌
다. 푸석푸석하고 엉성하게 잔득 부풀어진 솜사탕 같은 공허한
마음에 증오, 울분, 분노, 비통, 보복, 불행감으로 가득 채워진
메마른 로봇 같은 인간이었던 마음이 사랑, 평화, 정의, 희망, 용
서, 관용 등으로 채워지고 젖어 가면서 변해 가는 자신이 의식의
깊은 곳에서 각성되고 있었다. 그래서 임 중사의 부인은 세상에
서 가장 아름다운 여인처럼 생각이 들었다.

　하사 초임 때는 외근보다 부대 내에서 임무를 주로 수행하였
고 고작 대성산 파견근무가 있었으나 고참 하사가 되고 나서 가

설반의 책임을 맡으니 외근이 많아 임 중사의 집도 방문하여 임무를 수행하게 되었던 것이다.

진상은 하사 초임 때부터 임 중사를 따랐고 친교가 두터웠으며 임 중사는 나이가 강 하사보다 대여섯 살이 많아 부하라 하기보다는 동생이라고 생각하였던 사이였다. 그날 이후로 전화기와 선로 점검을 핑계로 임 중사의 집을 거의 매일 드나들며 임 중사의 부인을 보며 대화하는 것으로 기쁨과 사랑의 감정을 즐겼다. 하루라도 보지 않으면 잠이 오지 않을 정도가 되었다. 그것을 연애감정이라고 하여도 좋을 정도였다. 부대 업무가 바쁠 때는 일주일에 2, 3번 정도는 꼭 들렀다. 부대간부의 다른 집에 통신시설을 가설하고 점검을 하던 날도 일부로 시간을 내어 임 중사의 집을 방문하면 그 부인은 친절하게 맞이해 주었다.

임 중사의 부인을 만남으로 어머니의 모성적 사랑을 느끼게 되었다. 어머니에 대한 그리움, 어머니의 사랑이 임 중사의 부인을 통해서 전영傳影 되었을 것이라고 생각하였다.

어머니란 무엇인가. 어머니란 사랑 그 자체이지 않는가. 인간에 대한 순수한 사랑과 지고한 사랑의 가치는 사랑이신 하느님의 사랑일 것이고, 어머니란 바로 그러한 하느님의 사랑에 버금가는 것이 아닐까.

힘들고 서럽고 고단할 때 어머니란 이름은 자식들을 울컥하게 만들기도 하고, 엄마하며 서럽게 울던 어린 시절이 남긴 깊디깊은 감정일 것이다. 부르기만 해도 목구멍에 걸리는 말이 어머니가 아니겠는가. 그리고 어머니란 말은 그리움이기도 한 것이다. 어머니란 그러한 존재이기에 어머니에 대한 그리움이 얼마나 간절하였겠는가. 그러므로 임 중사의 부인으로부터 어머니를 느낀 것이다. 황량한 겨울 사막처럼 삭막한 마음에 사랑이 생기기 시작했다. 그 사랑은 정신적인 사랑이라도 좋고 남녀사이의 관능적인 사랑이라도 좋았다.

사랑을 느낀다는 것은 인간으로서 존재를 의식하고 있다는 것이 아닐까.

진상은 비로소 인간으로서 가치를 느꼈고 이 세상을 살아갈 만한 존엄한 존재인 것을 깨닫게 되었다. 그리고 인생은 아름다운 것이며 또한 인간이 살아가는 이 세상 역시 아름다운 것이라고 생각하게 되었다. 어린 시절과 소년 시절을 거치며 비통하고 고통스러웠던 고단함이 사그라지는 것 같았다.

피부와 오장육부까지도 긴장하고 눈치를 살피며 살아 왔었던 지난 세월의 시간들이 너무나 억울하였고, 앞으로도 그렇게 살아야 하는 자신과 미래의 자식들이 연좌제로 인한 불이익 등으로 인생을 숙고까지 해야만 했던 삭막한 그의 마음에 사랑의 훈기가 들어오고 인생은 살만한 가치가 있다고 생각하는 것 자체가 얼마나 다행스럽고 유익한 일이였던가.

삼십이 되어 가도록 잔뜩 주눅이 들어 크게 움츠러든 몸을 힘차게 기지개를 켰다. 양팔을 쭉 벌리고 비로소 처음 하늘을 보았다. 눈물이 확 쏟아졌다. 인간다움을 뼛속까지 느끼는 환희의 눈물이었다. 그가 처음 본 그 하늘은 청명하였으며 희망이었고 아름다운 자신감이었다. 그 하늘 밑 공기는 신선한 바람이었고 산천은 푸르렀다. 아 얼마나 아름다운 하늘인가. 처음으로 본 하늘은 그에게 청춘을 주었다. 그 신선한 바람과 푸른 산천은 청춘을 싱그럽게 하였고, 아름다운 보물이었다. 그 청춘은 사람다운 냄새가 나는 청춘이고 인생의 맛을 아는 청춘이었다.

통신시설 가설을 하다 보면 옷이 더러워지기도 하는데 그 옷들도 임 중사의 부인이 빨아 주었다. 독신으로 생활하다 보니 빨래도 제대로 하지 못한 때가 찌든 내복도 빨아주었고 어느 때는 이불을 둘러 덮게 하고 팬츠도 벗어 달래서 빨아주기도 했었다. 그때 진상은 어린 아이가 되어 덮고 있는 이불 속에서 행복을 느꼈었다.

임 중사의 부인은 처음에는 남편의 계급이 낮은 부하로 대하였지만 시간이 지나면서 정이 들어 친정 오빠처럼 대하여 주었다.

1966년 초 진상은 중사로 진급하였다. 중사 계급장을 달고 임 중사 집을 방문하였던 어느 날 임 중사 부인은

"중사 진급을 축하 합니다. 기분이 좋지요. 남원 친정에 내 여동생이 있는데 소개 해 줄까요?"

"예, 사모님 소개해 주이소. 사모님 동생이라면 멋지게 생겼을 것 같습니더. 내 남원까지 가서 만나 보겠심더."

"그렇게 하세요. 내가 연락을 해 놓겠습니다. 우리 친정은 전북 남원 금지면 입암리랍니다."

"근데, 친정 여동생의 이름은 어떻게 됩니꺼?"

"내 동생 이름은 안순덕입니다. 나는 안금자이고요."

"아유, 그러고 보니 여태까지 사모님 이름도 모른 채 살았네요. 너무 했지요. 미안합니다. 사모님 이름은 누런 황금처럼 묵직하고 귀한 느낌이 들고 정숙한 분위기를 줍니더."

"별 말씀을 다 하시네요. 강 중사님, 혹시 마산 3·15의거 때 죽어서 4·19혁명의 시작이 된 김주열을 압니까?"

"예, 알다마다요. 내 고향 합천하고 마산은 가깝습니다. 그래서 잘 알지요. 또 김주열을 모르는 대한민국 사람이 어데 있겠읍니꺼. 모르면 간첩이지요. 김주열하고 무슨 관계라도 있읍니꺼?"

"예, 그렇고 말고요. 그 김주열 열사의 고향이 이웃 마을 옹정리랍니다. 나와는 국민학교 동창이고요."

"아, 그래요. 김주열 고향이 이웃 마을이라 참 놀랍습니더."


전북 남원 금지면 옹정리는 1960년 이승만 정권의 대통령 부정선거를 규탄하기위해 마산시민이 들고 일어난 마산 3·15의거 때 마산상고 신입생으로 시위에 참가했다가 참변을 당했던 김주열 열사의 고향이었다. 3·15의 1차 의거 후 28일 만인 4월11일 마산 중앙부두에서 김주열은 최루탄이 오른쪽 눈에 박힌 채 처참한 시신으로 떠올랐고, 그 참혹한 광경을 보고 마산시민들은 더 큰 규모로 2차 민중항쟁을 일으켰으며 그로 인해 4·19혁명의 횃불이 된 김주열 열사의 고향이지 않는가.

안금자 여사는 동창이어서 김주열을 자랑스럽게 생각하고 있었다. 진상은 임 중사 부인의 미모와 마음씨라면 틀림없이 여동생도 그러할 것이라고 생각하고 기뻐서 얼굴을 붉히며 대답을 했다. 임 중사의 부인은 청년 강 중사를 멋있게 보았고 인물도 훤칠하여 자기 여동생을 소개해 주어도 될 것 같아서 진정으로 제안을 한 것이었다. 임 중사의 부인의 친정은 남원군 금지면 입암리에 사는 옹정간이역의 역장의 집이었다.

군대 전화를 이용하여 간이역의 집으로 전화를 하여 여동생에게 만나 볼 것을 권하니 그러겠다는 답을 얻었다.

그리고 며칠 후에 임 중사의 부인은

"강 중사님, 내가 친정 동생에게 연락을 했으니 만나 보려면 가보세요."

"알겠습니더. 수일 내에 내려 가겠습니더. 고맙습니더. 사모님."

진상은 대단히 기뻤다. 비로소 아가씨를 사귀게 될 것이고 잘하면 결혼도 할 수도 있을 것 같다는 생각을 하니 발걸음이 가벼웠다. 하는 일들이 즐거웠다. 며칠 후에 진상은 휴가를 냈다.

1966년 적당히 더위를 약간 느끼게 하고 들에는 초록의 보리가 바람에 나부끼며 산들 바람이 한껏 시원하게 해주는 늦봄 어느 날, 아침 일찍이 출발하여 전북 남원에 도착하니 오후가 되었다. 다시 곡성 행 시골 버스를 탔다. 자갈길을 터덜거리며 달리는 버스는 하얀 먼지를 날렸다. 초행의 남원 산하가 아름다워 보였다. 어쩐지 고향 합천 삼가 같았다. 들판의 파란 보리가 바람으로 푸른 파도를 만들었다.

면사무소 소재지인 옹정리에서 내렸다. 얼마 전에 안금자 여사가 이야기로 알려준 김주열 열사의 동네라고 생각하니 기분이 묘했다. 동네 주민에게 물어서 간이역을 찾아 갔다. 다시 역장 집을 물어 찾아가니 저녁때가 되었다. 생소한 곳에 초행이므로 무척이나 멀게 온 것 같고 피로가 찾아왔다.

"실례 하겠습니더. 안에 계십니꺼."

"예. 누구신지. 군인 아저씨네, 어떤 일로 오셨소?"

나이 지긋한 중년의 부인이 물었다.

"저는 강원도 철원 임경철 중사님과 같은 부대에 근무하고 있는 강진상 중사입니다."

"아, 그러신가요. 그렇지 않아도 우리 큰 딸의 전화를 받았습니다. 알겠습니다. 여기 마루에 좀 앉으세요."

강진상 중사는 마루에 걸터 앉으면서

"강원도 철원에서 여기까지 참으로 멉니더. 그래서 이렇게 저녁때가 되어 늦게 방문하게 되어서 미안합니더. 이럴 줄 알았으면 밤차를 타고 올걸 그랬습니더."

"예. 괜찮소. 우리 큰 딸은 잘 있습니까. 우리 사위도 잘 있겠지요?"

"예. 두 분 다 건강하게 잘 지냅니더."

"야야. 순덕아, 이리 나와 봐라. 너의 형부네 부대에서 손님이 오셨다."

그러자 임 중사의 처제가 나왔다.

"처음 뵙겠습니다. 저는 형부인 임경철 중사님과 같이 근무하는 강진상 중사입니더."

딱 부러지게 말하였다. 임 중사의 처제는 얼굴을 붉히며 들릴 듯 말 듯 한 어투로

"예. 처음 뵙겠습니다."

그때 마침 아가씨의 아버지가 들어 왔다.

강 중사의 첫 눈에 아가씨 아버지는 계란형의 얼굴에 눈썹이 짙고 미소를 머금은 인자한 인상이었다.

"이 분이 임 서방과 같은 부대에 근무하는 분이랍니다."

"안녕하십니꺼. 저는 강진상 중사입니다. 사위님과 같은 부대에 근무하고 있습니다. 고향은 경남 합천입니더."

"예, 그래요. 반갑소. 편히 앉아요."

이때 부인이 강진상 중사에게

"그러면 오늘은 저녁때도 되었으니 우선 저녁 식사나 합시다. 그리고 저녁이 되었고 시골에는 여관도 없으니 불편하지만 우리 집에서 자도록 하세요."

"아이구, 정말 고맙습니다. 감사합니다."

그날 저녁에 강진상 중사는 임 중사의 처가에서 자게 되었다. 다음날 아침에 임 중사의 장인 장모에게 인사를 하였다.

"본의 아니게 폐를 많이 끼쳤습니더. 건강하시고 안녕히 계십시오."

"간밤에 많이 불편했지요. 그러면 잘 가요. 야 야, 잘 안내 해 주어라."

아침나절에 임 중사 처제와 함께 20여 리 떨어진 남원 시내로 갔다. 광한루로 가서 구경을 하였다. 오작교에서 본 금색의 큰 잉어가 유유히 노니는 것이 인상적이었다. 춘향이 사당에도 가 춘향의 영정도 보았다.

"순덕 씨. 부모님의 질박한 인정이 퍽이나 푸근하였습니더. 대접을 잘 받았습니더. 아가씨 이름은 언니한테 들어서 알았습니더."

"아, 예, 우리 아버지는 자식들에게는 엄격하신데요. 언니가 소개한 분이고 형부하고 같이 근무하신 분이니 마음 풀고 대하여 준 것 같습니다."

"내는 요. 부모님이 없습니더. 그래서 부모님이 있는 사람들이 참 부럽습니더."

"아. 그랬었군요."

"집 앞 벌판이 금지평야라 했습니꺼. 살랑거리는 바람에 싱그러운 초록의 보리가 파도처럼 일렁이는 벌판이 마음을 시원하게 해 주더이다. 우리 고향은 그런 시원한 벌판은 없습니더."

점심때가 되어서 식당에 들어가 점심식사를 하고 '정화극장'에서 영화도 보았다. 극장에서 나오니 해가 풍악산 쪽으로 제법 기울었다.

아가씨를 금지면 웅정리까지 데려다 주었다.

"순덕 씨. 오늘 즐거웠습니더. 남원 광한루 구경도 인상 깊게 잘했고요, 시간을 내어주어서 감사합니더."

"그럼 강 중사님. 안녕히 가십시오."

"순덕 씨. 건강하시고 행복하세요."

강진상 중사는 인사를 하고 남원역으로 와 저녁 급행열차를 탔다.

이튿날 부대로 귀대하였다.

진상은 동생 순덕이 언니와 비교하여 어쩐지 언니만 못하다고 생각이 들었고 마음속에 채워지지 않는 어떤 묘한 감정을 느꼈다. 그도 그럴 수밖에 없는 것이 안금자 여사는 진상의 가장 이상적인 여인상이었고 어머니의 전영으로 생각하고 있었지 않았는가. 그래서 그의 여동생에게 끌리는 마음이 없었다. 그리고 안금자 여사에게 참으로 미안하게 되었다고 깊이 사과하였다.

1966년 철원 들판에 벼가 누렇게 익어 갔다. 황금들판은 바람이 불어 황금파도가 무겁게 일렁거리고 산천에는 단풍이 들어 마음까지도 넉넉하게 해 주던 가을에 임경철 중사는 군 현역생활을 접고 제대하여 부대를 떠나게 되었다.

임 중사가 주둔지인 철원 외수리에서 남원 고향으로 이사를 가는 날 강진상 중사는 얼마나 섭섭하였는지 말로 표현할 수 없었다. 임 중사가 제대하여 가는 것보다는 마음에서 우러나온 순정의 사랑을 떠나보내는 상심이 정말로 컸다. 안금자 여사는 어머니와 똑 같아 보이는 여자였고 진상에게 사랑을 알게 해준 참으로 고마운 사람인데 헤어진다는 것이 너무 마음이 아팠다.

부대에서 허락을 받고 임 중사 가족을 따라 나섰다.

부대 트럭으로 철원 외수리에서 서울 용산까지는 이삿짐을 싣고 가고, 용산역에서는 군용 기차를 이용하였다. 강 중사는 여러 가지로 신경을 써서 도와주었다. 기차를 타고 일행과 같이 가다가 안양쯤에서 돌아오기로 하고 차 중에서 임 중사와 포옹을 하며 인사를 하였다.

"임 중사님. 우리가 언제 다시 만날지 기약은 없지만 건강하고 하는 일들이 잘 되기를 빌겠습니다. 그 동안 여러모로 도와 주서서 고마웠습니다."

"강 중사, 이렇게 멀리까지 배웅을 해주어 고맙다. 건강하게 군 생활을 하거라. 남원에 올 기회가 있으면 꼭 놀러 오너라. 강 중사는 군에 맞는 체질이라 군 생활을 성공리에 잘 할 것이다."

"예, 아유, 별 말씀을 다 하십니다. 덕담으로 받아 들이겠습니다. 인연이 닿으면 또 만나게 되겠지요."

임 중사의 부인 안금자 여사에게 눈물을 글썽이며 인사를 하였다.

"사모님. 그 동안 저에게 친정 오빠를 대하여 주듯이 친절하게 하여 주어서 정말 감사합니다. 저는 사모님을 통해서 인생은 살아야 할 가치가 있다는 것을 알았습니다."

"고맙씁니다. 강 중사님을 뵐 때 마다 너무 외로워 보여서 마음이 항상 짠했습니다. 위로한다는 뜻에서 저의 친오빠 대하듯 하였지만 지나고 보니 너무나 부족하였습니다."

"아닙니다. 사모님한테 말 한 적이 없었지만 저는 어린 시절 당했던 끔찍한 사연으로 원래 한이 많은 사람이고, 어머니를 간절히 그리워한 나머지 내 마음이 너무나도 메말라 있어서 불을 붙이면 탈 수 있을 정도였답니다. 그러나 사모님의 인정이 저에게 생기를 불어 넣어주어 이제는 촉촉한 생나무처럼 되었습니다."

"아이구. 내가 강 중사의 마음을 흔들어 놓았군요, 하 하."

"아닙니더. 사실이 그렇습니더. 저는 사모님을 통하여 저의 어머니의 사랑을 크게 느꼈습니더. 때로는 그리운 어머니라고 착각했던 때도 있었습니더. 그래서 사모님은 사랑이라는 것이 무엇인지 알게 해 준 은인이나 다름 없었습니더."

"아이구 별 말씀을. 강 중사님 항상 건강하게 군 생활을 하세요."

"사모님, 늘 건강하고 행복하십시요. 안녕히 가십시오."

임 중사의 부인과 긴 이별의 포옹을 하였다. 눈이 촉촉하게 젖어드는 것을 느끼며 안양역에서 내렸다.

담배 한 대를 피워 물고 연기를 길게 내 뿜었다. 가슴이 시원하였다. 그 만큼의 한의 응어리가 풀려 나간 것 같았다.

어둠이 깔린 역광장은 밤바람이 상쾌하였다. 방금 내린 승객들의 발길이 바쁘게 어둠 속으로 사라졌다. 마음이 허전하였다. 그것은 정이 들었던 사람들과의 이별의 아픔이리라.

밤이므로 철원 외수리 숙소까지 가기란 먼 길이라 안양에서 자기로 하고 여관을 찾아 들어갔다. 피로가 확 밀려 왔다. 사랑을 알게 해준 마음의 여인과의 이별이 머리를 혼란하게 하였다. 또 다른 상실로 크게 다가왔다. 그러한 마음의 아픔이 진상에게는 꼭 필요한 정신적 성장통이었다. 인간임을 자각하게 하여 인간답게 살아가게 한 중요한 경험이었다. 살면서 더 이상 주눅이 들지 않고 당당하게 세상을 살아가게 하는 힘이 되었다. 자신도 모르게 잔뜩 몸을 움츠리고, 또 낯선 사람을 만날 때마다 목욕하듯 흐르는 식은땀을 닦지 않아도 되는 담대함을 갖게 해 주었다. 자존심과 자중심도 갖게 하였다.

여관 종업원 아가씨가 건네준 숙박부에 이름과 나이, 그리고 주소를 적은 후 안내를 받아 들어간 여관방에서 피로하여 초저녁부터 잠이 들어 버렸다. 한참을 잔 듯한 시간이 흐른 후 몸을 뒤척이게 되었고, 그때 손에 뭔가 사람의 온기가 느껴졌다. 진상은 깜짝 놀라서 일어났다. 그리고 불을 켜고 확인해 보니 바로 방을 안내해준 아가씨가 옆에 앉아 있지 않은가.

"아니 아가씨는 왜 자지 않고 외간 남자가 홀로 자는 방에서 이렇게 앉아 있소. 밤 늦게까지 이게 뭡니꺼?"

"미안 합니다. 사연이 있어서 그랬습니다."

"그래요? 도대체 무슨 사연이 있길래 그런 것 입니꺼?"

"글쎄요. 많이 실례가 되었음을 용서 하세요."

"아가씨는 무슨 사유로 이곳에서 일을 하고 있습니꺼?"

"저는 고향이 전북 익산군 여산면인데요 가출하였습니다. 오다가 보니 이곳 여관까지 왔습니다. 여기 온 지는 3일쯤 되었습니다."

"그래요."

진상은 아가씨가 측은하게 보였다. 동병상련이라고 진상은 자신의 처지로 생각해보니 아가씨가 안 되어 보였다.

"아가씨 그 사연이 무엇인지 들어나 봅시더. 내가 도와줄 일이라면 도와 드리겠습니다."

"저가 고향에서 신수점을 보았답니다. 그런데 나보다 일곱 살 많은 남자와 결혼을 해야만 제대로 산다고 했고 그게 아니면 그냥 떠돌이 술집 여자로 살아 갈 팔자라고 했습니다. 참으로 걱정이 되고 고민이 되었습니다."

"그래서요. 계속 해 보소."

"초저녁에 아저씨가 이 여관에 들어 왔을 때 숙박부 기록 내용을 보니 나보다 딱 일곱 살이 많았습니다. 그래서 그만…. 고민하면서 이렇게 늦게까지 아저씨 옆에 쭉 앉아 있었습니다. 저는 막 열아홉 살이고요."

아가씨는 얼굴을 붉히며 부끄러워하였다. 말씨나 태도가 순진해 보였다.

"열아홉 살이라고요. 아 그러고 보니 내가 스물여섯이구나."

진상은 자신의 나이가 스물여섯인 것을 새삼스럽게 알게 된 것 같았다. 그 동안 나이를 잊고 산 자신이 우스웠다.

"아 아, 이것도 인연이구나."

이때 진상은 아가씨를 와락 안고 이불 속으로 함께 들어가 본능적으로 포옹을 하며 난폭하게 입을 맞추었다. 뜨거운 열기가 이불 속에 가득하였다. 남성이 격렬하게 반응하였다. 아가씨는 처녀성이 통증으로 느껴졌다. 두 청춘남녀는 한참동안 격정이 요란하였다. 감창하며 신음하였다. 그들은 운우의 미몽으로 빠져들어 갔다. 지고의 쾌감이 진상을 황홀하게 만들었다. 그리고 두 남녀는 벌거벗은 채 꼭 안고 노곤하여 깊은 잠에 빠져버렸다.

다음날 아침 늦잠으로 깨어난 진상은 마치 따뜻한 물에 목욕을 한 것처럼 몸이 가뿐하고 상쾌함을 느꼈다. 저 마음 깊은 곳에 끼어 있는 때가 씻겨져 나가 버린 것 같았다. 아 아 이래서 남녀가 사랑하고 잠자리를 함께 하고 결혼해서 사는구나 하고 인생의 이치를 깨달았다. 그리고 진상의 잠자리 옆에서 단정히 옷을 입고 앉아 있는 아가씨를 보았다. 미인은 아니지만 여성적이고 귀염성이 있어 보였다.

"아가씨 나를 따라 가서 나와 같이 삽시다. 나는 독신입니더."

"예 그래도 되겠습니까?"

"그럼요, 우리는 간밤에 부부의 인연을 맺지 않았습니꺼. 하하."

"예, 따라 가서 같이 살겠습니다."

"우리는 이제 부부입니더. 갑시다."

"아가씨 이름은 어떻게 됩니꺼. 내 이름은 강진상이요."

"이길수라고 합니다. 꼭 남자 이름 같지요."

진상은 플라토닉한 정신적 사랑을 몸살을 하듯이 앓았고, 관능적인 남녀 간의 사랑의 극치도 경험하였다. 인간이기 때문에 이러한 사랑이 있음을 알게 되었다. 인간이므로 인생이 있고 또 이렇게 살아가는 것이구나 하고 인생의 오묘함을 처음 느꼈다.

진상은 담배 한 개비를 피워 물고 깊은 연기를 길게 뿜어내었다. 가슴이 시원하였다. 몸이 한결 가벼워졌다. 진상은 즐거운 마음으로 아가씨를 데리고 철원 외수리로 와서 자신의 숙소에서 살림을 차렸다. 월급으로 소위 2년차가 1만 원 정도였고 신참 중사의 월급은 8천여 원 정도였다. 풍족하지는 않았지만 중사의 월급으로 둘이서 먹고 살 수는 있을 것 같았다. 동거 신접살림에 필요한 것들은 방과 사용하던 이불 정도 밖에 없었다. 우선 주방 기구로 냄비, 밥그릇, 숟가락, 젓가락 등을 샀다. 난방 겸 취사연료로는 땔감 나무였으며 우선 급한 대로 부대에서 포탄 나무상자 파손된 것을 가지고 와서 해결하였다. 그때 당시 도시에서는 19공연탄이 연료였지만 강원도 철원 산간오지에서는 나무가 주 연료였다.

강 중사는 부대에서 담요 몇 장을 빌려 왔고 포탄용 나무상자를 가지고 와서 옷장과 밥상으로 이용한 가난한 신접살이를 시작한 것이다.

첫날 저녁때 아가씨는 식사를 준비하기 시작하였다. 쌀을 냄비에 안쳐서 나무에 불을 지피여야 하는데 아가씨는 안절부절 못하였다. 그러면서 강 중사에게 힘들어하며 말하였다.

"아저씨 불을 나무에 좀 붙여 주세요. 저는 잘 붙일 줄 모릅니다."

"그래요, 나무에 불을 지필 줄 모릅니꺼."

"예, 집에서 불을 땔 때 보지 못하였습니다."

그래서 강 중사는 불을 지펴주었다. 그런데 밥은 삼층밥이 되어버렸다. 그 설익은 밥에다가 부대 취사장에서 얻어 온 된장 간장과 김치 등을 반찬으로 단출한 저녁식사를 하였다. 첫 밥상은 어설프기 짝이 없었지만 그에게는 이 세상에 나서 처음으로 사랑이 막 시작된 아가씨에게 받은 행복한 밥상이었다. 그 아름다운 밥상에는 작은 평화와 행복이 깃든 감격스러운 생활의 시작이 있었다. 삼층 설은밥이라도 좋았다. 두 남녀가 도란도란 이야기 하면서 식사를 할 수 있다는 그 자체가 뿌듯한 행복이었다.

이런 행복한 시간을 오래오래 간직하고 싶었고 나날이 계속되기 바랐다. 이제는 서로가 행복이 가득한 여보이고 당신이며 아내이고 남편이었다. 잠자리에서 아내를 꼭 껴안아보는 감정은 또 다른 것이었다. 아내를 껴안고 입맞춤을 하는 순간은 행복이었다. 아내의 가슴 속으로 파고들어갈 때는 어머니의 품안 같은 아늑함이 느껴졌다. 바로 어머니의 품안이었다. 그래서 진상은 자신도 모르게 "어머니, 어머니, 어머니"하고 신음하듯 불렀다.

아내는 그런 진상의 등을 어머니가 그렇게 하였듯이 두 손바닥으로 다독다독 하여 주었다. 바로 아내는 어머니였다. 아내의 향긋한 내음은 어머니의 사랑이었다. 고결한 어머니의 사랑이었다. 그가 아내를 보고 어머니라고 한 것이 얼마나 애틋한 어머니에 대한 그리움의 표현이었겠는가. 어떤 때는 본부중대의 유선 가설반 부하가 부식으로 된장 간장도 갖다 주었고 또 돼지고기, 소고기도 가지고 왔다. 아직도 여전히 정상적인 밥이 되지 않고 삼층밥이 계속되었다. 부대에서 갖다 준 돼지고기를 통째로 양념과 함께 넣은 그릇을 밥을 하고 있는 냄비에 넣어서 요리를 하였다. 그 그릇 속으로 밥물이 들어가 양념과 섞였고 그 물을 따라 내어 버리고 고기를 꺼내 칼로 잘라 보니 겉만 익고 속은 그대로 생고기였다. 누가 보았다면 여자가 밥도 제대로 하지 못한다는 것이 재벌 딸도 아니고 도저히 이해가 가지 않았을 일이었다. 그러니 밥도 돼지고기 요리도 제대로 하지 못한 숙맥菽麥이 아니었던가. 한심한 생각이 들어서 웃음이 저절로 나왔다.

"아니, 여보 어떻게 되어서 밥도, 돼지고기 요리도 그렇게 못하노. 고향 집에서 부엌일을 한 번도 안 해 본 사람 같으니. 부잣집 고명딸도 아니고."

"미안 합니다. 할 말이 없습니다."

"…"

"사실 저는 언니가 네 명이나 있고 오빠가 하나 있습니다. 내가 어렸을 때부터 큰 언니가 부엌일을 했고 그 언니가 시집을 간후는 둘째 언니가, 또 셋째 언니가 그 뒤를 잇고, 넷째 언니가 그다음을 잇고 그러다 보니 오빠가 결혼을 해 새 올케가 부엌일을 차례로 하는 바람에 내 차례가 없어 부엌일을 할 기회가 없었습니다. 그리고 가출하여 강 중사님을 만나게 되었습니다. 그래서밥도 돼지고기 요리도 할 줄 모르게 되었습니다. 미안 합니다."

"아무리 막내라 할지라도 부엌을 들락날락하면서 어깨너머로밥 짓는 것을 보아 왔을 텐데. 부엌에서 손가락 끝으로 물도 적셔 보지도 않았다니. 에이 그래도 그렇지 그 건 너무 했데이."

"아이구 부끄럽습니다."

이렇게 오순도순 신접살이를 하였다. 비록 결혼 예식은 올리지 못 하였지만 신혼생활의 재미에 깨가 쏟아졌다. 즐겁고 행복하였다. 부대에서는 제대한 임 중사의 처제와 살고 있다고 소문이 자자했다.

"중사님. 임경철 중사님의 처제 맞씁니까. 소문이 그렇게 쫙나 있습니다."

"아이다. 내가 사귀었던 아가씨다. 임 중사가 귀향할 때 서울에서 그만 데리고 왔뻿다.

"아 그렇씁니까. 우리들은 임 중사님의 처제라고 알고 있었습니다."

"신혼생활이 재미있지요. 깨는 얼마나 쏟아졌습니까. 한 되입니까 한 말입니까?"

"야들아, 농담 그만 하그라. 부끄럽다 아이가."

"강 중사님 집에 놀러 가도 됩니까."

"으음. 놀러 온나."

동거 신접살이로 몇 달이 지나 산천에 눈이 하얗게 내린 추운 겨울에 그와 이길수 아가씨는 외수리에 있는 천주교당에서 교당 신부의 주례로 많은 신도들 앞에서 백년가약 혼인식을 하였다. 처가에서는 친정 어머니와 오빠가 왔고 진상의 하객으로는 부대원들이 참석해 축하를 해 주었다.

# 국민학교 3년 수료의 진상,
## 육군 장교가 되다

  1967년도 당시에 육군에서는 베트남 파병이 한창인 때여서 초
급장교가 절대적으로 부족하여 장기하사관 중에서 지원을 받아
장교 교육 후 충원을 하였다. 학력은 중졸 이상이었다. 그런데
학력은 모자랐지만 강 중사는 꼭 장교가 되고 싶었다. 그러나 국
민학교 3년 수료가 학력이 전부라 도저히 불가능했다. 그렇지만
장교가 되면 국가 공무원이 되므로 고약한 연좌제로 인한 자신
뿐만 아니라 자식들의 장래마저도 걱정이 되지 않을 것이란 확
신이 섰다. 또한 호랑이를 잡으려면 호랑이 굴로 들어가라는 속
담이 있지 않는가. 그래서 국가를 잡으려면 아니 국가에 대하여
복수를 하려면 호랑이 굴인 국가 속으로 들어가야 하는데 그 방
법이 장교가 되는 것이라고 생각하였다. 그래서 어떻게 하면 장
교가 될 수가 있을까 하고 골몰하였다.

궁즉통이라, 궁하면 통하는 법. 그는 기발한 방법을 생각해 냈다. 국가가 철저하게 진상의 가정을 파괴했고 국가에 대한 원한이 뼈 속까지 맺히게 하지 않았는가. 국가가 선량한 국민을 기만하고 거짓말로 속이고 죽이기까지 하지 않았는가. 그래서 진상도 국가를 속이기로 작정하였다. 국가를 속이는 것은 자신이 당한 것에 비하면 한강 모래사장의 모래 한 알 정도 밖에 되지 않는다고 생각하였다. 며칠 휴가를 내어서 고향 합천의 삼가중학교로 갔다. 그곳에는 잘 알고 있는 어린 시절 머슴살이 했던 한성여관의 둘째 아들 성영근 형이 선생으로 재직하고 있었다. 사정을 하면 삼가중학교 졸업증명서를 뗄 수 있을 것이라고 생각하고 교무실로 들어갔다.

"실례하겠습니더. 성영근 선생님을 찾아 왔습니더."

"아 그래요. 지금 수업중입니더. 곧 끝납니더. 조금만 기다리세요."

얼마 있으니 성영근 선생이 교무실로 들어왔다.

"성 선생. 손님이 찾아 왔습니더."

"아, 니 진상이 아이가. 아이구 반갑다. 그 동안 어떻게 지냈나?"

"영근 형. 보시다 시피 군 생활을 잘 하고 있습니더. 부모님은 안녕하십니꺼?"

"으응. 건강하게 잘 계신다. 니 중사가 되었구나."

"예. 15사단 포병대대 선임하사관으로 근무 하고 있습니더."

성 선생은 중사 계급이 믿기지 않는 눈치였다.

"진상아. 니 그 동안 마음고생도 참으로 많이 했고 고통이 컸을 텐데 이렇게 늠름한 육군중사로 고향에 온 것 보니 참 대견스럽다."

"영근 형. 고맙습니다. 정말 고생이 너무 많았습니다."

"그래 어인 일로 어려운 발걸음을 한기고?"

"형님. 어려운 부탁이 하나 있습니다. 저가 장교를 지원하려고 하는데 자격조건에 중졸 이상으로 되어 있어서 혹시나 저의 이름으로 삼가중학교 졸업증명서를 뗄 수 없을까 하고 찾아 왔습니다."

"니 학력이 어떻게 되드라. 아 국민학교를 졸업하지 못했지."

"예. 국민학교 3학년에서 그만 두었습니다."

"야 진상아. 참 곤란하고 힘든 일이데이."

"…"

"증명서에는 학교 관인과 교장 사인을 찍어야 하는데 학교 관인과 교장 사인은 서무주임이 직접 보관하고 있고 또 직접 관리하고 있는데 어렵데이."

"…"

"만약 증명서가 발부 된다 하드래도 그게 발각되어 봐라. 나는 공문서 위조로 걸려 들어가게 되고 선생 노릇도 못 한다아이가."

"그래도 형님, 어떤 방법이 있지 않을까요. 돈이 좀 들어도 할 수 있으면 좋겠는데요. 형님은 내 형편이 어떤지 누구 보다 잘 알지 않습니꺼."

"그래 안다. 그렇지만 너무 어려운 일이라 참으로 딱하데이."

아, 아 이 일을 어떻게 한다. 난처하였다. 진상은 잠깐 생각해 보았다. 무슨 방법이 있을 텐데. 아 그거로구나 하고 순간 방법 이 떠올랐다.

"영근 형. 그러면 졸업증명서 용지 한두 장은 얻을 수 있겠지 요."

"그래 용지는 가져다 주께."

성영근 선생은 서무실에 가서 용지 두 장을 가져왔다.

"진상아, 니가 바라는 것을 못해 주어서 정말 미안하다. 내 마음이 아프데이. 니가 정말 얼마나 고생을 했느냐. 시대를 잘 못 만나서…."

"영근 형 고맙습니더, 어려운 것을 부탁해서. 괜히 형님 마음 만을 언짢게 하였습니더."

"그래 니가 어디를 가서 살든 꼭 성공하그레. 그리고 떳떳하게 살그레."

"형님. 그럼 가보겠습니더."

"아 진상아, 니 하모니카로 지금도 그 기러기 노래는 부르고 있나?"

그 노래는 진상이 모정을 그리워하면서 고통과 슬픔을 견디어 내며, 또 그 것들이 고스란히 담겨 있는 노래임을 성영근 선생은

187

잘 알고 있었다.

진상은 군복 호주머니에서 하모니카를 꺼내 보이며,

"예, 이렇게 갖고 다니며 어머니가 보고 싶을 때나, 슬플 때나 향수에 젖을 때 부릅니더. 정말 영근 형 고맙씁니더."

"아 그렇구나. 대단하데이."

"그러면 영근 형. 전 가겠습니더."

"어디로 갈끼고?"

"당장 서울 올라가서 일을 보아야 합니더. 바쁩니다. 귀대도 해야 하고."

"그래, 알았데이. 열심히 살그레이. 니가 하려는 일이 잘 되기 바란데이."

"형, 건강하시고 안녕히 계십시요."

성영근 선생은 배웅을 하며 악수를 청하였다. 학교 운동장을 걸어 나가는 진상의 어린 시절 그 비참했던 모습은 찾아 볼 수 없고 당당하고 자신에 찬 뒷모습을 보며 흐뭇하게 생각하였고 성공하기를 진심으로 바랬다. 진상은 담배 한 개비를 피워 물고 운동장을 걸어 나오며 길게 담배 연기를 내 뿜었다. 가슴이 확 트였다. 시원하였다.

금리에는 이미 고모가 부산 큰형 집에 가서 살고 있고 막내 진화는 대처로 나가서 생활하고 있으므로 들를 일이 없었다. 그 길로 바로 서울로 올라왔다. 종로 4가에서 '정인당'이라는 간판이 붙어 있는 도장을 파는 상점으로 들어갔다.

"어서 오세요. 어떤 일로 오셨습니까?"

"예. 도장을 새기려고 왔습니더."

"어떻게 파 드릴까요. 여기 견본들이 있습니다."

진상은 자리에 앉으며 말했다.

"새길 도장은 다름이 아니고 학교 관인과 교장 사인을 파려고 합니다. 파주시겠죠?"

"아니 군인이 이러한 도장을 왜 파 달라고 합니까. 보통은 학교 서무주임이 와서 파가는 관인인데."

"그런 도장을 꼭 사용할 곳이 있어서 파려고 합니더."

"파 주는 것은 어렵지 않습니다만 이런 관인은 원래 값이 비쌉니다. 더구나 정식이 아니고 비공식으로 파는 일이므로…."

"예. 알겠습니더. 돈이 더 들어도 파 주세요."

"그러면 어떻게 파 드릴까요."

이때 진상은 졸업증명서 용지를 꺼내 놓으면서 말했다.

"이 학교 졸업증명서를 만들 수 있는 학교 관인과 교장 사인을 파주세요. 모양은 보통 학교의 관인 형태로 파주시면 됩니더. 파 줄 수 있겠죠?"

"예. 그럼요, 조금만 기다리세요."

진상은 꼭 도둑질을 하는 것같아 가슴이 두근거렸다. 그리고 긴장을 한 탓에 식은땀이 온 몸을 적셔 오는 것을 느꼈다. 수건으로 땀을 닦아 냈다. 담배 한 개비를 피워 무니 마음이 안정되었다. 그제야 차분하게 앉아 있을 수가 있었다.

얼마 후에 생생한 흰 나무에 새긴 관인과 사인을 들고 작업실에서 나왔다. 진상은 값을 지불하고 그 관인과 사인을 손에 받아드니 감회가 깊었다. 절반은 뜻이 이루진 것 같아서 흥분하였다. 그리고 철원 외수리 집으로 돌아 왔다.

학교 관인과 교장 사인으로 얻어온 삼가중학교 졸업증명서에 날인하여 증명서를 만들었다. 진짜 졸업증명서처럼 그럴 듯하게 만들어졌다. 초급장교지원서를 작성하고 졸업증명서를 첨부하여 부대에 제출하였다. 그로부터 얼마 후인 1967년 6월 중순경에 광주보병학교 예비초급장교 교육훈련 명을 받았다.

며칠 휴가를 받아 다시 고향 삼가면에 갔다. 고향 동네 금리에 가서 마을 이장과 동네 어르신 몇 분을 모시고 식사를 대접하면서 이번에 초급장교가 되는 교육을 받게 되었으며 또 육군보안대에서 신원조회가 있게 되는데 와서 물어 보거든 잘 대답해 줄 것을 부탁하며 도와 달라고 사정을 하였다. 소위로 임관 전에는 육군보안대에서 하는 신원조회가 염려가 되어 신경이 쓰였던 것이다. 모두들 그 어려웠던 환경에서 씩씩하게 살아 온 노력과 성실하게 살아가려는 열정에 감동을 하면서 칭찬을 아끼지 않았다. 앞으로도 당당하게 열심히 살아가라고 덕담으로 용기를 주기까지 하였다. 이제는 그렇게 사람들을 사귀고 관리하는 능력도 가지고 있었다. 그 길로 부산으로 가 큰형 집에 들러서 고모를 모시고 철원 외수리로 왔다. 젊은 아내 혼자 놓아두고 교육을 갈 수가 없어 고모와 함께 같이 있게 하였다.

교육을 가기 전인 1967년 6월 23일에 큰 아들이 태어났다.

인생의 자랑스러운 표시인 아버지라는 호칭을 처음 받는 날이기도 하였다. 이름을 강명호라고 지었다. 의미가 있는 아버지의 역할을 시작한 셈이었다. 그는 굉장히 기뻤다. 고모가 계시므로 산후 조리는 걱정을 하지 않아도 되어서 다행이었다. 득남의 기쁨을 안고 6월 말에 광주보병학교에 입교하였고 단기간부후보생 제10기로 초급장교가 되는 교육과 훈련이 시작되었다. 사관후보생 BOQ에서 학과 출장 할 때 마다 행렬을 지어 부르는 행군가는 진상을 흐뭇하게 했고 자부심도 생기게 하였다.

"우리는 젊은 사관 피 끓는 장교단

저 하늘 푸른 창공에 날으는 솔개

··············                         "

'젊은 사관' '피 끓는 장교단' 이라는 구절은 마음을 설레게 하였다. 깊은 애정이 가는 단어들이었다. 분대전술, 소대전술을 학과로 배우고 또 분대와 소대를 편성하여 실습하는 전술교육은 초급장교의 요건을 갖추는데 필수 과정이었고 해냈다는 뿌듯함으로 가득 찼다. 독도법은 실전에서 전술상 꼭 필요한 과목이고 장교교육에서 필수로 이수해야 하는 과정이었다. 야외에서 실습 훈련은 전투 시에 적 포위망을 뚫고 길을 찾아 소대원의 방향을 잡고 안전하게 이끌 수 있는 초급장교의 필수적이고 실용적 훈련으로 재미가 있었다. 교육이 끝날 때쯤 되어서 중대를 편성하여 받은 중대전술 훈련은 장교가 갖추어야 할 종합예술 같은 것이었다. 비로소 장교가 되는구나 생각하니 자긍심이 생기고 자랑스러웠다. 마지막으로 독도법과 전술실제를 분대별로 수행하는 지리산 종주 훈련은 어려운 전쟁 상황에서 전투를 해야 하는 장교로서 자질을 갖는데 가장 값진 핵심적 훈련이고 경험이었다. 이 모든 훈련을 거뜬히 해 냈다는 자부심은 진상으로서는 대단한 것이었고 자신을 크게 고무시켰다.

국민학교 3년 학력으로 그 어려운 장교 훈련과 교육을 당당히 해 냈다는 성취감은 진상만이 갖는 내밀한 보물이고 자랑이었다. 어느 누구에게도 어렸을 때의 사연을 그리고 학력을 위조 하여 장교가 되었다는 것을 말할 수 없는 그로서는 그 기쁨이 정말로 큰 것이었고 감격적이었다.

6개월간의 교육이 끝나고 1967년 12월 10일 광주보병학교 연병장에서 27세의 나이로 소위 임관식을 가졌다. 장교 정장 양쪽 어깨에 소위 계급장이 달리는 순간은 현기증이 날듯이 기뻤다. 거울 앞에서 거수경례를 하여 보았다. 미소를 띤 자신의 얼굴이 자랑스러워 보이고 당당해 보였다. 강진상 소위.

이제는 강진상 중사에서 강진상 소위가 되었다. 분명히 신분 변화였다. 보안대 신원조회에도 무사히 통과하여 대한민국의 육군소위로 임관했다는 것이 믿어지지 않았다. 꿈인 것 같았다.

소위 계급장을 달 때의 그 감격은 다른 사람보다 남달랐다. 아니 굉장히 달랐다. 국민학교 3학년 학력으로는 어림도 없는 일이었고 또 부모의 일로 연좌제 때문에 불가능한 일이 아니었던

임관 시 소위 정장 차림의 강진상

가. 그러나 진상은 불가능을 가능으로 만들었고 그 자부심이 대단했다. 세상이 달라 보였다. 나도 어엿한 국가가 인정한 공무원이 아닌가. 이제는 당당하게 인생을 살아가게 되었다. 그는 담배 한 대를 피워 물고 깊게 담배연기를 뿜어 냈다. 담배연기가 공중에서 원를 그리며 회오리 쳤다. 한恨의 응어리가 산산이 부서져 나가는 것 같았다. 시원했다.

그는 짐을 챙겨서 다른 동료 임관 소위들과 함께 특별 군용열차 지정 좌석에 앉았다. 당장 달라진 장교에 대한 대접을 실감할 수 있었다. 기분이 좋아 하늘을 날 것만 같았다. 서울까지 와서 철원 외수리 집으로 왔다. 이를테면 금의환향을 했다. 아내와 고모가 기뻐서 어찌 할 줄 몰라 했다. 특히 고모의 감격은 뭐라고 표현할 수 없을 정도였다. 고모는 옛날 일들을 생각하며 흐느끼며 눈물을 흘렸다.

15사단 68포병부대에 들어가 대대장에게 임관 및 귀대 신고를 하였다. 본부중대 모두가 환영하여 주었다. 어제의 중사가 소위로 신고하는 감격이 또 달랐다. 부대에서는 축하 파티를 열어 주었다. 그리고 경기도 가평군 청평에 주둔하고 있는 1사단으로 전속 명령서를 받았다. 다음날 경기 가평군 청평 1사단 사단사령부 본부중대에 가 전속신고를 하였다. 15연대 12중대 1소대장으로 보임 배속되었다. 얼마 후에 가족이 청평으로 이사 왔다.

소대장으로 복무하고 있을 때인 1968년 1월 21일 북한 보위성 정찰국 산하 124군부대 소속 김신조 소위 등 31명의 무장간첩 일당이 청와대 폭파와 요인 암살 임무를 띠고 침투하였다. 청와대 근처까지 왔으나 국군에 의해 제압을 당했다.

그때 그는 많은 눈이 쌓인 경기 일산지역에서 눈으로 벽을 만들고 그 속에 텐트를 치고 약 1주일 동안 대간첩작전을 수행하였다. 얼마나 추웠는지 생각만 하여도 추위가 느껴질 정도로 고생을 한 작전이었다. 살아서 전향한 김신조를 조사한 결과 간첩 훈련을 할 때 다리 양쪽에 모래주머니를 차고 산악지역을 20Km로 1시간에 주파하는 훈련을 한다고 진술이 나온 후부터 강 소위의 부대에서도 모래주머니를 양 다리에 차고 고된 훈련을 하였다. 몇 개월이 지난 후에 월남파병지원서를 제출하였다. 15사단에서 1년쯤 복무 하고 있으니 월남 파병 명이 났다. 그리고 1969년 12월경에 강원도 화천 오음리에 있는 백마부대 제 28연

부산 부두에서의 환송식에 참석한 시민과 학생들

대(도깨비 28) 3대대 10중대 1소대장으로 명을 받고 배속 되었다. 즉시 화천 오음리로 가서 파병 부대로서 월남을 향해 출발 준비를 하고 있었다.

파병 출발 전에 일년 치 봉급을 한꺼번에 받았다. 그 액수가 상당해서 그러한 돈을 만져보기는 처음인지라 대단히 기뻤다. 아내에게 주며 잘 관리하라고 부탁을 하였다. 드디어 얼마 후에 파병 출발의 날이 왔다.

화천 오음리 병영에서 어둠이 깊은 새벽에 출발한 장병을 실은 긴 트럭의 행렬은 장관을 이루었다. 오음리에서 출발한 그 긴 행렬은 경춘가도를 경유해 서울의 용산역까지 계속되어 왔다. 아침나절에 용산역에 도착하니 수많은 시민과 학생들이 운집해 있었다. 그리고 파월부대의 대대적인 환송식이 있었다. 경부선 특별 군용열차를 타고 부산 부두에 도착하니 역시 부산시민들과 학생들이 나와 있었고 대대적인 환송을 해주었다. 그리고 베트남 행 큰 미군수송선을 탔다. 베트남을 향해 출발하여 일주일 만에 베트남의 캄란 만의 항구에 도착하였다. 갈 때는 추워서 겨울옷을 입고 갔는데 월남에 가까이 갈수록 더워서 옷을 한 개씩 벗다 보니 모두가 런닝만을 입고 있었다.

월남에서는 중부지역인 캄란만灣의 '투이호아'에 주둔하였다. 그리고 중위로 진급 하였다. 그 지역은 원래 해병 청룡부대가 주둔했던 곳이었다. 작전지역으로 근처 홈바 산과 사례오 산, 쑤이까이와 망망계곡의 정글이 위치한 베트콩 부대가 자주 출몰하는 곳이었다. 투이호아에서 청룡 해병은 베트콩 소탕작전을 수행하던 중에 그곳의 여러 마을을 폐허로 만들었고 주민들이 많이 살상되었으며 단용 강에는 수많은 시신이 바다로 떠내려가기도 하고 강가 갈대밭에 걸리기도 했었던 지역이었다. 그래서 그곳의 월남 주민들의 감정이 험악하였다. 한국 해병은 국내에서는 '귀신 잡는 해병'이라는 영예를 안았지만 베트남에서는 불명예와 오욕의 상징이 되었다.

잔인한 작전 탓에 투이호아 지역 주민들은 해병대의 빨간 명찰만 보아도 몸을 피하고 울던 아이도 울음을 그칠 정도였다. 그 청룡부대가 북쪽 '다낭' 시 인접 '추리이' 지역으로 이동한 후에 1966년부터 백마부대가 주둔하면서 첫 번째 작전이 대민사업을 주로 하였기 때문에 주민들의 악감정이 호감으로 반전反轉된 곳이었다.

그렇다면 한국군은 왜 먼 나라 월남으로 가 전투에 참가하여야만 했을까. 월남에서는 두 번의 전쟁이 있었다. 제1차 베트남전쟁은 제1차 인도차이나전쟁이라고도 하였다. 공산주의와 민족주의를 내세운 베트남이 프랑스 식민지배에서 독립을 쟁취하기 위해 일어난 전쟁이었다. 역시 같은 입장인 캄보디아와 라오스도 독립을 쟁취하기 위해 참전함으로써 확대되어 인도차이나전쟁이라고도 하며, 1945년에서 1956년까지 11년 동안 계속되었다. 프랑스를 거쳐 일본 식민지배하에 들어 있다가 1945년 8월에 일본이 패망하자 호치민(Ho Chi Min; 胡志明)은 베트남독립연맹인 베트민(Viet Minh)을 조직하고 독립운동을 전개하다가 그해 9월 2일에 17도선 이북인 북 베트남에 베트남민주공화국(Democratic Republic of Vietnam)을 선포하였다. 호지민은 맑스 사상을 가진 공산주의자인 동시에 프랑스 식민지배에 저항한 독립운동가로 베트남 국민 대중에게서 존경을 받은 인물이었고 토지개혁을 단행하고 또 지주제를 폐지하여 토지를 농민에게 나누어 주었으므로 농민의 절대적인 지지를 받았다

한편 1955년 미국의 후원을 받아 고오 딘 디엠( Ngo Dinh Diem)이 남 베트남에 베트남공화국을 선포하고 대통령이 되었다. 베트민의 토지개혁으로 토지를 받은 농민에게서 다시 토지

를 회수하고 반발하는 농민과 반대 세력을 억압하였다. 남 베트남 내 지식인들과 노동당이 요구한 통일을 위한 제네바협정을 거부하자 노동당을 중심으로 디엠정권에 대항하였다.

이 반대세력은 1960년 12월에 남베트남민족자유전선(Veitnamese National Liberation Front :NLF)을 결성하였고 그 소속 베트남의 공산주의 군사조직인 베트콩(Veit Cong)이 디엠정권에 대한 게릴라전을 전개하였다. 이는 Veitnam Cong San으로 베트남공산주의자(Veitnamese Communists)라는 의미로 북 베트남의 지원을 받아 1960년 12월 20일에 조직하여 결성되었다. 미국의 지원을 받은 남 베트남과 중국과 소련의 지원을 받은 북 베트남 사이에 1960년 전쟁이 발발하였으며 디엠정권은 국민의 지지를 받지 못하였고 정권에 종사하는 공무원조차도 지지에서 멀어졌다. 남 베트남 정부군은 북 베트남군과 베트콩을 상대로 남 베트남에서 전선 없는 전장이 형성된 상황하에 어려운 전쟁을 하고 있었다. 1963년 11월 군사 쿠테타로 디엠대통령은 암살되었으며 군사정부가 들어섰다. 그리고 1964년 8월에 미국이 참전하였다

대한민국은 경제적 이해관계와 미국의 종용이 맞아 떨어져 1964년 9월 11일에 비전투요원과 이동외과병원 130명, 태권도 교관 10명을 파견하였다. 1965년 3월 10일에는 공병대를 중심으로 한 비둘기부대가 파견되었으며, 1965년 10월에는 맹호부대 사단과 해병대 여단 청룡부대가 파견되었다. 그리고 1966년 백

마부대 사단이 파견되어 총 30만 명에 이르렀다.

1972년 월맹의 대대적인 공격이 있었으며 1975년 4월 30일 사이공의 함락으로 전쟁이 끝났으며 이를 제2차 베트남전쟁이라 한다. 또 1970년 캄보디아, 1971년 라오스로 확전되었기 때문에 제2차 인도차이나전쟁이라고도 하였다. 이 전쟁은 미국이 악전고투의 수렁에 깊이 빠진 골치 아픈 전쟁이었다.

한국군의 베트남 파병의 명분은 자유수호와 반공성전이었지만 그것은 애매한 명분이었다. 애초부터 장병들은 명분을 모른 채 가난 때문에 돈을 벌기위해 그냥 지원하여 파병이 되었던 것이다. 당시 남베트남 군의 사병 월급도 파병 한국병사들이 받는 월급과 거의 같았다.

박정희 정권의 한국군 파견은 한국군 현대화와 경제개발을 목적으로 한 파견이었다. 파월장병들은 미국으로부터 받은 전투수당 중 개인은 1/3만 받고 나머지 2/3는 국가에 헌납 되어 경부고속도로를 건설하고 또 경제개발을 위한 외화가 되었다. 국가가 돈을 벌기위한, 이를테면 국가적 용병으로 파견된 것이었다. 그러나 5,099명이 전사하였고 만 6천여 명이 부상을 당했으며 또 많은 수의 제대한 장병들은 고엽제후유증으로 고생하며 사회생활까지도 지장을 받았다. 2세까지로 고엽제후유증을 물려주었으며 그 수는 후세를 포함하여 무려 13만 명에 이르렀으며 상당수가 후유증으로 죽기도 하였다. 고엽제후유증은 지금까지도 심각하게 현재 진행형이다. 대가치고는 너무나 큰 대가를 치렀다. 참고로 베트남은 민간인이 2백만 명 이상이 사망하거나 부상을 당하였다.

파월 한국군은 9천여 명의 베트남 민간인을 학살하였고 베트남 여성에 집단윤간을 하였던 불명예를 가진 가해자인 전범이고 동시에 전쟁 피해자이기도 한 것이다. 일제 때 일본군의 한국 여성에 대한 성노예의 결과물인 정신대 문제를 생각하게 하는 떳떳하지 못한 참전이기도 한 셈이었다.

강 중위는 베트콩과 몇 번 교전을 하였다. 한 번은 고지를 포위하여 공격해 올라가는데 부하가 베트콩 총에 부상을 당하여 후송시키고 계속 전진하여 고지에 도달해 보니 다 도망을 가버린 듯 아무도 없었다. 그곳에는 아군 유탄발사기에 두상을 맞은 듯 사람의 뇌가 나뭇잎들에 흩뿌려져서 널브러져 있었으나 베트콩 시신은 발견하지 못하였다. 그 잔인한 장소에서는 피비린내가 진동하여 역겨웠다. 전쟁의 참상을 목격하였고 전투의 여운이 남아 있는 주변에 배어있는 진한 전쟁의 냄새를 맡아 보았다.

그는 소대장으로서 자신의 한이 된 국가에 의한 부모의 잔인한 학살의 기억으로 전투에서 적이든 민간인이든 살상에 민감하게 주저하였다. 가능한 전투에 참가를 하지 않기를 바랐지만 소대장의 임무와 파병의 의미를 잘 알고 있으므로 전투에 참가하지 않을 수는 없었다.

월남 전선에서 강 중위

월남에서 빨리 전쟁이 끝나고 평화가 오기를 간절히 기원하였다. 그에게는 국가에 의해 순박한 양민인 부모가 학살당했던 일에 대한 복수의 한 방법으로 먼 이국의 군인과 민간인을 잔인하게 살상함으로써 대신 보복하고 싶은 마음이 없지는 않았다. 그러나 내 나라에서 당한 것을 남의 나라 월남에서 화풀이를 한다는 것이 얼마나 비겁한 일인가. 진상은 몸을 부르르 떨며 자조하였다. 이성과 양심이 도저히 허락할 수 없는 생각이었다. 어찌 되었든 그의 트라우마(Trauma)는 살상에 관한한 주저가 심하였다. 닭조차도 잡는 것을 피하고 외면하지 않았던가. 살상의 야만과 평화의 정의 사이에서 갈등하였고 생명의 탈취와 보호 사이에서 고민하였다. 그리고 전쟁과 평화에 대하여 깊이 생각을 했다. 전쟁은 무엇 때문에 하는가. 왜 평화가 있어야 하는가. 진상의 머리는 어지러웠다.

참다운 인간은 평화가 있는 곳에서 존재 하지 않는가. 평화와 정의가 있는 곳에서만 진정한 인간이 존재하고 인생이 있다고 생각하였다. 그렇지만 진상의 목표였던 자신을 포박하고 있는 불편한 과거의 멍에를 끊어내기 위하여 장교가 되었고, 군인으로서의 장교는 전장에서 전투를 지휘해야 하는 임무와 평화를 갈구하는 종교적 마음 사이에서 갈등하였다.

진상은 그러한 모순 속에서 자신의 입지를 고민하였다. 국가에 의해 부모가 당한 학살, 그것도 모자라서 빨갱이라고 매도되어 손가락질을 받는 자신, 또 자식들의 장래에 대한 연좌제로 받을 불이익에 관한 연결고리를 끊으려고 장교가 되어 전장에 있는 자신에 대하여 깊이 사유하였다. 그렇지만 전장에 있는 자신은 현실이었다. 평화는 이상이었다.

대한민국은 '평화의 사자'로서 멀리 떨어진 남의 나라에까지 와서 '전쟁'을 하고 있지 않은가. 평화의 사자가 남의 나라 사람들을 살상하고 있지 않은가. 평화와 전쟁, 분명 그것은 모순된 개념이었다. 그런데 베트남 전쟁에서는 평화의 사자와 전쟁이 공유 되고 있지 않은가. 정말 웃기고 있는 것이 아닌가. 정말 인간사는 모순덩어리로 머리가 땅하고 아팠다. 인간은 모순 속에서 살 수 밖에 없는 존재임을 다시 한 번 깨달았다. 그렇지만 평화를 마음속 깊이 간직하고 싶었다. 평화와 정의가 실현되는 이

상향을 마음속에 두기로 하였다. 진상은 베트남 전장에서 정신적으로 심한 성장통을 앓았다. 다행히 부대의 평화적인 대민작전으로 한국군에 대한 적대감이 많이 완화되었으며 다만 베트콩의 공격으로부터 방어를 할 때만 전투를 하는 상황은 심적인 부담이 적었다. 베트남의 전장에는 인명이 살상되는 살벌한 전쟁만 있었던 것이 아니었다.

하루는 완전무장을 하고 소대원을 이끌고 언제든지 사격을 할 수 있는 전투대형으로 작전지역에서 작전수행을 끝내고 귀대 도중에 어미 멧돼지가 새끼들을 데리고 있는 떼를 만났다. 소대원들은 그 멧돼지 떼를 포위하고 포위망을 좁히며 압축하였다. 그런데 어미 멧돼지가 병사들의 사이를 돌진하여 빠져 도망을 가버리고 새끼 멧돼지들만 남아 있어서 전부 포획하여 부대로 돌아 왔다. 베트남인들은 돼지고기를 매우 즐기므로 그 멧돼지 새끼들을 인근의 베트남 마을 주민에게 팔았고 판매한 돈으로 소대원들에게 회식을 시켜 주었다. 또 다른 날에는 그날의 작전은 단용 강을 건너서 베트콩을 수색하는 작전이었다. 걸어서 도강하기는 강심이 깊었고 상류로 올라가면 강이 얕아서 그냥 건널 수 있었지만 좀 멀었다. 그런데 바로 그 위치에서 도강하고 싶었다.

마침 가까운 곳에 보트 같은 나룻배 한 척이 눈에 띄었다. 소대원들에게 사주경계를 철저히 하라고 명령하고 두 병사와 같이 배를 탔다. 노가 없었기 때문에 경계를 하면서 손바닥으로 저어 나갔다. 그러나 얼마를 가다가 배에 물이 차기 시작하여서 위험을 느끼고 되돌아 나오다 강변 가까운 곳에서 강물 속으로 침몰하였고 그는 두 병사와 함께 강물 속으로 빠져버렸다. 위험한 상황이 되었다. 그런데 두 부하가 강변으로 나가려고 허우적거리고 있을 때 그는 소대장으로서 부하를 구해야 한다는 책임감으로 수영 실력을 발휘하여 두 병사를 강변으로 안전하게 데리고 나왔다. 그런데 한 병사가 소총과 철모를 강에 빠뜨린 것이 확인이 되었다. 전투 중 총은 생명이라고 강조하였던 그는 젖은 군복을 벗어 버리고 팬티만 입고 밧줄을 몸에 묶고 침몰한 위치로 헤엄을 쳐 강물 속으로 들어가서 손으로 바닥을 더듬어 훑었으나 없었다. 아마도 흘러서 아래쪽으로 좀 떠내려갔을 것이라 생각하였다. 꼭 찾아야 한다는 마음이 조급하였다. 그 위치에서 좀 하류 쪽으로 가서 강물 속으로 들어가 강바닥을 넓은 범위를 손으로 더듬어 훑었다. 손에 총과 철모가 반갑게 만져지지 않는가 반가웠다. 총과 철모를 손에 들고 강가로 나왔더니 소대원 전원이 열렬한 박수를 치며 '우리 소대장님이 최고'라며 환호성을 질러 댔다. 소대원을 수습하여 상류로 올라가 전투대형으로 사주경계를 하며 걸어서 단용 강을 건너 가 맡겨진 수색작전을 수행하고 무사히 귀대하였다.

침몰한 그 배는 대나무를 엮어 만들어 안쪽은 소똥으로 이겨 풀칠하여 말려서 사용하는 '깔풍'과 비슷한 낡은 전형적인 베트남식 배였다. 다소 무모하였지만 지금 생각해 보면 베트남 전장에서 있었던 아름다운 추억이었다.

막내 진화는 군에 입대하여 일병이 되면서 형의 권고대로 월남파병에 지원하였다. 그래서 막내가 월남으로 파병되어 왔고 같은 백마부대였지만 연대가 달라 강진상 중위의 주둔지에서 멀리 떨어진 연대에 배속되었다. 어떻게 해서라도 형이 있는 부대로 배치되도록 힘을 쓰려고 하였지만 그렇게 되지 않고 다른 연대로 배속되어 버렸다. 그는 베트콩으로부터 공격을 당하지 않도록 고공으로 비행하는 헬리콥터를 타고 동생이 있는 부대를 찾아 갔다. 헬리콥터는 그를 내려놓고 다시 본대로 귀대하였다. 중대본부를 찾아가 방문 용건을 말하였다.

"중대장님, 저는 일병 강 진화의 형입니다. 저는 28연대 3대대 10중대 1소대장입니다. 동생을 만나고 싶어서 이렇게 방문하였습니다."

"아 그래요. 인사계, 강진화 일병이 지금 임무 수행 중인지 아닌지 알아보라."

"강 중위, 이곳에 앉아 기다려요. 강 중위 부대는 전투 상황이 어떻습니까?"

"이곳이나 우리부대나 만찬가지겠지요."

이때 인사계가 와서 보고하였다.

"강 일병 임무 수행하고 지금 귀대 중이랍니다." 한참을 기다리니 동생이 완전무장 차림으로 중대본부로 들어와 거수경례를 하였다.

"진화야 형이다. 건강하게 임무 수행 중이었구나. 참 대견하다."

그는 진화를 강하게 껴안았다. 진화는 기뻐서 눈물을 글썽거렸다.

"헹님. 잘 지냈읍니꺼. 저는 건강하게 잘 지내고 있읍니더."

그도 눈가에 눈물이 고였다. 전선 없는 전장에서 언제 죽을지도 모르는 생사가 불확실한 전투 상황에서 형제가 만나는 것은 참으로 감격적이었다. 감회가 남달랐다. 그날 강진상 중위는 본대로 귀대할 수가 없으므로 동생의 부대에서 잠을 잘 수밖에 없었다. 야전 막사에 중대장이 마련해준 야전 침대에서 진화와 함께 밤을 보냈다.

"진화야. 니가 월남에 올 때 고모님은 만나보고 왔나?"

"아니오, 철원 헹님 집에까지 가 고모님을 뵐 시간이 없어서 그냥 파병되고 말았읍니더."

"고모는 우리 형제들의 어머니나 다름 없데이. 니는 다른 형제들보다도 고모는 특별하데이. 니 애기 때 밥도 씹어서 너를 먹여 키웠던 것 기억나나?"

"기억나지 않씁니더. 헹님 내일 어떻게 귀대할낍니꺼?"

"으응, 내일 오전에 그 헬리콥터가 다시 오게 되어 있데이."

"아 헹님 한 분 데리러 헬리콥터가 또 옵니꺼. 야 장교는 역시

다릅니더."

"으응. 그렇단다. 부대와 부대사이에서 운행되는 일종의 버스와 같은 셈이지."

"내는 헹님이 장교가 되어 있는 것이 자랑스럽습니더."

"그래 고맙다. 니가 알다시피 장교 되기가 어데 쉽드나. 참으로 어렵게 장교가 되었데이. 우리 형제들은 그 악몽 때문에 얼마나 고생을 했드노. 생각만 해도 악이 받친데이." "헹님. 몸 조심하이소. 베트콩들은 장교만 조준하여 쏜다 합디더."

"니도 몸 조심하그레이. 원래 이곳은 해병 청룡부대가 주둔하였으나 워낙 주민들의 원성이 커서 청룡부대는 다른 곳으로 이동했고 대신 우리 백마부대가 주둔하여 처음부터 대민사업을 잘하여 상당히 분위기를 좋게 바꿔 놓았지만 그래도 매사에 신중하게 처신하그라."

"예, 잘 알았습니더."

"베트콩은 세계에서 가장 용맹하고 강군이나 다름 없데이. 여하튼 조심하그레."

"예, 조심하겠습니더."

그날 밤 어머니의 꿈을 꾸었다. 어린 시절 아기 진화에게 젖을 물리고 진상에게 웃으며 떡을 먹으라고 하는 생생한 꿈이었다. 꿈속에서 행복했다. 아마도 진화와 같이 잠을 자니 꾸어진 꿈인 것 같았다.

이튿날

"진화야, 몸 건강하거라. 건투를 빈데이. 작전 중에는 적들을 잘 감시하고 민첩하게 행동해야 한데이."

"예, 헹님 잘 가이소. 헹님도 건강하이소."

그는 동생과 아쉬운 이별을 하고 아침나절에 헬리콥터를 타고 본대로 귀대하였다.

1970년 6월 13일, 딸을 익산 친정에 가서 출산을 하였고 고모는 부산의 큰형 집으로 갔다는 편지를 받았다. 기쁜 소식이었다. 진상은 딸 이름을 '월순' 으로 지어서 편지를 보냈다. 아버지 노릇을 제대로 한 것 같아서 기뻤다. 아버지가 월남에 있을 때 낳았다는 의미였다.

1970년 12월에 월남파병 근무를 마치고 귀국하였다.

큰형과 동생 조카에게 줄 베트남 부대 PX에서 TV 2대를 포함하여 많은 선물을 샀다. 파병 갈 때도 부산에서 갔지만 귀국 할 때도 역시 부산으로 돌아왔다. 큰형 집으로 가 귀국 인사를 하고 형수, 조카들, 동생 진국이 모인 자리에서 귀국 보따리를 풀었다. 큰형에게 TV를 선사하였다. 좋아서 어찌할 줄을 몰라 하였다. 조카들에게도 선물을 나누어 주었다.

진상이 경기 청평의 집으로 가지고 갈 TV를 동의도 구하지 않고 동생 진국은 가지고 가버렸다. 괘씸한 생각이 들었지만 이미 가지고 가버린 후라 어찌 할 수가 없었다.

1970년 당시는 엔간히 잘 사는 집이 아니면 TV를 가진 집이 거의 없었다. TV 역사상 가장 인기가 좋았던 〈여로〉가 방영이 되어 서울이나 부산에서조차 TV가 있는 집에서는 동네 사람들이 모여서 보던 시절이었다.

진상은 형 집에 쉬면서 베트남 전쟁 수당 1년 치를 은행에서 찾아 큰형에게 주었다. 그 전쟁 수당은 집 한 채를 살 수 있는 돈이었다.

"형, 형은 우리 집안의 좌장이므로 집이 있어야 합니더. 그래야 형제들이나 조카들이 명절 때나 제사 때 모이게 될 것 아닙니꺼. 큰형으로서 역할이 큽니더. 알겠습니까. 그래서 저가 내 베트남 전쟁 수당 전부를 형에게 준 것입니더."

"알겠다. 이렇게 큰돈을 내게 주어서 되겠나. 고맙다. 꼭 집을 사끄마."

"어쨌든 꼭 집을 사이소. 올해부터 당장 형제들과 조카들이 만날 수 있도록 해 주이소. 고모도 모셔야 하므로 꼭 사야합니더."

"그렇게 하끄마. 내가 변변치 못해서 미안하다."

진상은 엉망진창이 된 집안을 일으켜 세우고 싶은 간절한 마음으로 그런 결정을 하였다. 할아버지의 유언이기도 하였다. 그리고 다음날 서울로 와서 육군본부로 가 입국 신고를 하였다. 귀국하자마자 대위로 진급하였다. 진상은 전북 남원 산내면 뱀사골 입구에 주둔하여 제4유격단 창설 요원으로 배속되어 유격단을 창설하는 임무를 수행하였고, 중대장으로 보임을 받아 주로 지리산을 중심으로 대간첩 및 수색 작전을 하였다.

대간첩작전을 하거나 비상이 걸려 군경이 합동 훈련을 할 때는 괜히 트집을 잡아서 경찰들을 기합도 주고 귀찮게 하였다. 경찰 입장에서 볼 때 좀 지나치다 할 정도로 모질게 하였다. 어린 시절 경찰에 의해 아버지, 어머니가 돌아가신 것에 대한 보복심리가 본능적으로 작용하였기 때문이었다.

가족을 부대 인근의 남원 산내면 마을에 방을 얻어 이사를 시켰다. 벌써 식구는 아들과 딸이 있어 네 식구가 되었다. 진상은 귀엽고 사랑스런 아들, 딸이 있어 행복하였다. 그렇지만 아내는 여전히 삼층밥을 하고, 반찬도 정갈스럽지 않아 좀 짜증이 났다. 대충 아침을 먹고 부대에 출근하면 속이 불편하였다.

"여보 지리산 속에 와서 우리 가족이 이렇게 오붓하게 살고 있으니 행복이 느껴집니다. 행복이라는 것은 다른 것이 아니고 또 멀리 있는 것도 아니고 바로 우리의 이런 생활을 말한 것일 끼요."

"저도 행복합니다. 이런 행복을 오래오래 지니고 싶습니다."

"그런데 여보, 이젠 삼층밥 고만하고 반찬도 정갈하게 하면 참 좋을 텐데. 아침을 성그답게 먹고 출근하면 부대에서 근무 중에 속이 거북합니다. 이제는 좀 제대로 된 밥하고 소박한 맛깔스런 반찬을 우리들 밥상에서 먹어 보고 싶습니더. 하 하."

진상은 진실이었다. 아내가 해준 제대로 된 따뜻하고 먹음직한 밥에다가 입에 맞는 반찬을 먹어 보는 것이 바람이었다. 여태까지 한 번도 제대로 된 밥상을 받은 기억이 없었다. 밥상다운 밥상이라면 얼마나 더 행복할까 하고 생각을 했다.

"예, 나도 잘 한단다고 해도 솜씨가 참 고쳐지지 않아 고민입니다."

"좀 신경을 써서 우리 이길수 씨가 한 음식을 맛있게 먹을 수 있게 해 주소."

"예, 미안합니다. 할 말이 없습니다."

"여보, 내 군복도 깨끗하게 빨아 다리미질을 하여 주소. 군복을 다리지 않고 그냥 입고 다니니 부하들 보기도 민망하고 다른 장교들에게도 체면이 말이 아닙니더"

"그러고 보니 내가 너무 소홀했던 것 같습니다. 노력을 해 보겠습니다."

진상은 아내를 살포시 꼭 안았다. 아내의 가슴 속으로 파고들었다. 어머니를 느꼈다. 어머니의 품안 가슴 같았다.

"어머니, 어머니, 어머니"하고 불렀다. 눈가에 눈물이 돌았다. 어머니가 그리웠다. 아내의 사랑스런 손길이 진상의 등을 다독다독거려 주니 어머니의 사랑의 손길 같았다. 참 행복한 부부간의 시간이었다. 서로 간의 사랑을 확인하고 소통이 가치가 있음을 아는 시간이었다.


1971년 늦은 봄, 노랗게 알이 영글어 가는 보리가 밭이랑에서 산들 거릴 때 중대장용으로 사용하는 지프차를 운전병이 운전하게 하여 실탄을 장전한 탄창을 넣은 중대장용 권총을 차고 자갈길을 터덜거리며 몇 시간 걸려서 합천 삼가 고향에 도착하였다.

'내 이놈 조점도를 꼭 이 권총으로 오늘 죽이고 말겠다. 쥐도 새도 모르게 깊은 산골짜기로 데리고 가서 없애 버리리라.' 하고 마음속으로 다짐하였다.

차창 밖에서 불어오는 시원한 바람은 착잡한 마음을 씻어 내렸다. 담배 한 대를 피워 물고 깊은 숨을 담배연기와 함께 길게 내뿜으니 가슴이 확 트이는 것 같았다. 그리고 어린 시절 이른 아침 삼가지서에서 일어났던 그 일을 떠올렸다.

조점도가 누구인가.

1950년 7월 23일, 이른 아침 어머니를 찾으러 삼가지서에 갔을 때 이남원 지서장에게 귓속말로 "야도 그 집 자식인데 없애 뿌리지요."라고 한 경찰 끄나풀이었다. 그 동안 그 사람의 인적사항과 근황을 조사하여 확실하게 파악하고 있었다. 그때 진상은 지구 끝까지 찾아가 원수를 갚겠다고 하지 않았던가. 그 기회가 바로 오늘로 잡혀 있었다. 먼저 고향 동네를 이리저리 돌아다니며 고향의 풍경을 만끽하였다. 참으로 마음 아린 감회가 깊었다. 고통의 추억이 너무나 생생한 고향이 아니던가. 잊고 싶어도 잊어지지 않은, 그래도 고향이 아니던가.

진상의 슬픈 사연을 알고 있을 양천강은 유유히 흐르고 있었다. 그리고 소년 시절 머슴살이를 한 한성여관 안 채 쪽으로 들어갔다. 아직도 여전히 여관과 식당을 하고 있었다.

"실례 합니더. 계십니꺼?"

이때 여관 여주인이 나왔다.

212

"어떤 일로 오셨읍니꺼? 식사를 하려면 식당으로 가시이소."

베레모에 대위 계급장과 유격대 표식의 군장을 단 군복 차림은 삼가 시골에서 보기 힘들고 좀 특별한 무거운 분위기를 자아냈다. 더군다나 허리에는 권총까지 차고 있었으니 어찌 보면 긴장도 되고 몰라볼 수 있을 것 같았다.

"어머님, 저입니더. 저 진상입니더. 그 동안 안녕하셨읍니꺼. 저 진상 입니더. 군복을 입고 있으이 쉽게 알아보지 못 하네요."

"아이구나 니가 진상이가. 전혀 모르겠다. 몰라 봐서 미안데이. 야 너 높은 군인이 되어 왔구나. 참 너 고생은 많았데이. 얼마나 힘이 들었드노. 니가 이렇게 높은 장교가 되었으니 내가 더 기쁘데이."

"영근 형은 어데 근무합니꺼?"

"다른 학교로 갔다가 다시 삼가중학교에서 근무하고 있데이. 밖에 있는 짚 차는 니가 타고 왔나?"

"예. 저가 타고 왔읍니더."

"야 진상아 니 차 나도 한 번 타 보제이. 이런 차는 보기는 했어도 한 번도 타보지 못했데이."

실제로 삼가 시골에서는 지프차를 보긴 했어도 순박한 어머님은 타보지 못 하였다.

"야 운전병. 시동 걸어라. 동네를 한 번 더 휘둘러보자. 어머님 여기 뒷자리에 타세요."

동네를 한 바퀴 돌아서 거리도 구경하고 한성여관으로 다시 돌아 왔다.

"들어가자 방으로, 점심때가 되었으니 우리 점심이나 먹으며 이야기 하제이."

금시 밥상이 들어 왔다.

"야 운전병, 우리 점심 먹자."

어머님은 여러 가지를 물어 보았다. 군대 입대, 중사 생활, 장교 임관, 월남 파병 그리고 지금은 전북 남원에 주둔하며 중대장을 하고 있다는 것 등을 이야기해 주었다. 또 형제들의 이야기도 해 주었다. 그러는 사이 점심을 먹은 운전병은 밖으로 나가 차에 대기 하고 있었다.

"어머님. 하나 물어 볼 것이 있습니다. 혹시 조점도라는 사람을 알고 있습니꺼."

"그래 알다마다. 참 나쁜 짓 많이 했데이. 사람 못할 짓 많이 했데이."

"지금도 여기 살고 있습니꺼."

"진상아, 니 권총차고 온 것 본께네 혹시나…."

강 대위는 말없이 웃음으로 답했다.

어머님은 진상으로부터 묘한 살殺의 분위기를 느꼈다.

"내 느낌으로는 니가 그 사람에게 몹쓸 짓을 할라고 온 것 같데이."

"…"

"그 사람이 살아 있다 하드래도 그러면 안 된다고 말렸겠지만,

214

그 사람은 이미 죽고 이 세상에는 없는 사람이데이."

"아 그렇습니꺼. 사실은 어머님의 그 느낌이 맞습니다."

"그 사람은 비록 폐인이 되어 있었어도 멀쩡하게 살아 있었데이. 하지만 쌍백면 좀 지나 '아지재'에서 어느 날 시체로 발견되었다고 하더라"

"아 그랬구나. 그 사람은 제 명에 못 살고 객지 횡사를 한 셈이네요."

"그런 셈이지."

진상은 자신이 없애지 못한 아쉬움이 커 얼굴이 화끈거렸다. 무엇인가 섭섭하였다. 아 아 누가 벌써 해치워버렸구나 하고 거의 확신이 갈 정도로 느낌이 들었다.

월남 전선에서도 살상만큼은 주저하지 않았던가. 인간 생명의 존엄을 가치로 생각하지 않았던가. 그래도 뼈에 사무친 원한이 의식의 밑바닥에서 꿈틀거려 살상을 할 뻔 했는데 원한을 가진 다른 사람이 없었다고 생각을 하니 차라리 마음이 편해졌다.

순간의 상념에서 벗어났다.

"그 자식들은 어데서 살고 있습니꺼?"

"아들들은 대처로 나가 살고 있고 딸은 이곳에서 살고 있다고 하드레이."

"그러면 어머님 저는 일어나 가겠습니다. 저가 해야 할 일이 없어져버렸습니다. 삼가중학교에 가서 영근 형에게 인사나 하고 가겠습니다."

"그래 알았다. 고향에 오면 또 들리그레."

"어머님 몸 건강하시고 늘 행복하십시오. 고향에 오면 또 들리겠습니더. 안녕히 계십시오."

어머님은 떠나가는 차를 한참 바라보았다. 진상이 원수로 대고 있는 사람을 없애 버리려고 왔던 오늘 일이 묘한 감정을 일으켰다. 사람이 나쁜 짓을 하고 남에게 몹쓸 짓을 많이 한 사람은 제 명에 살지 못하는구나 생각하며 그 자리에서 우두커니 서 있었다. 그 불쌍했던 애가 저렇게 떳떳한 육군대위가 되어 찾아 온 것이 믿어지지 않았지만 자랑스럽게 느껴졌다. 어린 시절 진상의 모습에 지금 진상의 당당한 모습이 겹쳤다.

진상은 담배 한 개비를 피워 물었다. 가슴이 시원했다. 삼가중학교 운동장으로 지프차를 조심스럽게 운전하게 하여 교무실 앞에 정차하도록 하고 교무실로 들어가 성영근 선생을 찾았다.

"어 니 누구고, 진상이 아이가. 야 니 대한민국 육군대위가 되었네. 반갑데이."

"영근 형 그동안 안녕하셨습니꺼. 형님이 염려 해준 덕으로 이렇게 장교가 되었습니더."

"그래 어이된 일이고. 언제는 중사로 찾아 오드마는 지금은 장교로 찾아 왔으니. 도깨비가 장난 친 것 같데이. 더군다나 특수전투복에 베레모를 쓰고 권총까지 차고 왔으니 뭔가 긴장된데이. 훈련 중이가."

그는 깔깔대며 크게 웃었다. 그도 그럴 것이 그렇게 보일 것도 같아서 웃었다. 아마도 그 이유를 어머님을 만나 이야기 들으면 알 것이라고 생각했다.

"영근 형, 좀 해야 할 일이 있어서 이렇게 왔습니더. 너무 신경 쓰지 마이소."

"그래 알았데이. 운동장에 있는 지프차를 니가 타고 왔구나."

"예. 여관에 가 어머님을 만나서 이런저런 이야기도 하고, 점심도 얻어먹고 돌아가려고 나온 김에 형님께 인사나 하고 가야겠다 생각하고 들렀습니더." "그래 잘왔데이. 조금만 있으면 퇴근해도 되는데 막걸리 한잔하면서 회포나 풀자구나."

"고맙씀니더. 다음 기회로 미루지요. 갈 길이 멀고, 해도 얼마 남지도 않았고 해서 고만 돌아가겠습니더"

"니 주둔지는 어덴데. 머나?"

"전북 남원 산내면 뱀사골 어귀 특수부대인 제4유격대 중대장으로 있습니더. 자갈 길을 가려면 시간도 제법 걸립니더."

"으응 알았데이. 다음에 들리면 만나서 한잔 하자꾸나."

일어서서 교무실을 같이 나왔다.

"영근 형 안녕히 계십시오. 건강하시고요."

"너의 앞날에 좋은 일만 있기를 바란데이. 건승을 빈데이."

성영근 선생은 먼지를 일으키며 떠나가는 지프차에서 눈을 떼지 못하고 늠름한 진상의 전도에 성공이 있기를 빌었다.

진상은 담배 한 개비를 피워 물었다. 마음이 편안해졌다. 시원한 차창 밖의 바람이 상쾌했다. 이런 기분이 오래 갔으면 하고

바랬다. 하모니카를 꺼내서 기러기 노래를 불렀다. 어머니 생각
이 났다.


　1972년 봄에 제4유격단은 제5공수여단으로 재편되면서 경기
도 부평 옛 미군 주둔지로 부대가 이동하였다. 가족들도 부평으
로 따라서 이사를 하였다. 그는 공수부대의 실전을 방불케 하는
C-46 공수 비행기를 타고 낙하훈련을 부하들과 함께 주 4회 몸
소 철저히 훈련하였다. 공수부대의 주 임무가 특수전에 투입되
는 것이므로 고난도의 낙하기술을 익히는 훈련을 철저히 하며
중대장으로서 실전에 대비한 실력을 다져 나가고 있었다. 그리
고 부하들의 공수낙하 훈련을 철저히 시켰다. 그리고 소령 진급
시험에 대비해서 공부도 열심히 하며 부대생활이 바빴다. 연일
훈련에 고되기도 하였지만 몸을 아끼지 않고 훈련했다.


　모처럼 집에서 쉬고 있는 한가한 어느 날 저녁때
　"여보 장교 부인들 모임에 가면 신경을 써서 사교를 하여 주었
으면 좋겠습니다. 장교 부인은 장교나 다름 없습니다. 솔선수범
이 장교들의 덕목인데 그들의 부인도 남편 따라 그런 미덕을 보
여야 합니다. 장교 부인은 자기 자신을 낮추고 남을 배려하며 겸
손의 품성을 가져야 합니다."
　이때 아내의 얼굴은 붉어지며 좀 당황한 눈치였다.
　"왜, 무슨 일이라도 있었읍니까. 나는 신경을 써서 장교 부인

의 처신을 한단다고 했는데…."

"좀 기분이 언짢아도 내 말을 살갑게 들어 주이소. 다 나나 당신에게 덕이 되는 일이오."

"나는 이젠 그런 장교 부인들 모임에 안 갈랍니다."

"성질도 참, 마음을 조금 넓게 가지면 내 말이 그렇게 고깝지 않게 들릴텐데."

"그래도 입장을 바꾸어 생각해 보소. 듣기 따라서는 내가 당신이 말하는 장교 부인의 미덕이 없는 여자라고 들릴 수 있습니다."

"헤 에, 고집은. 당신은 이름이 '이길 수數' 여서 그런지 모르겠지만 내 말을 순하게 들어 주면 됩니더. 수數는 운수의 약자라 합니다."

"그래 내가 '이길 수' 이기 때문에 남을 이겨야 내 속이 시원합니다."

"오늘 그만합시더. 내가 졌소. 모처럼 편히 쉬는 날에 미안합니더."

진상은 담배 한 대를 피워 물고 담배연기를 내뿜었다. 공중에 원을 그리며 회오리를 만들었다. 탁 막힌 가슴이 확 트이는 것 같았다. 그는 소령 진급신청을 하였다. 그러나 육군보안대의 신상조사에서 아버지의 보도연맹 기록이 나타나 악몽의 연좌제가 진상의 앞을 막았다. 소위 임관 때는 무사히 통과가 되었지만 고급장교 진급 때는 좀 자세히 조사를 했던 것 같았다.

진상이 연좌제의 족쇄를 풀려고 얼마나 노력하였던가. 연좌제의 고리를 끊으려고 얼마나 힘을 썼던가. 결국은 소령 진급에서 발목이 잡혀버렸다. 그는 대위까지로도 만족하였고 국가에 대하여 어느 정도 보복을 한 셈이 되어 마음이 편했다.

1973년 9월에 대위로 예편하였다.

대대장은 강 대위의 예편이 속이 상한 것 같았다.

"강 대위, 내가 경찰 초급 간부로 추천할테니 가겠소?"

"아, 대대장님의 부하에 대한 관심과 사랑에 감사합니다. 저가 능력이 있어야지요. 감당 할 자신이 없습니다."

"에이, 강 대위 뭐 그런 겸손한 말을 해요. 강 대위의 군에서 경력과 능력이라면 경찰에서도 유용하게 필요로 할 것입니다."

"대대장님, 과찬의 말씀입니다."

"내, 강 대위라는 인물이 아까워서 하는 말이요. 강 대위야 말로 군에서 필요한 사람인데 진급을 못 하였으니 정말 아깝소."

대대장은 두 번이나 아깝다는 식으로 말을 하는 것을 보니 강 대위가 군을 떠나는 것이 안타까운 것 같았다. 그렇게까지 마음을 써 준 대대장이 고마웠다. 제대하여도 실은 딱히 먹고 살 일이 걱정은 되었다. 마음 같아서는 받아들이고 싶었지만 부모를 총살한 경찰의 '경' 자만 들어도 치가 떨리는데 그 심정을 누가 알랴. 대대장도 강 대위의 그런 사정과 마음을 알 턱이 있겠는가.

"대대장님의 진심을 받아들일 수 없는 저가 면목이 없고 죄송합니다. 대대장님의 그 마음을 잊지 않고 오래도록 기억하겠습니다."

　부대의 정문을 나서는 순간 무엇인가 마음이 허전하였다. 다시 한 번 뒤돌아서 부대를 보고 담배 한 대를 피워 물었다. 입으로 뿜어내는 담배 연기에 눈물이 묻어 나왔다.

　월남에서 귀국 후 예편까지 약 3년 가까이는 단출한 가족들과 행복한 가정생활을 하였던 기간이었다. 아름답고 소중한 기간이었다. 군에 있을 때 고된 훈련으로 바쁘기도 하였지만 시간이 나면 자식들과도 놀기도 하고 손을 잡고 산보도 한 다정한 아버지로서 뿌듯한 역할을 하였었다.

# 사회생활의 좌절
## - 자살기도와 이혼

막상 예편하고 보니 먹고 살아 갈 일이 막막하고 문제였다. 제대하자마자 서울에 사는 외종사촌 누님의 소개로 서울 서대문구 홍제2동에 방이 4개, 마루, 부엌이 있는 ㄷ자형 집을 퇴직금과 모아 둔 돈으로 집을 한 채 샀다. 집의 땅은 시유지로 되어 있어서 등기를 할 수가 없었으나 건물만 진상의 명의로 등기를 하였다. 제대로 된 집이 아니어서 신경이 쓰이고 찜찜하였으나 이미 엎지른 물이었다. 집은 있으나 가족의 호구지책을 해결하여야 했다. 그래서 방1개에서 4식구가 살고 방 2개는 사글셋방으로 내어놓았다. 골목길과 면해 있는 방은 가게를 만들어 아내와 함께 19공탄 판매와 국수 장사를 시작했다. 국수를 만들고 파는 것은 아내가 했다. 진상은 19공탄을 담당했다.

동네는 북향의 산비탈에 위치해 있어서 손수레인 리어카를 사

서울 홍제동 집 - 가게를 열기 전 모습이다.

용하여 배달하기가 어려워 연탄을 지게에 지고 배달을 해야만
했다. 어린 시절에 힘든 지게질을 많이 했지만 이 연탄 지게질은
매일 시시때때로 하여야 하였고, 무거운 연탄을 지고 배달하는
일이야 말로 하루 이틀이지 정말 힘이 들었다. 장교의 자존심도
버리고 어린 시절의 그 고통을 생각하며 열심히 하였다. 그러나
돈은 모아지지 않았고 생활은 더욱 궁핍해져 생활고로 인해 아
내와 다투는 일도 일상이 되다시피 하였으며, 아내와의 불화가
날이 갈수록 도를 더했다. 시간이 흐를수록 적자만 누적이 되었
고 부채는 늘어났다. 그래서 사업을 접기로 하였다. 얼마 후에
사업을 다 정리하고 문을 닫았다. 사회생활 첫 사업은 처참하게
실패를 한 셈이었고 오히려 가정불화는 더 심해졌다.

"여보, 월남 파병 전에 한꺼번에 일 년 치 봉급을 받아 친정에 사 놓았다는 다섯 마지기 논을 팝시더."

진상은 생활이 어려워서 파병 전에 사논 땅이 생각났다. 먹고 살만할 때는 일절 신경을 쓰지 않은 땅이었다.

"그 논은 없습니다. 어려울 때마다 친정에서 돈과 쌀을 가져와 서 우리가 먹고 산 것을 모릅니까."

"그 논이 없단 말은 그 많은 돈이 한 푼도 남아 있지 않다는 말 인데 어이 된 일이오?"

진상은 한심하고 난감했다. 처가에 사논 땅 뿐 아니라 군 생활 로 나온 월급 등을 다 아내에게 주었지만 한 푼도 저축이 되어 있지 않았으니 참으로 황당하였다. 현실의 삶이 괴로웠고 처자 식을 먹여 살리기에 자신감이 없어져 버렸다. 심한 자괴감으로 좌절되어 나약한 진상이 되었다. 하사관과 장교의 군 생활, 그 패기 넘치고 당당한 자존심의 진상은 사회생활의 어려운 시련 으로 다시 밑바닥까지 떨어진 참담한 신세가 되었다. 다시 주눅 이 들어 온 몸이 움츠러들어 어린 아이 같이 되어 버린 듯하였 다. 앞으로 어떻게 살아갈 것인가 엄두가 나지 않았다.

나이가 들었어도 진상은 어머니에 대한 그리움은 간절했다. 담배 한 개비를 피워 물고 연기를 길게 내 뿜었다. 식은땀이 온 몸을 적셨다. 아내는 집이 있으므로 아이들을 데리고 굶주리지 않고 살아 갈 것이라 생각하고 무작정 집을 나와 발길 가는 대로 길을 나섰다. 답답한 기분을 해소하기 위해서 나선 것이다. 아내가 진상에게는 말하지 않은 비밀스런 돈이 어딘가 있겠지 생각을 하니 발걸음이 좀 가벼웠다. 그러나 눈물이 앞을 가렸다. 가출해야만 하는 자기 자신이 너무 비참했다. 목적 없이 떠난 그는 생전 가보지 않았던 강원도 속초의 바닷가에 있는 것을 알았다. 초가을 저녁때가 되었다. 소주 몇 병을 들고 방파제로 갔다. 방파제의 바람은 추위가 느껴질 정도였다.

자신의 신세를 한탄하며 깡소주를 들이켰다. 취기가 돌았다. 험난했던 어린 시절과 소년 시절, 초기 청년 시절에 주눅이 들어 움츠리며 살면서도 죽는다는 것은 생각하지 못했었다. 그러나 지금은 그때와 다르다. 죽고 싶었다. 방파제에서 바다로 몸을 던져서 죽고 싶었다. 죽어 버리자. 죽으면 편해질 것 같았고 만사가 해결이 될 것 같았다. 죽고 싶은 생각이 그를 사로잡았다.

군대 중사시절에 참되고 진실한 사랑을 알게 되면서부터 인간과 인생이란 것이 무엇인가 알게 되지 않았던가. 또 고등단어와 고상한 언어를 알고부터 죽는다는 의미도 알게 되었다. 어른이 되니 생각이 복잡해지고 복잡한 생각 속에 죽음에 대한 의미도 들어 있는 것을 알았다.

심리학적으로 스트레스의 척도는 그 자체의 강도보다 그것에 반응하는 사람의 내성耐性에 의해 좌우되는 것이라고 한다. 어린 시절의 아버지, 어머니의 억울한 죽음과 그에 따른 엄청난 고통은 너무나도 큰 스트레스였었다.

어른이 된 지금 사업 실패에 의한 사회생활의 좌절과 그로 인한 처자식을 먹여 살릴 자신이 없는 나약함에 빠져 미래에 대한 불안, 그에 대한 스트레스는 어린 시절의 고통에 비하면 강도가 훨씬 작거나 아니면 아무 것도 아닐 수도 있었다. 어릴 때는 몰라서 힘들면 힘든대로 지냈지만, 어른은 아는 것이 너무 많은 까닭에 이런 불안과 고통을 느끼는 것이 아닐까. 이것이 어린이와 어른의 차이점이 아닐까.

지금 진상은 그 스트레스에 의한 반응의 내성이 어릴 때에 비하여 현저하게 너무 떨어져 있는 것이 아니었을까. 그래서 그 스트레스 때문에 심한 우울증이 왔던 것이고 우울증도 마음의 병이므로 아프고 통증에 시달리는 것이 정상적인 몸의 반응이기에 자살을 생각한 것일 것이다. 그래서 자살할 마음을 가졌을 것이다. 여태까지 한 번이라도 그 어려운 때에 죽어 버리겠다고 생각을 해 본 적은 없었다. 그렇지만 지금은 다르다. 정말로 죽어 버리고 싶었다. 정신적으로나 육체적으로 강직하고 강인하였던 진상은 지금 여지없이 무너져버린 상태가 되었다.

그는 소주를 자꾸만 들이켰다. 빈속에 깡소주가 들어가니 그 취기가 더했다. 하모니카로 기러기 노래를 슬프게 뽑아내었다. 더 슬퍼지고 눈물이 났다. 마음 상태가 비정상적이다. 어떻게 보면 미친 사람처럼 보일 수 있는 행동거지와 말이 횡설수설이다. 어머니가 그리웠다.

자 여기서 내 인생의 막을 내리자. 나를 포기하자. 바다로 뛰어 들자. 눈물이 흘렀다. 어린 자식들이 눈에 선하였다. 아마도 아버지, 어머니도 죽어 가면서 우리들이 눈에 선했을 것이다. 그걸 생각하니 뛰어 드는 것이 망설여졌다. 아마도 자살하는 모든 사람들도 자신처럼 그럴것이다. 그러나 내 자식들은 엄마가 있지 않는가. 저희들 엄마가 모성애로 거두어 살겠지 생각하니 마음이 놓였다. 알아서 살아가겠지 생각하며 체념했다.

또 소주를 들이키고 또 들이켰다. 지나친 과음으로 상당히 취했다. 그리고 진상은 바다로 뛰어 들었다. 바다 속은 차디찼다. 바다 속으로 점점 깊이 들어가고 있었다. 바닷물이 꿀떡꿀떡 입 안으로 들어오자 본능적으로 내뱉었다. 또 꿀떡꿀떡 바닷물이 입으로 들어오고 또 뱉었다. 그 순간에는 본능적인 생리 현상만이 있을 뿐 죽어야 한다는 생각 그 자체는 사라진 것 같았다. 바다 속으로 점점 더 깊게 빠져들어 가고 있었다. 숨이 막혔다. 죽어가고 있었다. 그에게 온갖 상념이 떠오르며 스쳐지나갔다.

그것으로 인해 나에게 차이코프스키의 교향곡 제6번 〈비창〉의 제1악장, 아다지오가 머릿속에서 울러 퍼지더니 나의 심금을 아프게 찔렀다. 드디어 마지막 제4악장 아다지오 라멘토소의 절망적인 우울감이 나를 더욱 비통하게 만들었다.

그런데 어찌 된 일인가. 그 찬 바다 속에서 자신도 모르게 몸이 갑자기 바닷물 위로 솟구쳤고, 방파제 쪽으로 죽겠다는 의지와 상관없이 다가가고 있지 않은가. 그는 원래 수영을 잘하였으므로 자신도 모르게 본능적으로 손과 발이 움직여 방파제 쪽으로 가고 있었던 것이다. 아마도 수영을 전혀 할 줄 모른 사람이었다면 틀림없이 죽었을 것이다. 죽는다는 것이 결코 쉽지 않았다. 방파제에 다다랐을 때 살아야겠다는 의식이 강하게 들었다. 살자, 굳세게 살자는 생각이 들었다. 물 밖으로 나왔다. 너무 추웠다. 바다의 밤바람이 차가워 몸이 심하게 오들오들 떨고 있었다. 방파제 초입 쪽에 움막 같은 것이 있어서 그 곳으로 뛰어갔다. 바닷물에 젖은 옷을 확 벗어 버렸다. 과음의 취기는 사라진 것 같았다. 그래도 취기가 좀 남아 있어 머리가 어질하였다. 공중에 떠 있는 기분이었다. 바닷물을 잔뜩 머금은 옷을 벗어 바닷물을 짜 내었다. 다행히 그 움막에는 돛으로 사용했던 낡은 천들이 많이 있어서 홀랑 벗은 알몸으로 그 속으로 들어가 이불 삼아 덮고 있으니 따뜻해졌다. 추위에 잔뜩 떤 몸이 포근해지며 피곤이 느껴졌다. 자신도 모르게 어느새 곤히 잠이 들었다.

다음날 일어나 반쯤 마른 옷을 입고 움막에서 나와 보니 아침 햇살이 따뜻했다. 옷을 말리려고 양지쪽에 서 있었다. 다리에 힘이 없어 후들거렸고 마음은 허전하였으며, 머리는 비어있는 것 같았다. 우두커니 서 있을 때 움막 앞으로 나이 지긋한 사람이 리어카에 큰 똥 드럼통을 싣고 가는 인분 운반인을 보았다. 순간 살아갈 수 있는 방법이 머리를 스쳤다. 그 사람에게 다가갔다.

"아저씨 미안하지만 나도 아저씨와 같은 일을 하고 싶습니다. 좀 도와주십시오. 일단 입에 풀칠만이라도 하면 되겠습니다."

"아니, 젊은 사람이 똥냄새가 심한 이 일을 어떻게 하려고 합니까?"

"저는 어렸을 때 똥장군을 지고 보리농사도 지어 보았습니다. 서울에서 연탄장사와 국수장사를 한 일 년 했으나 밑천도 다 까먹고 망해서 정처 없이 오다가 보니 이곳까지 와서 어제 저녁에 바닷물에 빠져 죽으려고 내 몸을 던졌습니다."

"아니 젊은 사람이, 인생이 천 리 길이나 남은 사람이 벌써 죽으려고 했다니요."

"물에 빠져 죽어 가고 있었는데 나도 모르게 본능적으로 그 바다에서 나와 이렇게 살아 있습니다."

"듣자 하니 참 안 됐소이다."

"죽을라고 해도 아직 죽을 팔자가 아닌 것 같습니다."

"그러면 그렇지요, 얼굴을 보니 지금 죽을 팔자가 아닌 것 같소이다. 이 일은 속초시내 동네 마다 다니며 '인분 푸시오' 하고 외치면 '아저씨' 하고 부릅니다. 그러면 길가 쪽으로 난 변소간 구멍에서 똥을 품니다. 다 푸게 되면 삯으로 돈을 줍니다."

"돈은 얼마나 받씁니꺼?"

"정해진 것은 없고 알아서 줍니다. 어떤 사람은 좀 넉넉하게 주기도 합니다. 그러니 한 번 해보면 알게 됩니다. 큰돈은 안 되지만 밥은 먹고 살 수 있습니다. 이런 일은 나처럼 나이 들고 배움이 없고 기술 없는 사람한테나 맞는 일이지요."

"인분을 수거하는 동네는 정해져 있읍니꺼. 아저씨는 정해져 있지요?"

"이런 인분 수거를 하는 사람이 얼마 없습니다. 젊은 사람이 한 사람 있긴 하지만."

"인분을 수거한 후에는 어데다 버립니꺼?"

"아 그거는 시내를 좀 벗어나면 농사를 짓는 밭 옆에 콘크리트로 만든 큰 인분통이 있어 그곳에 버리면 됩니다. 가서 보고 덜 찬 곳이 있으면 그냥 버리면 됩니다."

"인분 리어카를 준비하려면 얼마나 돈이 들까요?"

"아 당장 하려고요."

"예, 밥을 먹으려면 당장 해야지요."

"그러면 날 따라오시오"

마침 진상은 수중에 5만여 원이 있어서 그 사람을 따라가 인분 리어카와 똥 드럼통을 샀다. 인분수거 바가지도 준비하였다.

"아저씨 정말 감사합니다. 저가 점심이라도 대접해 드리고 싶습니다. 갑시더."

"아니오 다음에 기회가 있겠지요, 저는 할 일이 바쁩니다. 그러면 저쪽 동네로 가 보시오. 내 구역이기도 하지만. 같이 살아야지요."

"아 정말 감사합니다. 당장 시작하겠습니다."

진상은 아저씨가 가리킨 동네로 가서 "인분 푸시오" 하며 외치고 다니니 인분을 풀 그 동네 한 아주머니가 불러 냄새 나는 인분을 폈다.

똥드럼통에 인분이 가득히 찼다. 당시에는 어느 도시나 인분을 운반하는 리어카를 흔하게 볼 수가 있었다.

"아주머니 다 폈습니더."

"예, 아이구 리어카도 똥드럼통도 새 것이네요. 막 시작하였습니까?"

"예, 오늘 시작하고 첫 집입니다."

"그래요, 좀 넉넉하게 삯을 주어야 겠네요."

돈을 넉넉하게 주었다.

"고맙씁니더. 다음에 또 뵙겠습니다. 안녕히 계십시오."

삯을 현금으로 받으니 마음이 부자인 것처럼 느껴졌다.

이렇게 하여 첫날부터 일을 시작하였다. 그리고 당장 잠을 잘 방을 얻었다. 이부자리도 시장에서 샀다. 그래서 속초에서 생활이 시작되었다.

인분 수거 일을 한 지 5.6개월쯤 되던 어느 날, 한 부유한 집의 인분을 푸고 난 뒤에 인분 수거료를 넉넉하게 준 나이 지긋한 부인이 말했다.

"아니 젊은 사람이 뭐 이런 일을 하고 있소. 내가 청년의 인상을 보니 인분이나 푸고 살 사람이 아닌 것 같은데…."

"아 그렇습니꺼. 고맙습니더."

"이런 일을 빨리 끝내고 다른 직업을 찾아보소. 잘 될 것입니다."

"고맙습니더. 아주머니의 격려의 말씀을 마음에 잘 간직하겠습니다."

거의 일 년 동안을 매일 열심히 일을 하였다. 돈이 모이면 서울 가족에게 송금도 하였다.

1974년 초가을에 집을 나왔고 해가 바뀌어 1975년 1월 25일에 둘째 아들이 태어났다는 편지를 받았다. 그렇지만 일을 벌려놓고 가 볼 수 없어서 마음만 안타까웠다. 그러나 이름을 강명훈이라고 지어서 편지를 보냈다. 그렇게라도 아버지 역할을 하였지만 미안하고 부끄러웠다. 그 동안 나이는 진상보다 작았지만 인분 수거 친구인 정진국을 사귀게 되었고 그의 결혼식에도 참석하였다. 그런대로 생활이 안정이 되어 갔다. 죽을 생각을 버리고 죽는다는 의지로 살아간다면 인간은 다 살 길이 생긴다는 것을 깨달았다. 참으로 값진 경험이었다.


1976년 초에 서울에서 홍제동 예비군 중대장으로 오라는 연락이 왔다. 그래서 속초 인분수거 사업을 정리하였다.

서울 홍제동 집으로 와서 아내와 세 자식이 있는 따뜻한 가정으로 돌아오니 감개무량하였다. 그동안 세상이 많이 변해버린 것 같은 착각이 들었다. 그것도 그럴 것이 자신이 겪은 일들이 몇 십 년 인생을 산 것 같았고, 또 다른 사람이 된 것 같았기 때문이었다. 아니 죽었다가 살아 난 셈이 아니었던가. 따뜻한 가정에서 예비군 중대장 생활을 하기 시작했다. 예비군 중대장의 월급으로 생활이 안정이 되어 갔다.

가정의 생활도 정상으로 돌아 왔으며 아내나 자식들이 행복한 것 같았다. 동네 유지가 되어 공식 행사에도 참석하고 또 동네 단체 행사에도 참석하여 지역민들과도 사귀게 되었다. 예비군 중대 일도 할 일이 많았고 많은 행사에도 참석해야 하므로 하루의 일과가 바빴다. 지역 사회와 현장에서 밀접하게 관계하면서 살아야 하기 때문에 동네 사람들과 어울리는 기회가 자주 있었을 뿐만 아니라 술자리도 자주 있었다. 나름대로 그런 생활이 재미도 있었고 즐거웠다. 걱정 없이 생활을 하며 살아가고 있던 중에 아내가 큰아들과 딸은 말할 것 없고 어린 젖먹이 명훈이 마저 떼어놓고 가출을 하였다. 큰돈은 아니었지만 예비군 중대장의 월급으로 가정이 차차 안정을 찾아 가던 중에 일어난 일이어서 어안이 벙벙했다. 어쨌든 어린 자식들 때문에 어떻게 할 수 없어서 부산 큰형 집에 계신 고모를 모시고 와서 아이들 뒷바라지를 부탁했다.

큰아들은 초등학교 1학년이었고 둘째인 딸은 다섯 살이었다. 젖먹이 명훈은 막내 동생 진화를 키울 때처럼 고모가 입으로 밥을 씹어 먹이며 키우기 시작했다. 밥물을 먹이기도 하였다.

고모의 일생은 기구崎嶇하였다. 우리 형제들에게 희생적이었는데 늙으막에 손자들까지 돌보게 될 줄이야. 가출한 아내가 종로 2가 큰 식당 주방에서 일을 한다는 소문을 듣고 찾아 나섰다. 몇몇 큰 식당을 들어가 찾아보았다. 젖먹이 명훈이 때문이라도 꼭 찾아야 하는데 걱정이 컸다. 또 다른 날에는 서울시청 옆 무

교동의 큰 식당을 몇 군데를 돌아다니며 찾아보았으나 헛걸음만 하고 돌아왔다. 그 다음에는 을지로 1, 2가, 명동 그리고 종로의 낙원시장 등의 큰 식당을 돌아다니며 찾아보았으나 역시 찾을 길이 없었다. 지아비로서 아내를 찾지 못한 안타까움으로 마음이 너무 아팠다. 한참 후에 안 일이었지만 안국동의 어느 부유한 집에서 편하게 가정부로 일을 하고 있었으니 식당에서는 찾을 수가 없었던 것이다.

그의 마음속에는 부모를 잃은 어린 진상이 들어 있어서 아내로부터 어머니를 찾고 어머니의 사랑을 갈구함이 한 아내로, 한 여자로서 받아들이기 힘든 상황이 되었던 것은 아니었을까, 아니면 그것을 정신적으로 감당할 수가 없어서였을까. 아니면 가정 경제가 진상의 월급만으로는 힘들고 미래가 불안하고 보장이 되지 않아 돈을 벌기위해 가출한 것일 수도 있었다.

가정생활은 정상이 아니었다. 어미 없는 아이들이 정서적으로 제대로 성장이 되겠는가 걱정을 하면서 살았다. 그러다가 해를 넘겨서 약 2년여 만인 1977년 겨울에 겨우 아내를 만나서 법적으로 합의이혼을 하였다. 2년여 동안 가출하고 있었고 성격이 너무 맞지 않아서였다. 진상은 원칙적이고 깔끔하며 성질이 불같이 화통한 성격이었고 아내는 이름이 이길수로서 그 이름처럼 이겨야하고 깔끔하지는 않지만 역시 화통한 성격이었다. 그러므로 서로 자주 부딪치는 일이 너무 많았다. 그래서 서로 화통한 그 성격이 화통하게 이혼을 해버린 것이 아니었을까.

잘잘못이야 어떻게 되었던 결혼 11년 만에 헤어진 셈이었다.

진상은 자식들 키우기가 힘들었지만 고모가 헌신적으로 보살피고 있으므로 걱정은 덜 되었다. 그리고 예비군 중대장 생활로 바쁘게 살았다.

# 진상의 중장년中長年
## - 여인들, 그리고 운수사업

홍제동 예비군 중대장 생활도 어느덧 3년여라는 세월이 흘러 어느새 불혹의 인생 40줄에 들어섰고 중년의 나이가 되었다.

1980년 가을 어느 날 동네 음식점에서 식사를 하며 술도 곁들이는 한 무리의 부인들이 재미있게 회식을 하고 있었다. 다른 테이블에서 진상은 예비군 중대 일과를 마치고 일행들과 술을 마시며 환담하며 즐기고 있었다. 그런데 술자리에 있는 부인 일행 중에서 한 젊은 여자와 눈길이 마주쳤다. 그는 인상이 좋은 여자구나 생각만 하고는 별 신경을 쓰지 않고 술잔을 기울였다. 그러나 그 여자의 눈길이 꽂히는 듯한 느낌이 와 닿았다. 얼마 후에 술자리에서 그 눈길을 의식하지 않는 듯이 일행과 함께 먼저 자리에서 일어났다.

그 회식 자리의 부인들에게, 특히 아까 그 여자에게 눈길을 주면서 인사를 하였다.

"부인들께서는 즐겁게 놀다가 가세요. 우리는 지금 갑니더."

"예 고맙습니다. 안녕히 가세요."

이후로 동네에서 그 여자와 자주 부딪치게 되었고 미소로 목
례를 하는 사이가 되었다. 어떤 때는 다른 음식점에서 각각 다른
일행으로 만나기도 하였다.

어느 날 저녁 홍제동 번화가 길에서 그 여자를 만나 말을 걸
었다.

"아이구, 아주머니. 반갑습니다. 우리 인사나 하고 지냅시더.
이렇게 자주 만나는 것도 인연인 것 같은데요."

"예, 좋습니다. 그럽시다. 그러고 보니 우연히 참 자주 만난 것
같습니다."

"저 포장마차 집은 어때요, 저녁때라 약간의 막걸리는 어떻습
니꺼?"

"예, 잠깐 자리하고 일어서면 되겠지요."

두 사람은 포장마차로 들어가 막걸리 반 되와 안주를 간단히
시켰다. 막걸리를 한 잔씩 마시며  공식적으로 인사를 하였다.
이야기를 해보니 서글서글한 성격으로 말을 잘 하였다. 이혼한
아내와는 다른 면이 많았다. 어딘가 호감이 많이 갔다. 더 이야
기를 하고 싶었지만 바쁜 눈치였다.

"아유 바쁘지요. 이렇게 붙잡아서 미안합니다. 그냥 일어납시
더."

"예, 저녁때라 저녁도 준비해야 하고 오늘 남편도 일찍 들어온다고 해서 빨리 가봐야 합니다."

"오늘 짧은 시간이었지만 즐거웠습니더. 고맙씁니더."

두 사람은 포장마차 집에서 나왔다.

"안녕히 가십시오."

"예, 안녕히 가십시오."

각자 자기 집을 향하였다. 그날 이후로 두 사람은 자주 만났다. 두 사람 사이에는 어느덧 정이 들었고 좋아하는 사이로 발전하였다. 보고 싶고 또 보지 않으면 섭섭한 느낌이 드는 연인이 되었다.

어느 날 그 여자에게

"근데 나의 애인 이름은 어떻게 됩니꺼. 나는 강진상입니다."

"그러고 보니 우리는 서로 이름도 알지 못하고 여태껏 그냥 만나기만 하였네요. 내 이름은 한희숙입니다."

"아 이름이 참 좋씁니더. 예쁜 이름이네요."

"그래요, 강 대위님 이름도 좋네요. 진상 씨라, 좋은 이름인데요."

"고맙씁니더, 하 하."

두 연인은 즐거웠다. 어느 일요일에 이 두 연인은 남산으로 가 케이블카를 타고 올라가 서울 시내를 시원하게 구경하며 즐기고 있었다.

"처녀 때 한 번 걸어서 올라와 구경한 후 오랜만에 와 봅니다."

"아이구, 나보다 낫습니더. 나는 경상도 보리문딩 합천 촌놈이라 처음입니더. 하 하."

"그렇습니까. 진짜로 촌사람이네요. 하 하."

"희숙 씨. 이렇게 높은 정상에 오면 보고 싶은 사람을 볼 수 있으면 얼마나 좋겠오. 희숙 씨는 보고 싶은 사람은 없습니꺼. 어린애 같은 말이 우습지요."

"왜 없겠습니까. 있지요. 그러나 부질없는 일이지요. 볼 수만 있으면 얼마나 좋겠습니까."

"그렇습니꺼. 나는 우리 어머니를 보고 싶답니다. 정말 그립고요."

"나도 우리 어머니를 보고 싶습니다. 아버지보다 어머니가 보고 싶은 건 인지상정인가 봐요."

"나는 오늘 케이블카도 처음 타 보았습니다."

"나도 처음 타 보았습니다."

진상은 어머니가 보고 싶었다. 그리웠다. 한 여인에게서 모정이 느껴졌다. 생활의 고통을 다 잊은 듯이 유쾌하고 즐거운 날이었다. 연애감정이 이런 것이라는 것을 처음 느꼈다. 한참을 지난 어느 토요일 오후에 그녀와 창경원(지금은 창경궁. 당시는 동식물원)에서 만나 데이트를 하였다. 굉장히 큰 새장도 그렇지만 희귀한 새들, 홍학의 군무에 눈이 너무 즐거웠고 인상적이었다. 마치 어린 아이들처럼 동심으로 돌아가 시시덕거리며 즐겁게 구경하면서 솜 같은 솜사탕도 즐겁게 먹었다.

"희숙 씨, 솜사탕이 싱겁네요. 입으로 부니 날아가네요. 하하."

"어른이 솜사탕을 먹으니 우습네요. 아이들이 보고 웃겠습니다. 호 호."

"어렸을 때 고향의 여름, 목화밭에서 어머니가 따준 목화 다래를 먹는 기분이네요. 그 다래가 달콤한 어머니의 사랑이었는데."

"그렇지요, 나도 기억납니다. 다래가 참 맛이 있었지요. 나는 어머니한테 자꾸 따 먹는다고 야단을 맞았습니다. 그게 지금 생각하니 어머니의 사랑이었지요."

"아 아, 그 다래를 나는 달콤한 어머니 사랑이라고 했고 희숙 씨는 달콤한 어머니 야단이라고 했는데 다 어머니에 대한 그리움이고 추억으로 똑같아져 버리네요. 결국은 어머니의 사랑은 달콤한 것이었고 야단이었네요. 하하. 우습지요."

그는 어렸을 때 어머니가 그 뜨거운 열기가 이글거리는 목화밭에서 챙겨주었던 사랑을 추억하고 있었다. 그것은 마음속에 깊이 간직된 애한哀恨의 토로였지만 한 여인이 알 턱이 없는 것이다.

"희숙 씨, 솜사탕은 또 시골 논밭둑에서 흰색의 부드럽고 가느다란 속살의 솜고치처럼 생긴 삐삐가 생각나게 합니다. 중 봄쯤에 나물이나 쑥을 캐면서 뽑아 먹었던 기억이 안 납니꺼?"

"아 예, 납니다. 그것은 감질 나는 여성들의 먹을 거리였지요."

"아니요, 머슴아들도 먹었답니다. 그러나 나는 많이 뽑아서 먹어야만 했던 마음 아픈 추억이 있답니다. 생각하면 눈물이 나지요."

"아 그랬던가요."

그는 초근목피로 생활하였던 기억으로 마음이 어두워졌다. 그것은 6·25 때 피난생활과 어린 시절의 고통이었으며 한의 토로였다.

창경원을 나와서 종로 4가 광장시장 옆 음식시장으로 갔다. 저녁때라 배가 출출하였다. 빈대떡 안주에 막걸리를 마셨다. 그녀와 함께 대화를 하니 옛날 어릴 적 이야기와 베트남전 참전 이야기 등이 잘도 나왔다. 연애감정은 그렇게 말을 많이 하게 하는가보다. 처음 만난 처녀 총각이었다면 얼마나 좋았을까. 막걸리 맛도 좋았다. 한 여인도 소녀 같은 기분으로 유쾌해 보였다.

술이 취하였다. 싫도록 마시고 싶었다. 중장년인 두 연인의 사랑의 데이트는 달콤하고 살맛나게 하였다. 그 한희숙 여인은 30대 중반으로 아이들이 넷이나 있는 유부녀였고, 남편은 음식점이나 술집에서 손님들이 서비스맨을 부를 때 사용할 때 흔드는 호롱등불을 만드는 회사를 운영하는 사장이었으며 각 식당과 술집에 납품하고 있는 경제적으로 여유가 있는 사람이었다.

그나 한 여인은 남자와 여자로서 연애감정을 한 번도 가져 보지 못한 자신들을 서로가 확인하며 만남을 즐겼다. 그래서 두 연인의 데이트는 자꾸만 만나보고 싶은 감정으로 자라났다.

한 여인은 남편에게서 사랑을 받지 못하고 삶이 무미건조하던 차에 40대인 나이 지긋한 진상을 만나서 사람 대접을 받았고 사랑이 무엇인가를 알게 되었다. 처녀 총각만이 갖는 사랑만이 사랑이라는 법은 없다. 그렇게 생각한다면 위선이다. 중장년의 남녀도 서로 좋아 사랑하면 그것도 똑 같은 사랑인 것이다. 사랑은 아름다운 것이며 하느님이 준 지고의 선물이다. 하느님의 사랑은 사랑의 본질이다. 두 연인의 연애 감정에 의한 사랑에는 하느님의 사랑이 본질을 이루고 있는 것이다. 사랑을 할 줄 알아야 하고 사랑의 기술도 배워야 한다. 그것이 어린 시절에 잃어버린 부모의 사랑을 어느 정도 보상을 받을 수 있는 것이 아닐까. 그것이 어린 시절 그 고통스러웠던 삶을 위로 받는 셈이 아닐까. 그렇지만 자식도 있고 남편도 있는 유부녀가 다른 남자와 사랑에 빠지면 도덕적으로 비판을 받는다. 그리고 그것을 불륜이라고도 한다. 불륜은 윤리에 벗어난다는 말이 아닌가.

　한참 후에 한기를 느끼게 하는 초겨울 두 사람은 뚝섬유원지로 가서 앙상한 포플러 사이를 다정한 연인들이 그러하듯 한 여인이 진상의 바지 호주머니에 왼손을 넣고 팔을 밀착하여 끼고 데이트를 즐겼다.

　"강 대위님, 저 백사장으로 가 봅시다."

　그 뜨거웠던 여름에 많은 사람들이 북적대던 백사장이 초겨울의 냉기를 머금은 한가한 분위기는 또 다른 낭만적인 느낌을 주었다. 나름대로 겨울 한강의 멋을 연출하고 있었다.

"겨울 모래를 둘이서 밟고 걷는 맛이 또 다르네요."

"한 여사, 양 부모가 국가권력의 횡포로 억울하게 총살당한 것과 한 개인이 학교 졸업증명서를 위조한 것 중 어느 것이 한강의 백사장에 해당 할까요. 또 어느 것이 백사장의 모래 한 알일까요. 수수께끼입니다."

"그야 쉽지요. 양 부모의 억울한 죽음이 한강의 백사장이겠지요."

"그러면 졸업증명서 위조는 모래 한 알쯤 되겠네요."

"그렇죠, 당연하지요. 그 수수께끼는 무슨 뜻이예요."

"아 그건 내가 잘 아는 사람의 일이라 그리 해본 것이요. 그냥 재미로."

"하 하 하. 그런 게 어디 있어요. 괜히 지어낸 것 아닙니까." 그렇지만 진상은 말 못할 자신의 한을 내뿜고 있는 것이다. 그렇게라도 해야 마음이 후련해진 것을 어찌하랴.

뚝섬의 데이트는 즐거웠다. 저녁때가 되어 택시를 타고 낭만적인 광장시장 옆 음식시장으로 갔다. 빈대떡에 막걸리로 출출한 배를 채우며 계속 환담하였다. 껄껄 웃기도 하였다. 어쩐지 술이 목을 시원하게 하면서 잘 넘어갔다.

한 여인도 제법 술을 먹었다. 진상은 취기를 느꼈다. 그리고 취하였다. 그리고 한 여인과 이별을 생각하고 있었다. 이러다가 어떤 위험한 선을 넘을 것 같은 염려가 마음을 흔들고 있었다. 마음에 경고불이 켜진 것이다. 행복한 한 가정을 깨트릴 것만 같아서 마음이 괴로웠다. 그는 세 자식들의 초롱초롱한 눈빛이 자신을 응시하고 있는 것만 같았다. 그런데 다른 마음은 한 여인을 놓치고 싶지 않았다. 꼭 붙잡고 같이 살고 싶었다. 두 마음이 갈등하였다. 우리는 그렇다면 사련邪戀을 하고 있었단 말인가. 불륜의 사랑을 하고 있었단 말인가. 정신이 혼란스럽다. 머리가 헷갈려 어지러웠다. 그런 괴로움이 막걸리를 마시게 하였고 또 마시게 하였다. 많이 취하였다. 약간의 취기가 있는 한 여인은 걱정이 되었다. 밤도 깊어 가는데 마음이 초조하였다. 잔뜩 취해서 축 늘어진 거구의 진상을 데리고 홍제동 집까지 데려다 준다는 것은 벅차서 감당할 수가 없고 힘들 것 같아 근방의 여관을 찾았다. 다행이 머지 않는 곳에 여관이 있어 데리고 들어갔다. 방을 정하고 진상을 누이고 막 나오려는데 전광석화 같이 문을 열고 들어온 사람은 다름 아닌 한 여인의 남편이었다. 사진을 마구 찍어 댔다. 정신이 혼미하고 당황하였다.

한 여인의 남편은 자기 아내의 낌새가 이상하여 몇 개월 전부터 사설 미행자를 고용하여 감시하며 사진을 촬영하였고 결정적인 위험선의 바로 직전에 현장을 덮칠 계획에 의해 절호의 기회를 보다가 덮친 것이었다. 변명의 여지가 없었다. 여러 장의 데이트 사진과 현장에서 붙잡힌 증거로 두 사람은 서대문경찰서에 간통죄로 고발되어 버렸다. 영락없이 간통죄인의 누명을 써 버린 것이다. 이 무슨 창피인가. 고모한테도 아이들 앞에서도 얼굴을 들 수가 없게 되어 버린 그는 깊은 나락으로 빠져버렸다.

입장이 말이 아니었다. 할 말이 없었다.

두 사람은 서대문경찰서 유치장에 간통죄로 갇혔다. 큰 아들 명호는 13살로 중학교 1학년, 딸 월순은 10살로 초등학교 4학년이었다. 이들은 막상 아버지가 경찰서에 구속되어 버렸으니 큰 일이라 생각하고 어머니에게 알려 아버지를 경찰서에서 빼내 달라고 졸랐다. 자식들 청에 못이긴 이혼한 아내는 그 한희숙 여인의 남편을 만나 경찰 유치장에 갇혀 있는 전 남편을 구속에서 해제 해 달라고 사정을 하였고 그 여자의 남편은 구속해제의 합의금으로 거액을(당시 4백만 원 정도) 요구하였다. 마침 그때 홍제동 집은 도시개발에 의해 수용되었고 보상금이 지급되고 있던 중이었다. 이혼한 아내는 보상금 수령에 필요한 서류를 작성하여 유치장에 있는 진상을 만나 내용을 설명해 주고 도장을 날인하여 제출하였다. 며칠 후에 보상금이 나와서 그 돈을 가지고 한 여인의 남편을 만났다.

어렵게 준비한 돈이 좀 모자라니 깎자고 사정을 하여 좀 작은 액수에서 합의를 보아 구속에서 풀려 나왔다. 우렁각시는 한국 전래민화民話 '우렁각시'에 나오는 주인공이다. 진상의 이혼한 아내는 우렁각시 아니 우렁부인이 되어서 이번의 그 더러운 큰 일을 해결하는데 역할을 해주었다.

경찰서에서 나와 보니 큰아들 명호는 이혼한 아내가 데리고 가버렸고 원래의 집 근방에 방 하나를 얻어 고모와 딸, 막내가 지내고 있었다.

1981년 겨울에 홍제동 예비군 중대장도 그 간통사건으로 인하여 파직이 되어 다시 무직 상태가 되어 버렸다. 한희숙 여인과 연애행각의 결과는 너무 큰 대가를 치렀고 혹독했다. 한참을 놀다가 육군본부에 있는 동기를 찾아가 또 예비군 중대장 자리를 알아 봐 달라고 부탁하였다. 그 얼마 후에 경기도 이천군 율면 예비군 중대장으로 발령이 되었다고 연락이 왔다. 때는 진상의 나이가 42살로 1982년 봄이었다.

간통사건으로 진상은 사기가 떨어져 말이 아니었다. 그 후 한 여인을 두 번쯤 만났고 만날 적마다 행복한 가정으로 돌아가 자식들의 어머니, 남편의 아내로 살아가라고 간청하였다. 그리고 우리는 더는 만나지 말자고 간곡히 부탁했다. 우리가 더 이상 만나면 서로가 불행해질 뿐만 아니라 여러 사람이 불행하게 된다고 이해를 시켰다. 가정을 가진 두 사람의 연애감정은 윤리도덕과는 모순이 되는가 보다. 연애를 할 때는 참으로 즐거웠다. 모든 고통도 슬픔도 사라진 아름다운 사랑이었고 시간들이었다. 천진난만한 어린 아이로 돌아갔었던 아름다운 추억이었다. 그래서 이별은 더 슬픈 것이었다. 사랑했던 사람들이 헤어진다는 것은 아픔이었다.

그렇지만 자식이 있고 남편이 있는 여자는 가정으로 돌아가야 한다. 그것이 정의이고 평화이다. 필연적으로 가정으로의 회귀여야 한다. 마음이 슬프고 아프지만 그러한 것이 아름다운 이별인 것이다. 어쨌든 우리는 이별하여야 한다. 아름다운 여인이여.

행복하기를.

　그는 담배 한 대를 입에 물고 연기를 동그랗게 뿜으며 손가락으로 갈랐다. 후에 들은 소식으로는 그 사건 이후에 이혼을 하고 식당 종업원으로 살아가고 있다는 말을 들었을 때 참으로 미안하고 죄를 지은 것 같아 마음이 무척 아팠다. 그는 행복을 다시 찾기를 간절히 기원하였다. 슬퍼서 눈물이 났다.


　진상은 이천 율천에서 1983년 4, 5월쯤에 홍제동 집으로 생활비와 학비를 우편으로 보냈으나 수취인이 없어 받을 수 없다고 2번이나 되돌아 왔다. 그래서 어찌 된 일인가 걱정이 되어 시간을 내서 서울로 나가 서대문구 홍제동 단칸방 집으로 가 보니 이사를 가 버리고 다른 사람이 살고 있었다. 어떻게 된 것일까 황당하였다. 허허 벌판에 내버려진 기분이었다.

　그 단칸방에 현재 살고 있는 사람의 말이 아이들을 어머니가 데리고 이사를 하였다고 하였다. 그래서 딸이 다녔던 홍제초등학교에 가서 알아보니 영등포구 개봉초등학교로 전학을 갔다고 하였다. 즉시 영등포 개봉초등학교를 찾아가 살고 있는 주소를 알아내었다. 안도의 한숨을 쉬었다. 다행이었다. 얼마나 조바심을 냈는지 모른다. 딸은 1983년 학년 초인 3월에 개봉초등학교로 전학을 했고 아들 명호는 중학 2학년이므로 다니던 학교를 그냥 다니고 있었다. 그 집 주소로 찾아가 보니 아이들은 학교에 가고 없었으며 이혼한 아내는 일을 나가고 없었다. 그래서 이천으로 돌아 왔다. 그집 주소로 생활비와 학비를 우편으로 계속 보냈다. 이제는 우편이 되돌아오지 않았다.

율면 예비군중대장을 5년여를 하고 1986년 초에 그 직마저 그만 두었다. 그리고 자식들이 살고 있는 주소로 이혼한 아내가 마련한 집에 찾아가 염체 불구하고 기숙을 하였다. 그 동안 큰아들은 고교 2학년, 딸은 중학 3학년, 막내 명호는 초등학교 4학년이 되어 있었다. 집안이 자식들로 하여금 묵직하고 든든한 감이 들었다. 부모가 이혼하지 않고 부모의 사랑으로 자식들이 행복한 가정에서 살아야 하는데 아비로서 마음이 씁쓸하였다. 아버지가 아닌 것 같았다. 먼 나라 남의 집에 있는 것 같은 기분이었다. 직업 없이 남과 같은 이혼한 아내 집에서 지내기가 정말 따분하였다. 스스로가 자격지심으로 머쓱하기도 하고 기분이 이상하기도 하였다. 다만 자식들의 아비 노릇을 하는 것으로 무료함을 어느 정도 달랠 수 있었을 뿐이었다.

그렇다고 찾아갈 친구나 아는 사람이 있는 것도 아니고 하루하루 소일하기가 딱하였다. 기껏해야 동네 골목 어귀에 있는 구멍가게에 가서 담배를 사거나 막걸리를 사먹으며 동네를 왔다 갔다 하는 것 정도였다. 그것도 하루 이틀이지 할 짓이 아니었다. 구멍가게에 자주 가게 되니 가게 아주머니와 안면이 익혀졌고 친밀감이 생겨 막걸리를 먹다가 말을 붙이면 곧잘 응대하여 주기도 하였다. 자신의 따분한 처지를 이야기할 때 가게 아주머니는 짠한 마음이 생기는 것 같은 인상을 보이기도 했다.

"아주머니, 이 가게로 먹고 사는 생계가 충분하지요"

"아니요, 겨우 먹고 사는 정도 밖에 안 된 답니다."

"아저씨가 벌어다 준 돈은 저축이 잘 되겠네요"

"…"

그 여자의 아픈 곳을 건들였는지 얼굴 표정이 일그러졌다.

"아이구 저가 괜스런 말을 한 것 같습니더. 미안합니더."

"아니오, 괜찮습니다."

그 여자는 그렇게 대답을 했지만 얼굴에는 어두운 기색이 돌았다.

"저는요, 육군 장교로 월남에 가 전쟁도 해보고, 사업도 해서 망하기도 해 봤답니더. 하기야 지금도 어렵지만….."

"아, 그렇습니까."

"그래서, 없고 가난한 사람들의 심정을 잘 안답니다."

그 구멍가게에서 가게 아주머니와 넋두리를 좀 하고 나니 답답한 마음이 풀린 듯하였다. 이혼한 아내 집에 들어가면 마음이 불편하고 남의 집에 들어 간 것 같아서 거북하기 짝이 없었다. 그래도 자식들이 있으니 망정이지 자식들이 없었다면 엉너리치는 신세가 되었을 것이다.

그 다음날도 할 일 없는 진상은 저녁때 동네 구멍가게에 가서 담배 한 갑과 막걸리를 달라고 해 한 잔을 들이켰다. 두어 잔을 마시니 취기가 약간 돌았다. 술 맞상대가 없어도 혼자 마시는 또 다른 기분도 있었고 가게 주인도 싫어하는 기색은 보이지 않았다.

"아주머니, 내가 이 가게에 와서 쓸데없는 말이나 하고, 혹시 장사에 방해가 되는 것 아닌가 모르겠습니다."

"아니, 괜찮습니다. 그렇지 않습니다."

"손님에게 물건을 팔기만 하고 하루를 보내는 것보다 말 상대가 있는 것도 좋은 것 같아요."

"그래요, 고맙습니다."

"아저씨와 이야기를 하다 보면 재미도 있고요"

"아, 그래요. 이 가게와 집은 아주머니 것입니꺼. 나 보다 부자네요."

"예, 그렇답니다. 이런 블록 집이 뭐 그렇지요. 평수도 얼마 안됩니다."

"나도 서대문구 홍제동에 이와 비슷한 블록 집이 있었답니다. 길 쪽으로 점포를 내어 연탄, 국수 장사를 처와 함께 하였지만 망했습니다. 나도 그때 이렇게 이런 장사를 했더라면 망하지는 않았을 텐데 하고 지금 생각을 해 봤습니다. 경험도 없이 너무 욕심을 부린 탓이었지요."

"아 그랬었군요. 우리는 아이 둘하고 세 식구 입에 겨우 풀칠이나 할 정도랍니다."

"그래도 과부는 돈이 서 말이고 홀아비는 이가 서 말이란 말이 있지 않습니꺼. 그래서 아주머니는 여자라서 알뜰하게 꾸리니 이런 가게라도 훌륭한 생계 수단이 되었겠지요."

"아 그렇기도 한 것 같습니다."

"아이구, 벌써 어둠이 시작 되었네요. 내가 너무 말을 많이 했습니다. 미안합니더. 아 가겠습니더. 안녕히 계십시오."

진상은 자리를 털고 일어나 자식들이 있는 집으로 갔다. 그럭저럭 그렇게 지내 오다가 드디어는 이혼한 아내가 노골적으로 나가라고 구박을 했다. 돈도 없는 빈털터리라 막막하고 황당하였지만 나올 수밖에 없었다. 이미 이혼한 부인인데 그 집에서 있을 수 있는 명분이 하나도 없었다. 나오긴 나와야 하겠는데 이 넓디넓은 서울에서 몸과 마음을 놓을 곳이 없다니 한심했다. 하루 내내 시내 거리를 돌아 다녔다. 호주머니에는 얼마의 돈 밖에 없어 간단히 풀빵으로 요기를 때웠다. 도저히 어떻게 살아갈 것인가 안이 나오지 않았다. 담배를 피워 물고 연기를 뿜으며 긴 한숨을 쉬었다.

영등포역 대합실에서 봄이라 추웠지만 신문지 여러 장을 깔고 덮고는 자는 듯 마는 듯 하며 하룻밤을 지냈다. 그 이튿날도 그냥 무작정 시내를 돌아다니다가 남산에 올라가 서울 시내를 구경하기도 하였지만 살아갈 것이 막막하였다. 처참한 생각이 들었다. 또 저녁이 되어서 이번에는 서울역 대합실로 갔다. 사람들이 있을 때까지 있었다. 그리고 지하도에 가서 신문지를 두껍게 깔고 덮고 잤다. 노숙자가 된 것이다. 왜 이렇게 하루아침에 갑자기 무능력자가 되어버린 것인가. 그 다음날도 시내를 발길 가는대로 돌아 다녔다. 그러다 저녁때가 되어 자신도 모르게 개봉동으로 발길이 갔다. 그리고 구멍가게로 들어갔다.

"아주머니 안녕하십니꺼."

"아니 한 이틀 보이지 않던데 어디 갔다 왔습니까?"

"아, 예. 아주머니, 담배 한 갑 주고 막걸리도 한 주전자 주이소."

그리고 담배 한 개비를 피워 물고 담배 연기를 길게 뿜어내었다. 또 막걸리를 잔에 따라서 쭉 마셨다. 갈증이 해소되고 시원하였다.

빈속에 마시니 취기가 돌았다.

"아주머니, 저는 오도 가도 못해서 이혼한 아내 집에서 빌붙어 있다가 그저께 쫓겨났습니더. 참으로 주변머리 없는 놈이지요."

"아 그랬군요. 그래서 보이지 않았군요."

진상은 막걸리를 또 한 잔 들이컸다. 담배 연기를 길게 내 뱉으며 한숨을 쉬었다. 더 취기가 올랐다.

"저는요, 6·25 바로 전에 죄도 없는 아버지를 경찰이 데리고 가 죽였고, 아버지 시신을 찾아 매장했다고 어머니마저 그 이튿날 경찰에 끌려가 행방불명이 되었읍니더. 그 후 어린 나이로 오랫동안 머슴살이도 했고요. 고생을 뼈빠지게 했습니더."

"아, 그랬습니까. 놀랍네요. 참 안 되었습니다."

가게 아주머니는 얼굴 표정이 어두워지며 위로 하듯이 말했다.

진상은 막걸리 한 잔을 또 마셨다.

"나는 초등학교 3학년 학력으로 육군 중사를 거처 육군 중위로 월남에 가 전쟁에 참가도 했고, 귀국 후에는 대위로 공수부대

중대장도 했으며 또 예비군 중대장도 했습니다."

더 놀라운 말에 가게 아주머니는 어이가 없는 듯 눈만 껌벅이며 우두커니 서 있었다.

"아주머니, 꼭 거짓말처럼 들리죠. 그럴 것입니다. 그렇지만 사실입니다."

"지난 시절이 참 가시밭길이었네요. 믿어지지 않을 정도입니다." "나는 거짓말을 할 줄 모릅니다. 참말입니다."

신세타령을 좀 하고 나니 답답한 마음이 시원하였다. 또 막걸리 한 주전자를 주문해 술잔에 따라서 쭉 마셨다. 상당히 취하였다.

"아주머니, 이 밤에 어디로 갈 수도 없고 하니 아주머니 저 작은방에서 신세를 좀 질 수 없을까요?"

취중이니 부끄럼 없이 말이 튀어 나왔다. 술 힘이 용기를 내게 하였다. 그렇게 황당한 제안을 어쩔 수 없이 하였다. 또 막걸리를 들이 켰다.

"아주머니 정말 미안합니다. 내가 무례함을 무릅쓰고 부탁을 하였습니다."

"…"

가게 아주머니는 젊은 여자 혼자 있는 집에 외간 남자를 자게 할 수도 없고 참으로 난처하였다. 그러나 진상의 거짓 없는 사연을 듣고 동정은 갔지만 인정머리 없이 거절 할 수도 없어 어찌할 바를 몰랐다. 그래도 얼마 동안 우리는 가게 주인과 손님으로서 인정스럽게 서로 그런대로 사귀어 온 셈이 아니었던가.

그날 저녁은 가게 아주머니의 작은 방에서 따뜻한 이부자리에서 편히 푹 잘 수가 있었다. 그리고 식사 대접도 받았다. 그러면서 며칠 양해를 구하고 시내를 나가 방황하며 어떻게 살 것인가 고민하였다. 별 뾰쪽한 방법이 없었다. 염치불구하고 당분간 신세를 지기로 마음을 먹었다. 살기위해서는 할 수 없었다.

"아주머니, 고맙습니더. 너무 폐가 많습니더. 본의 아니게도 괴로움을 끼처 드러서 몸 둘 바를 모르겠습니더."

"아, 예. 어서 빨리 일자리를 찾으세요. 우리 집에도 어디 오래 있을 수 있겠습니까. 남들 눈도 있고 하니 더욱 그렇습니다."

"고맙습니더."

다음 날도 진상은 그 집을 나와 한강으로 가 하루를 보냈다. 또 다음은 종로로 가서 구경하며 공원 등에서 하루를 보냈다. 며칠을 그런 식으로 돌아 다녔다. 굶고 허기진 배는 물로 채웠다. 그러다가 몸살로 앓아 누워버렸다. 거기다가 끙끙 신음까지 심하게 하였다. 가게 주인은 걱정이 되었던지 한약까지 지어다 달여 주었다. 회복될 때까지 여러 날을 누워 있었다. 가게 주인은 때를 맞추어 식사도 챙겨 주었다. 미안하고 고마웠다. 그러다 보니 한 달이 지났다. 그 가게 주인의 이름은 김정숙이었으며 여의도 순복음교회를 열심히 다니는 독실한 기독교인이였다.

김 여인은 진상의 곤란한 형편을 이해하고 측은하게 생각하는 것 같았다. 속으론 어떻는지는 몰라도 겉의 인상으론 편해 보였다. 참으로 고마웠다.

일요일이면 교회를 가자고 해서 마음이 내키지 않았지만 살기 위해서는 따라 다니기도 하였다. 가서 보니 굉장히 큰 교회이고 교인들도 엄청 나게 많아 기가 질렸다. 그래서 어떨 때는 복도에서 설교를 들은 적도 있었다. 김 여인은 선하고 순진한 여자였다. 마음씨가 좋았다. 몇 달이 지나고 가을이 깊어 갈 때 그 여자는 구멍가게 집을 약 300백만 원에 팔았다. 그리고 영등포 구청 옆 시장 앞 골목에 가게를 할 수 있는 집을 사서 이사를 하게 되었다. 이사 전에 개봉동 구멍가게 집을 판 돈이 거액이므로 그에게 보관을 부탁하였다. 여자가 큰돈을 가지고 있으면 불안하고 위험할 수도 있어서 든든한 진상에게 맡겼다. 진상은 겨우 빌붙어 있는 명분을 갖게 되어서 기뻤고 조금의 역할을 할 기회로 만족하였다. 그런데 그 맡겨진 큰돈을 가지고 도망을 갈까 하고 생각도 들었다. 돈 한 푼도 없는 빈털터리 진상에게 나쁜 마음으로 편취할 수 있는 얼마나 좋은 기회였던가. 며칠을 굶은 사람이 음식을 도둑질하는 심정이 그랬을 것이다. 그러나 진상은 김 여인의 선한 배려를 배반하고 싶지 않았다. 또한 장교 출신으로서의 자존심과 양심이 그러한 행동을 자제하게 하였으며 유혹으로부터 벗어날 수가 있게 하였다. 차라리 아무 것도 가지지 못한 가난한 양심을 지키는 것이 마음이 훨씬 편하고 떳떳한 것을 그때 처음 느꼈다.

그 순진하고 선한 여자가 믿고 맡긴 돈을 가지고 도망을 친다면 그 여자는 어떻게 되겠는가, 또 어린 자식들과 먹고 살 아 갈

길이 어떻게 되겠는가 하고 생각하니 자식들의 웃는 모습이 떠올랐다. 그 여인은 새로 산 집을 꾸며서 술집으로 만들었다. 그리고 술장사를 시작하였다. 매일 밤 자정을 넘을 때까지 술을 팔며 술꾼들에게 시달리며 장사를 하였다. 그러나 진상은 작은방에서 할 일 없이 지내야 했다. 김 여인이 술꾼들과 노닥이는 꼴을 보기란 참으로 또 다른 고통이었다. 무료한 시간이 많아 하모니카로 기러기 노래를 부르며 마음을 달래곤 하였다.

김 여인은 일요일이면 어김없이 여의도 교회를 같이 가자고 하여서 할 수 없이 따라가서 설교를 듣기도 하였지만 고역이었다. 목사의 설교는 지겨웠으나 성경의 두 구절이 진상의 마음을 찡하게 하였다.

"사랑하지 않는 사람은 하느님을 알지 못합니다. 하느님은 사랑이시다."(요한 첫째 4:8)
" … 그가 흘리신 피를 통하여 평화를 이룩하다…"(골로새 1: 20)

1986년 여름, 끝자락의 무더위가 아직도 남아 있어서 가을이라고 하기엔 이른 즈음에 무위도식하던 지겨운 생활을 청산하고 김 여인 집을 떠나야겠다고 마음을 먹었다.

이혼한 아내는 진상이 집에서 쫓겨나올 때 이미 의정부에 집을 얻어 놓고 이사 할 준비를 하고 있었다. 의정부 집 주소를 그때 알아서 나왔던지라 그 주소로 찾아 갔다. 자식들이나 한 번 볼 심산이었다.

자식들을 보고 난 뒤 의정부 이혼한 아내의 집을 나왔다. 중학교 3학년인 딸은 골목까지 따라 나오며

"아버지 이 돈 받으세요. 얼마 되지 않지만 나의 비상금입니다."

딸은 지갑 깊은 곳에 감추어둔 꼬깃꼬깃 접어진 오천 원짜리 지폐 비상금을 아버지 손에 아무도 보지 않게 꼭 쥐어 주었다.

"그래 월순아, 고맙다. 내가 자식 낳은 보람이 있구나. 몸 건강하고 공부 열심히 하그레."

"아버지, 어디로 가시는지 모르겠지만 건강하십시오."

"오냐, 생활이 안정이 되면 연락 하끄마."

돌아서서 걸으며 눈물을 흘렸다. 떠나가는 아버지의 초라한 뒷모습을 보고 있는 딸의 마음은 어떠했을까. 자꾸만 눈물이 나왔다. 어느 건물 모퉁이에 앉아서 목을 놓아 울었다. 애틋한 부녀간의 정을 깊게 느끼게 하는 감격은 두고두고 지금껏 잊히지 않았다. 영등포 김정숙 집으로 와서 편지를 써놓고 그 집을 떠났다.

　　김정숙 여사에게.
　　그 동안 저의 숙식을 싫은 기색 없이 베풀어 주어서 참으로 고마웠습니다. 당신은 분명히 선하고 착하였습니다. 저는 당신이 다니고 있는 교회 목사의 설교 중에서 기억에 남은 것이 하나 있습니다.
　　"성경책을 많이 읽고 깊게 숙고할 줄 아는 어느 그리스도인이 운영하고 있는 식당에 비렁뱅이 거지가 들어 와 비럭질을 하고 있을 때 냄새를 풍기는 남루한 옷을 입은 그 비렁뱅이를 영업에 방해가

된다고 사정없이 내쫓아 버렸다. 그 식당 주인은 혹시나 메시아를 쫓아버렸던 것이 아니었을까. 자비로운 사람들은 행복합니다. 그들이 자비를 받을 것이기 때문이다."라고 하였습니다. 후에 당신의 성경책으로 찾아보니 마태 5장 7절이더군요.

빈털터리 거지같은 저를 내치지 않고 사랑방 손님으로 기꺼이 받아주어 저가 어려운 때에 큰 힘이 되었습니다. 지난 약 반년 동안 폐가 너무 많아 무어라고 감사해야 할지 모르겠습니다.

오래 오래 건강하고 행복하시고 하는 사업이 크게 번창하여 큰 복으로 올 것을 기원하겠습니다. 안녕히 계십시오.

강진상 드림

1986년 초 가을에 딸이 준 돈으로 차비를 하여 무작정 경남 마산으로 출발했다. 그때 마산에서 8톤 트럭으로 운수업을 하고 있는 막내 동생 진화가 살고 있어서 동생이 하는 운수업으로 살 길을 찾아보려고 생각하였다. 마침 1종대형운전면허증이 있었기 때문에 그러한 생각을 하게 된 것이다.

오후 늦게 마산에 도착하여 막내 진화를 찾아갔다.

"헹님, 어인 일로 마산에 다 오셨습니꺼?"

"살라고 왔데이. 좀 도와 주그레."

동생 진화는 좀 당황한 기색이 엿보였다. 크게 폐를 끼치려고 온 것처럼 느껴졌겠지 생각하며 껄껄 웃었다.

"진화야, 내가 서울에서 궁색하게 살면서 몇 사람에게 본의 아니게 폐는 끼쳤다만 니에게는 폐를 끼치지 않으끄마."

"예, 그런 섭섭한 말씀을 합니꺼. 헹님 할 말은 무엇입니꺼. 말해 보이소."

"그래, 나도 니처럼 운수업을 하고 싶으니 좀 도와 주그레. 서울에서 사업이 실패를 봤으이 할 수 없데이."

"대형운전면허증이 있읍니꺼?"

"응, 있데이. 나 빈털터리인게네 니 트럭을 어떻게 운전을 할 수 없겠나?"

"아, 마침 잘 되었습니더. 그렇지 않아도 운수업을 접고 다른 사업을 하려고 준비 중입니더. 그래서 트럭을 팔까 했는데 헹님이 한 번 해보이소."

"니는 왜 운수업을 그만 두려고 하는데."

"에, 운전을 한게네 집에 있는 시간은 없고 자꾸 차에서만 자게 되니 생활이 엉망이라 그렇습니더. 집에서도 그만 하라고도 하고요."

"그래, 무슨 사업을 하려고 하노?"

"마침 수출자유지역에 있는 회사에 자리가 나서 갈려고 합니더."

"음, 그렇구나. 알겠다. 어떻게 하면 좋겠노?"

"그러면은 헹님이 다음 달부터 매달 50만 원씩을 저에게 주이소. 한 이 년쯤 후에 헹님 명의로 넘기겠습니더. 그리고 내 차다 생각하고 일을 하시소."

이렇게 하여 진상은 동생 진화에게서 트럭을 인게 받았다.

"그래 알았다. 그렇게 하기로 약속하제이."

"진화야 운전 연습을 좀 해야 하는데 어떻게 하꼬?"

"오늘은 늦었슨게네 내일 하입시더. 저녁은 우리 집으로 갑시더."

"아이다 안 갈꺼다. 나 그냥 차에서 자꺼다."

"저가 마음이 안 편합니더. 갑시더."

"아이다. 제수에게 미안하고 폐 끼치고 싶지 않데이. 차에서 자는 게 내 마음이 더 편할 것 같데이."

"예 알았심더. 가서 저녁이나 먹읍시더."

"그래 가자."

진상은 벌써 나이가 46세가 되었다. 벌어 놓은 돈도 없는 주제에 동생 집으로 가고 싶은 마음이 없었다. 그날부터 당장 8톤 트럭이 진상의 집이고 운전석 바로 뒤에 있는 자리가 방이었다. 다음날 트럭을 일단 동생이 운전하여 창원 귀산동 한국중공업 앞 넓은 광장으로 가서 동생의 지도로 연습을 하였다. 한참을 연습한 후에 저녁때는 차고지로 직접 조심스럽게 천천히 운전하여 왔다.

그 다음 날 마산 양덕동에 있는 '한일합섬'에서 짐을 가득 싣고 고속도로로 야간에 직접 운전하여 서울을 향해 갔다. 겨우 하루 운전연습을 한 후 당장 운전을 하니 두렵고 긴장이 되었다. 좀 무리한 운전이었지만 동생 진화가 동승하여 신경을 써주니 그래도 훨씬 나았다. 진상은 일 처리에 신속하고 저돌적으로 밀어 붙이는 추진력이 강한 면이 있었다. 계속 운전을 잘 해 가다가 추풍령 고개 오르막길에서 3단으로 진행하니 차가 힘이 없어서 시동이 꺼지고 그 자리에 서 버렸다. 처음 운전이고 긴장하다 보니 미처 저단으로 변속을 못한 게 원인이었다. 그래서 운전은 그 차에 맞는 경험이 중요함을 깨달았다.

고속도로에서 갑작스런 정차라는 위험하기 짝이 없는 급박한 상황이 발생된 것이었다. 그 때 잠을 자고 있던 동생이 순간적으로 잠을 깨서 자리를 바꾸어 신속하게 시동을 걸어 진행하였다. 아찔한 위기를 무사히 면했다. 다행히 뒤 따라 오는 차가 없었기에 망정이지 큰일 날 뻔하였다. 진상은 땀으로 옷이 범벅이 되었다.

"헹님, 오늘 좋은 경험을 하였습니더. 짐을 가득 싣고 고개를 올라 갈 때는 2단이나 1단으로 가야 합니더. 3단을 넣고 가면 차가 헐떡거리고 곧 시동이 꺼지기 십상입니더. 헐떡거릴 때 즉각 기어 변속을 해야 합니더."

"알았데이. 고맙다. 좋은 경험을 했데이."

"하루 연습하고 실전 운전을 처음 한 것 치고는 잘 한 것입니더. 헹님 참 대단합니더."

동생 진화는 8톤 트럭에 대한 여러 가지 것들을 알려주었다.

대우중공업의 완성차 운반, 자동차 부품, 탱크의 부품, 헬리콥터의 엔진과 부품 등의 운반, 또 한일합섬의 섬유제품의 운반 등 일거리가 많았다. 서울, 부산, 광주, 여수, 경남 사천 등 전국적

으로 운반하였다. 서울까지는 8~9시간이 걸리고 꼭 야간 운행만
했기 때문에 잠이 오면 중간에서 자기도 하였다. 자기 전 어머니
가 그리워질 때 이따금씩 하모니카로 기러기 노래를 불렀다.
트럭 자체가 집이고 방이어서 늘 집안에서 일하는 기분이 들었
다. 탱크 같은 트럭으로 고속도로를 씽씽거리며 달리는 운전은
진상의 성격에 딱 맞는 것 같았다. 신나게 달리면 달릴 수록 한
의 응어리가 풀려 나가고 있는 것이 느껴졌다. 기분이 상쾌하고
시원하였다. 진짜로 진상에게 맞는 직업이었다. 또한 수입도 짭
짤해 일하는 재미가 있었고 살맛이 났다. 진작 이 일을 했어야
하였는데 행복한 후회를 하기도 하였다. 돈 쓰임새도 넉넉하였
다. 어느새 어엿한 강 사장이 되어 있었다. 의정부에 있는 가족
에게도 학비와 생활비 등 경제적인 신경을 쓸 수 있었고 또 아버
지 노릇을 하고 있으니 보람이 컸다.

　눈코 뜰 새 없이 바쁘게 운수 사업을 하다 보니 벌써 일 년이
훌쩍 지나가버렸고 47살이 되었다. 마산역 광장에서 리어카 포
장마차로 국수, 음료수, 술을 파는 이동식 간이주점을 자주 드나
들며 식사로 국수도 사 먹고 술도 간간이 마시다 보니 포장마차
여주인과 친밀하게 되었다. 자주 만나니 사귀게 되었고 이야기
도 잘 하는 사이가 되었다. 그리고 인간적인 정도 생겼다.

　현재 사는 이야기, 과거 살아 왔던 이야기를 주고받으니 마음
이 통한 것 같았다. 진상보다 몇 살 아래쯤 되는 40대 초반의 아
직도 젊음이 묻어나고 고운 얼굴을 가진 여자였다. 이름은 이순

자였다.

"아저씨, 저는 시골 농촌에서 가난한 집안에서 자랐고 겨우 국민학교만 졸업을 하였습니다. 어렸을 때부터 일도 뼈빠지게 많이 했습니다."

"아이구, 당시에 여자로서 국민학교 졸업이면 호사였지요. 나는 합천 촌놈이이고 국민학교 3학년 중퇴자요. 나도 농사일을 많이 해 봤습니다."

"나는요, 처녀 때 우리 부모가 논 두 마지기를 받고 이웃 동네에 좀 부자라고 하는 집으로 아버지뻘 되는 사람한테 팔리다시피 시집을 갔습니다. 아들이 본처한테서 생산이 없으니 나를 씨받이로 사간 셈이지요. 내 의사와는 관계없이 그리 된 것이었습니다."

"하기야, 이 여사의 그 시절에는 그런 여자들이 제법 많았지요."

"그래요, 사람을 물건처럼 팔고사고 하는 인권이 없었던 고약한 시절의 불행이었습니다."

"험난하게 살아 온 셈이었군요."

"그렇답니다. 시골에서 좀 살만한 부자들의 뻔뻔한 횡포였지요. 유교의 윤리관이 이러쿵저러쿵 겉은 번지르르하게 포장이 되었지만 속은 힘없고 못사는 사람들에게 노예생활을 강요하였던 잔인한 때였지요."

이 여인은 자신의 억울한 인생을 푸념하였다. 진상은 위로하

듯이 맞장구를 쳤다.

"하기사, 부모의 뜻대로 여자의 운명이 좌지우지 되었으니 지금 시절로 생각하면 잔인한 일이였지요. 지금도 아마 그런 사람이 있긴 있을 것입니다."

"저가 안 해야 할 내 속 이야기를 강 사장님에게 한 것 같습니다."

"아닙니다. 그래서 그 뒤로 어떻게 되었습니꺼?"

"저는 그 집에서 첫 아들을 어엿하게 낳아 주었습니다. 그 후 전부 다섯 남매를 낳았습니다. 떳떳하였지요."

"아 그랬군요."

"그런데 그 큰 아들을 본처가 끼고 산거예요. 모정이라는 것이 있잖아요. 안아 보고 싶은 모성 말입니다. 편하긴 편했지요. 또 본처가 씨앗 시샘이 참 심하였지요."

"아, 좀 심하였던 같았네요. 여자의 마음이란 참 …"

"다섯을 낳고 사는 도중에 본처도 아들을 낳았습니다. 그동안 세월이 흐르면서 늙은 남편이 죽었습니다. 그후 생지옥 같은 그 집이 싫었습니다. 그리고 몇 년 전에는 도저히 안 되겠다 싶어서 그 집을 나와 버렸습니다. 그 집에서 도저히 더 이상 살 수가 있어야지요."

"그래서 이렇게 포장마차 장사를 하게 되었군요."

"예, 그렇답니다. 어떻게 보면 쫓겨나오다시피 나온 것이지요. 한 삼 년 밖에 안 되었습니다."

"그 동안 이곳 마산에서 자리 잡고 사느라 고생이 많았겠습니더."

"고생이야 많았지요. 그러나 그 집을 나와 버리니 시원하였습니더."

이순자 여사가 여자로서 겪어야 했던 세월에 새겨진 인고가 오뇌의 언어로 표현할 때 진상의 아픔과 동조되어 동정심이 생겼고 숙연해지기도 했다. 진상은 동병상련의 사연에 마음이 불편하였다.

그는 이제 원숙한 사장 티가 났다. 시간이 나는 대로 그 포장마차에 가서 이 여사와 이야기 하며 지냈다. 이야기 하는 재미가 있었다. 그러다 보니 정이 많이 들었다. 트럭 운수업은 그런대로 잘 되어 걱정이 없었고 서울까지 장거리도 능란하고 노련한 운전사가 되어 있었으며 또한 자유로운 사업이니 마음도 편하였다. 8톤 트럭을 운전하는 기분은 세상이 내 것 같은 생각이 들어 신이 나서 달리곤 하였다. 그럴 때면 마음속 깊은 곳에 들어 있는 한의 덩어리가 깨져 한 조각씩 한 조각씩 풀려 나가는 것 같았다.

몇 개월 후에 이 여사는 리어카 포장마차 장사를 접고 양덕동 한일합섬 정문 앞쯤에서 술집을 개업하였다. 트럭의 차고지도 한일주유소 옆에 있어 이 여사의 술집과는 거리가 가까웠다. 가까우니 시간이 나면 내 집처럼 자주 드나들었다.

"이 여사, 이 여사도 혼자이고 나도 홀아비이니 우리가 서로

의정부 우렁부인 집에서 우렁부인과 함께

의지하며 외로움도 달래며 지나니 참 좋습니다.”

"아유, 여자인 내가 할 소리를 강 사장님이 하네요. 고맙습니다."

"포장마차 장사보다 이 술집 장사가 괜찮습니꺼."

"글쎄요, 더 해 봐야지요. 아직은 모르겠습니다."

1987년 가을에 의정부의 우렁부인이 2층집을 샀다고 딸이 소식을 전해 주었다. 그래서 집을 산다고 힘이 들고 돈이 부족할 것 같아 보탬이 되라고 얼마의 돈을 보내 주었다. 우렁부인은 세 자식을 키우고 학교를 보내기도 벅찼을 텐데 거기다가 집까지 샀으니 참 대단하다고 진상은 생각했다. 속으로 고마운 마음이 들었다. 마침 의정부로 상품을 운반할 일이 생겼다. 그래서 새로 산 우렁부인 집으로 가서 벽지를 사서 방에 도배도 하여주고 또 손을 보아야 되는 화장실도 고치고 정리도 해 주었다. 전 남편으로, 아비로 역할을 하였다고 생각을 하니 뿌듯한 감회가 일었다.

1988년 진상은 48살 되던 해 봄에 동생 진화에게 8톤 트럭 값을 매월 50만 원씩 지불한지 딱 2년이 되었다. 2년 전에 트럭 값이 약 700만 원이 나갔으나 2년 동안 총 1,200만 원을 지불한 셈이었다. 그 정도는 애초에 형제간의 일로써 감안하기로 마음을 먹었고 또 진상이 동생에게 아쉬운 부탁을 했었기 때문에 섭섭한 생각이 들어도 가볍게 생각하기로 마음을 먹었다. 어쨌든 2년 만에 트럭 값을 다 갚은 감회는 남달랐고 완전히 진상의 소유의 트럭이 된 기쁨은 이루 다 말할 수가 없었다.


이순자 여사에게 불행한 일이 닥쳤다.

마산 역전 파출소 가까운 전셋집의 작은방에서 한 밤중에 홀로 잠을 자고 있던 막내딸에게 강간범이 침입하여 칼을 들이 대며 강제로 성추행을 한 사건이 일어났다. 딸 방에서의 낌새가 이상하다고 생각한 이 여사가 딸 방에 들어 가보니 딸이 이불속에서 울며 공포에 떨고 있었다. 강간범은 이미 도망 가 버린 후였다. 사건을 경찰에 신고를 하였다. 이 여사의 분함은 말할 수가 없을 정도였고 그 처연한 모습을 보기가 민망스러웠다. 이 여사에게 딸의 육체적 정신적 상처를 어떻게 위로를 해 주어야 할 지 그는 참으로 난감하였다. 참으로 충격적이었다.

아버지 같은 심정으로 진상도 분노하고 울분에 차서 주먹을 불끈 쥐고 가슴을 쳤다. 이 여사가 당했던 이 몹쓸 불행한 사건 같은 것이 없는 세상은 오지 않을까. 진상이 어렸을 때 당했던 국가폭력 같은 것들이 없는 세상은 실현이 되지 않을 것인가. 그래서 수많은 사람들이 메시아를 기다리고 있지 않은가.

천상병 시인은 〈귀천〉에서 "나 하늘로 돌아가리라 / 아름다운 이 세상 소풍 끝내는 날…"이라고 읊으며 성폭력, 국가폭력이 수 없이 일어나는 이 개 같은 세상을 아름다운 세상이라고 하였던가, 과연 그러한 불행한 일들도 아름다울 수가 있을까. 이 개 같은 세상의 일들이 아름다울 수가 있을까. 진상의 귀에는 정의가 울먹이는 소리가 들렸다. 진상의 눈에는 신음의 몸짓이 보였다. 괴로웠다. 머리가 혼돈되며 어지러웠다.

그 일 이후에 이 여사는 당장 그 집에서 나와서 좀 떨어진 곳에 방을 새로 얻어 이사를 하였다.


큰형과 두 동생이 가정 사정으로 인하여 83세의 고모를 모실 수 없는 형편이 되었다. 거처할 곳이 마땅하지 않아 진상이 모실 수밖에 없었다. 고모는 노령이기도 하지만 건강도 나빠졌고 더구나 치매기도 있어서 모시기가 힘이 들었고 옆에서 지키며 보살펴야 할 상황이었다. 어찌 할 수가 없어 진상의 트럭에 있는 잠을 자는 자리로 모셨다. 운전하며 고모를 모시고 수발을 들며 전국을 누비고 다녔다. 고모는 어린아이 같이 좋아하였다. 그런 생활이 힘들었으나 함께 트럭 생활을 한참 동안이나 하였다.

1년쯤 후에 이순자 여사는 한일합섬 정문 앞의 술집을 접고 창원 반지동으로 이사를 하였다. 그래도 이해하고 말 상대가 된 이 여사가 멀어져 아쉬웠으며 때로는 심심하기도 하였다.

1990년에 진상은 막 50살의 장년長年이 되었다. 동생 진화에게 인계 받은 8톤 트럭은 그 동안 너무 낡아 사업에 지장까지 주어서 폐차 처분하였다. 그 동안 모은 돈 일부를 목돈으로 지불하고 나머지는 할부로 하여 3천만 원짜리 8톤 트럭을 구입하였다.

새 차인데다 운수사업이 한참 세월이 좋아 한 달 수입이 약 400만 원쯤 되었다. 할부로 지불하는 돈이 아까웠지만 어찌 할 수 없는 노릇이었다. 의정부에 있는 자식들에게도 알게 모르게 경제적인 지원을 아끼지 않았다. 물론 작은 교통사고도 몇 번 있기도 하였지만 큰 문제없이 자동차 보험으로 해결이 되었다.

1990년 화창한 가을 큰아들 명호가 23살의 나이로 의정부에서 결혼을 하였다. 진상은 우렁각시 아니 우렁부인과 함께 여느 부모와 똑 같이 결혼식장 혼주 석에 앉아 있었다. 늠름한 청년으로 성장한 자랑스러운 아들 신랑과 하얀 면사포를 쓴 며느리 신부를 오늘 이 자리에서 우렁부인은 그에게 선물을 준 것 같았다.

진상은 강원도 한적한 산골 성당에서 군복을 입고 초라한 자신의 결혼식을 떠올리며 눈을 지긋이 감았다. 순간 우렁부인에게 고마운 눈물이 눈가를 적셨다. 참으로 감회가 깊었다.

식장에서 우렁부인의 손을 잡고 덩실덩실 춤을 추고 싶은 충동이 일어났다. 그날 밤 우렁부인의 집에서 딸과 막내아들, 처가 친지들이 있는 가운데 우렁부인의 손을 잡고 덩실덩실 춤을 추었다. 참으로 아름다운 밤이었다.

1992년 딸은 '월순'이라는 이름이 마음에 들지 않아 '수연'으로 본인이 혼자 알아서 개명을 하였다. 이렇게 스스로 자기 일을 처리하며 세상을 살아가는 지혜를 갖도록 우렁부인은 아이들을 잘 키워냈다. 그 동안 알뜰하게 재산을 모아 2층 집도 사고 살림살이도 규모 있게 하였으며 여느 어머니들과 같이 자식들에게 헌신적이었고 눈물 많고 인정이 많은 정다운 어머니였다. 진상은 아버지로서 자상하지 못했던 것과 자식들을 이렇게 키우지 못한 자책이 컸으나 우렁부인에게 진심으로 감사하였다.

세월이 흘러 몇 년이 지났다. 트럭 운전이 자신 있다고 자만하다가 큰 사고를 내고 말았다. 1994년 여름 어느 날 경부고속도로를 짐을 가득 싣고 서울을 향해서 야간이지만 약 100Km로 고속 질주를 하였다. 원래 신나게 달리는 성격이라 한참을 거침없이 달렸다. 대전 가까이에 있는 소위 '바나나 터널'은 말 그대로 활처럼 휘어진 터널이었다. 휘어진 터널이므로 바로 앞만 시야에 들어올 뿐이지 더 멀리는 시야에 들어오지 않았다. 그 터널 속을 그 속도로 달리고 있는데 갑자기 차들이 움직이지 않는 것처럼 서행을 하고 있었다. 발견이 된 때는 이미 늦었지만 순간 급브레이크를 밟았다. 그러나 짐을 가득 싣고 가는 무거운 8톤 트럭이 가속도로 인해 급정지가 제대로 되지 않았다. 터널 벽 쪽으로 핸들을 꺾을까 생각을 했지만 벽을 타고 올라가면서 뒤집어지면 더 큰 사고가 날 것이라는 판단이 순간 스쳤다. 사건은 순간순간으로 진행이 되었다. 그래서 1차로에 있는 버스와 2차로에 줄줄이 서 있는 자가용 사이로 트럭의 머리를 들이 밀며 일단 버스 우측 꽁무니에 충돌을 하였다. 버스 우측 꽁무니를 박살내면서 제동이 되었고 동시에 승용차를 받았다. 첫 번째 승용차는 바로 앞 승용차의 지붕으로 타고 올랐고 그 두 번째 승용차는 세 번째 승용차의 뒤를, 그리고 세 번째 승용차는 네 번째 승용차를 연쇄적으로 받았던 큰 사고였다. 두 번째 승용차에 할머니가 부상을 당했지만 다행이 사망자는 없었고 부상자들이 몇 명이 나와서 대전에 있는 병원으로 후송되었다. 진상의 8톤 트럭은 범퍼만 좀 찌그러졌을 뿐이었다. 싣고 간 상품도 아무런 손상 없이 그대로였다. 대형 사고였지만 다 보험으로 처리가 되어 잘 해결이 되었다. 그 사고 이후로 신나게 씽씽거리며 달리는 운전 습관을 바꾸기로 마음을 먹었다. 참으로 큰 교훈을 얻었다.

1995년쯤 되던 해에 짐을 가득 싣고 서울을 지나 경기도 동두천으로 가던 중 밤 12시경인데도 도로 가 노지에 전등을 켜 놓고 사람들이 줄을 길게 서서 있는 것을 보았다.

호기심이 많은 그는 큰 트럭인고로 멀찌감치 정차를 하여 놓고 그 장소에 가 보았다. 왜 그렇게 밤 12시경인데 사람들이 길게 줄을 서서 있을까 의아하고 신기하였기 때문이었다. 가서 보니 봉고차에 장작불을 때는 큰 냉장고 크기의 기계장치를 해 놓고 통닭을 굽고 있었다. 차례를 기다려서 통닭구이를 사 먹으려고 줄을 서 있었던 것이다. 그 광경을 보고 난 후 별 생각 없이 다시 운전하여 동두천에 있는 목적 회사에 도착하여 하치장에 짐을 모두 내려놓고 운송비를 받았다.

아직도 새벽이었다. 길을 재촉하여 내려오는 도중에 어제 밤에 본 그 장소를 다시 지나게 되었다. 새벽이 되었는데도 여전히 그 곳에서 통닭구이와 소주를 팔고 있었다. 그래서 트럭을 세워 놓고 아침이라 좀 한가해 보여서 주인에게 말을 붙였다.

"아이구, 아저씨 수고가 많습니더. 어제 한밤중 장사가 새벽까지도 계속 되고 있네요."

"예, 그렇습니다. 간밤에 통닭을 구어 내기가 너무 바빴습니다. 지금은 아침이라 이 정도입니다."

"이른 아침에 실례가 되는지 모르겠습니다만 물어 봐도 되겠습니꺼?"

"예, 물어 보세요."

"통닭구이와 소주는 얼마를 받는지 좀 아르켜 줄 수 없을 까요."

"아, 예 통닭 한 마리에 8천원, 소주 한 병에 2천원 합해서 1만원을 받습니다."

"이윤은 얼마나 남습니꺼?"

"생 통닭은 3천원이고 소주 한 병은 9백원, 그리고 양념과 장작 등은 1천원으로 치고 합계 5천원 정도이니 5천원이 남는 셈입니다."

"아, 그래요. 나도 이렇게 통닭구이 장사를 하고 싶은 생각이 듭니더."

"서울에서는 유행이고 줄을 서야 살 수 있습니다."

"하루 매상은 얼마 정도 입니꺼?"

"많이 팔리면 하루 저녁에 200마리 이상은 됩니다."

"야, 하루 저녁 매상이 200백만 원, 그러니까 순익이 100만 원인 셈이네요."

"하루 평균 얼마나 팔립니꺼?"

"평균 150마리는 될 껍니다."

"저는 경남 마산에서 살고 있는데 마산에서도 장사가 잘 되겠습니꺼?"

"그럼요, 잘 될 겁니다. 한 번 해 보세요."

"그 기계는 어데서 삽니꺼?"

"서울 청계천 기계 부품을 파는데 가면 제작하는 곳이 있습니다. 어쩌면 만들어 놓은 것이 있을 수도 있고요. 기계장치 값은 80만 원입니다."

"그러면 청계천 어디인지 좀 자세히 알려 줄 수 없을 까요. 당장 사서 내려가렵니다."

"참, 아저씨도. 성질도 급합니다. 당장에 쇠뿔을 빼려고 하네요. 하 하."

"예, 그렇게 되었네요. 미안합니더."

"여기 명함이 있습니다. 가져가세요."

"아저씨, 고맙습니더. 안녕히 계십시오."

내려오다가 의정부 우렁부인 집을 찾아가니 딸 수연이는 아직 출근 전이었다. 누워서 간밤에 못 잔 잠을 잤다. 우렁부인에게 생활비 얼마를 주고 나왔다. 그는 당장 청계천에 있는 그 제작소에 찾아가 통닭구이 기계장치를 샀다. 창원 팔용동 집으로 와서 당장 중고 봉고차를 구입하여 큰 냉장고 크기의 기계장치를 실어 설치하였다. 막상 통닭구이 장사를 하려고 하니 창피한 생각이 들고 부끄럽기도 하여 그냥 며칠 차를 세워 놓고 있었다. 그런데 이른 아침에 이웃에 사는 경찰관 아저씨가 청소를 하면서 진상에게 물었다.

"이거 통닭 굽는 기계장치 아닙니까."

"예, 맞씁니더. 어떻게 알았습니꺼"

"아, 나 서울에서 봤는데 이거 아주 장사가 잘 됩디다. 왜 장사를 안 합니까?"

"해야지요, 고맙습니다."

경찰관 아저씨의 말을 듣고 힘을 얻었다. 이순자 여사에게 통닭구이 사업에 대해 설명을 한 후 동업을 하자고 제안하니 받아들였다. 그래서 창원에서 동면으로 가는 도계고개에서 동업으로 통닭구이 장사를 함께 시작을 하였다. 대박이었다. 굽기가 바쁘게 팔렸다. 손이 모자랐다. 미처 생 통닭을 대기도 힘들었다.

또 한 달 후에는 또 한 대를 더 구입하여 두 대로 장사를 하면

274

서 일하는 아주머니 둘을 채용하여 장사를 하였다. 이 여사가 주로 장사를 하고 진상은 그대로 운수사업을 했다. 두 사업을 하자니 많이 바빴다. 어떤 날 장사가 잘 될 때에는 하루에 통닭을 두 대에서 350마리 정도 팔 때도 있었다. 하루 350만 원 매상에 순익이 175만 원이면 엄청나게 장사가 잘 된 것이었다. 그러한 수익을 올리니 빌딩도 살 것 같은 생각이 들기도 하여 기분이 기고만장해졌다. 그러다 보니 소문이 나 무려 다섯 사람이 와서 자기네들도 장사를 하고 싶으니 어떻게 하면 좋겠느냐 해서 방법을 물어 알려주었다. 그리고 기계장치를 주문을 받았다. 한 대 값을 운송비 10만 원을 포함하여 150만 원을 받았으니 60만 원을 번 셈이고 합해서 당장 300만 원의 돈이 생겼다.

그 다섯 사람이 마산과 창원에서 장사를 하였고 그때부터 통닭구이 장사가 유행을 하기 시작하였으며 오랫동안 지속이 되었다. 소문이 크게 나고 사 먹는 사람들이 북적거리니 신문기자와 방송기자가 와서 취재를 하였다. 그리고 비위생적이라고 비판 기사가 나왔다. 기사가 나온 즉시 그 다음 날 바로 보건소에서 나와 위생검사를 하고 비위생적이라고 판정을 하였으며 사업을 접으라고 행정처분을 받았다. 그래서 그 통닭구이 장사는 두 달 천국으로 끝나 버렸다.

통닭구이 기계장치와 봉고차를 처분하고 사업을 접은 후 정리하여 결산을 해 보니 두 달 만에 약 3천여만 원을 벌었다. 큰돈이었다.

1996년에 준비하여야 할 서류를 챙기던 중에 호적등본을 떼어 보니 이순자 여사와 혼인을 한 것으로 되어 있어 법적으로 부부 관계임을 알았다. 호적이 어지럽게 더러워졌다. 진상의 분노가 터졌고 화가 치밀었다. 그 동안 의지하며 외로움을 달래고 도와 가면서 살았는데 이 지경이 된 것이었다.

"이 여사, 호적등본에 혼인하여 부부로 되어 있는데 도대체 어떻게 된 것입니꺼. 내가 하지도 않았는데 어이 된 것이오."

"아, 작년에 내 친구와 함께 서울 홍제동에 가서 관계서류를 떼어 친구의 도움으로 서대문구청에 가 혼인 신고를 하였습니더."

그러고 보니 진상은 여태까지 주민등록을 마산으로 옮기지 않고 서울 홍제동에 그대로 두고 살아왔음을 그제야 알았다. 그런 것에 대해서 너무 무관심했던 자신이 한심스러웠다.

"이 여사, 이거는 너무 한 것 아닙니꺼. 당장 절차를 밟아서 취소하시오."

"우리 서로 부부사이로 삽시다. 우리는 서로를 너무나도 잘 알고 있지 않습니꺼. 이대로 두고 그냥 삽시다. 당장 팔용동 집에서 우리 집으로 이사하여 부부로 살아 갑시다."

"안 됩니더. 나는 싫습니더. 호적에서 당장 빼내시오."

"우리는 서로가 큰 아픔을 가진 동병상련의 불쌍한 사람들 아닙니꺼. 이제는 정식 부부로 살아야지요."

진상은 참으로 답답하였다. 어떻게 해야 할 지 머리가 아팠다.

담배 한 대를 피며 연기를 내뿜었다.

"여하튼 나는 싫소. 당장 수속을 밟아 내 호적에서 빼시오. 이유 없소."

단호하게 말하였다. 결국은 이 여사가 이혼수속을 밟아서 진상의 호적에서 빼버렸다. 이로써 이 여사와는 완전히 결별하였다.

그 해(1996년) 겨울에 사랑스런 딸 수연이가 대구에서 결혼식을 올렸다. 딸의 흰 장갑 낀 손을 잡고 빨간 카펫을 밟으며 하객들 사이로 웨딩마치에 발을 맞추며 서서히 걸어가는 감격은 그를 자칫 쓰러지게 할 뻔하였다. 아름다운 웨딩마치 선율이 감미롭게 잔잔하게 울려퍼지며 마음에 터질듯한 기쁨을 가득 안기며 눈물을 핑 돌게 하였다. 그 장면을 보고 우렁부인도 감동하여 흰 장갑을 낀 손으로 눈물을 찍어 내고 있었다. 우렁부인은 딸의 그 모습이 너무 아름다워 감격하였다. 웨딩드레스와 면사포를 써보지 못한 자신의 초라한 결혼을 생각하며 자랑스러운 딸을 부러운 눈으로 바라보며 기쁨을 느꼈을 것이다.

혼주석에 앉은 진상은 우렁부인의 흰 장갑 낀 손을 잡고 고맙다고 속삭였다. 기분이 좋았던 그는 피로연 자리에서 기뻐서 술을 거나하게 마시며 즐겼다.

운수사업은 여전히 그런대로 잘 되었다. 고속도로를 신나게 달리고 달렸다. 달릴 때 마다 내면 깊숙이 들어 있는 한의 덩어리 일부가 뿜어져 나왔다. 시원하였다. 휴게소에서 잠을 자기 전에 외로운 생각이 들면 하모니카로 기러기 노래를 부르고 잤다. 잠을 잘 때는 어머니의 꿈을 꾸기를 바라면서 잠을 잤다.

고모는 1997년 가을에 막내 진화의 자산동 집에서 이 세상을 기구하게 사시다가 92세로 장수하고 생을 마감하였다.

진상은 어느덧 세월이 흘러 2,000년, 벌써 60살 노인이 되었다. 따뜻한 봄날 모처럼 쉬는 시간이 있어서 같은 운수업을 하는 배종란 사장과 함께 코티나 자가용을 이용하여 마산 가포 유원지로 놀러 갔다. 바닷가를 산책하기도 하고 여유로움을 즐기다가 배도 출출하고 목도 축일 겸해서 식당으로 들어갔다. 그 식당에는 이미 한 무리의 여인들이 계모임으로 맥주를 마시고 환담하며 놀고 있었다. 그때 강사장과 배 사장이 들어가 시원한 맥주를 시켜서 마셨다. 약간 취기가 느껴졌을 때 역시 취기가 있는 여인들은 그들의 자리에 초청하여 주었다. 합석을 하여 같이 맥주를 권커니 잣거니 하며 어울려서 놀았다. 한참을 놀다가 그 여인들은 계속 놀고, 강사장과 배 사장은 집으로 가기위해 그 곳을 빠져나왔다. 그런데 두 여인이 뒤를 따라 나와서 자기네들도 집에 가려고 하는데 자가용에 좀 태워 달라고 하여 같이 타고 시내로 들어오다가 중간에 배 사장은 내렸다. 강사장은 창원역 앞 팔용동에 집이 있으므로 두 여인을 태우고 계속 왔다.

"두 분은 어디서 내릴 겁니꺼. 어디에 내려 줄까요?"

"예, 우리는 동면 본포 앞까지 갈려고 합니더. 친구를 만나러 가거든요."

"아, 그래요. 그러면 내가 그 곳까지 선심을 쓰겠습니다."

"아이구, 감사합니다. 아저씨는 성씨가 어떻게 되는데요?"

"나는 강 가인데 그냥 쉽게 강 사장이라고 하면 됩니더."

"강 사장님, 나는 실은 남자 친구를 만나러 가는데 옆에 있는 내 친구하고 한번 사귀어 보세요. 하 하."

"야, 니 무슨 말을 그렇게 하노. 쓸데없는 소리하고 있구나. 부끄럽게."

백미러를 통해서 본 옆에 있는 다른 여자는 얼굴을 붉히며 말은 했지만 싫은 기색은 없어 보였다.

"허허허, 그러면 저가 못 들은 것으로 하겠습니다."

동면 덕산에 가서 도로 가에 있는 식당 앞에 내려 주고 오려고 하는데 남자 친구를 만나려고 온 여자가 잠시 내려서 음료수라도 한 잔 하고 가라며 붙잡아서 식당 주차장에 주차하였다. 친구를 만나려고 온 여자가 맥주와 음료수를 시켰다. 그리고 큼직한 손전화기로 남자 친구에게 전화를 하였다. 남자 친구를 기다리고 있는 사이에 환담을 하였다. 따라 온 다른 여자가 자리를 잠깐 비운사이에

"강 사장님, 저 친구는 지금 혼자 살고 있으니 사귀어 보세요. 두 분이 어울릴 것 같습니다."

"아, 글쎄요. 내가 자격이 있는지 모르겠습니더."

"뭐 그런 말씀을 합니꺼. 아닙니더."

그러는 사이에 기다리던 그 여자의 남자 친구가 들어와 서로 인사를 나누었다. 일행은 맥주를 마시며 환담을 하였다. 얼마 후에 운전을 해야 하므로 더 이상 그 자리에 있을 수 없고 또 두 연인끼리 희희낙락 재미있게 노는데 있기도 거북하고 방해가 될 것 같아서 가야겠다고 인사를 하고 그 자리를 나왔다. 남자 친구를 만나고 있는 여자는 남편이 있는 여자였으며 남자 친구와 사귀고 있는 사이임을 나중에야 알았다. 따라 온 여자도 강사장을 따라 나왔다.

자가용에 같이 타고 마산으로 오는 도중에

"여사의 집은 어디 있읍니꺼?"

"내 집은 신마산 중앙동에 있습니더. 마산 경찰서 앞 건너편 해안 쪽으로 있습니더."

"아 그래요. 머네요."

창원역 가까이 왔을 때

"우리 집이 여기서 가까운 팔용동이니 놀다가지 않겠습니꺼?"

"아 팔용동에 집이 있습니꺼."

그리고 그 여자는 순순히 강 사장을 따라 왔다. 동네 식당에서 간단히 저녁을 먹은 후에 같이 집으로 들어 왔다.

"그러고 보니 우리가 서로 통성명도 하지 않았네요. 내 이름은 강진상입니더."

"저의 이름은 김영순입니더."

"이름이 순해 보여서 좋습니더. 나이는 어떻게 됩니꺼. 나는 막 60인데."

"아 그렇습니꺼. 그렇게 보이지 않는데요. 60치고는 젊어 보이네요."

"아 그래요. 그렇게 젊게 보인다니 좋습니더"

"나는 막 50입니다."

"가족은 몇이나 됩니꺼. 남편은 있습니꺼"

남자 친구를 만나고 있는 여자에게서 이미 홀로 있다는 것을 알고 있었지만 모른 채 하고 그냥 물어 보았다. 또 순순히 집까지 따라 온 것을 보면 그렇게 물어 봐도 될 것 같았다.

"딸 둘에 그 밑으로 아들 하나 있습니다. 그리고 남편하고는 사별을 하였고요. 홀로 된 지는 몇 년이 되었습니다."

"나는 아들 둘에 딸이 하나 있습니다. 아내와는 오래 전에 이혼을 하였고 지금은 홀아비입니다."

그날 밤 자연스럽게 인연을 맺었다.

아예 김 여인은 밤에는 그의 집에서 살았다. 낮에는 직장인 수출자유지역에 있는 동원산업 회사를 다녔다. 처음 만난 지 일주일쯤 후에 의령 자굴산에 있는 일붕사라는 큰 절에 가 단 둘이 서로 크게 맞절을 하며 결혼식을 올렸다. 검은머리 파뿌리가 되도록 살자고 부처님 앞에서 서로 서약을 하였다.

김 여인의 아들은 초등학교를 다닐 때 조직폭력배에 꼬여 그들의 조직에 들어가 죄를 범한 후에 법적인 절차를 거친 다음 김해에 있는 소년원에서 수감생활을 하고 있었다. 큰딸은 이미 결혼을 하였고 작은딸과 함께 모녀가 중앙동에 있는 쾌적하지 못한 환경의 집에서 살고 있었고 그 집은 슬레이트 지붕에 시멘트 블록으로 된 건물이었다. 본채에서 이어내 하수도가 지나가는 위에 만들어져 있는 방 2개짜리에 부엌과 화장실이 있는 허술한 집이었다. 집 등기는 김 여인의 사별한 남편의 이름으로 되어있었다. 약 2년여 동안 진상의 8톤 트럭에서 두 사람은 먹고 자며 사는 동거인이 되어 전국을 다니며 구경도 하고 떠돌이 생활로 재미있게 세월을 보냈다. 오후에는 한일합섬이나 대우중공업에서 짐을 상차하고 야간을 이용하여 전국 어느 곳이든 목적지에 도착하여 오전 중에는 짐을 하차하는 생활이었다.

전국을 누비며 그러한 생활을 하던 중에 의정부까지 갔다. 그냥 지나칠 수가 없어서 우렁부인 집을 김 여인과 함께 들렀다. 이때 큰아들 명호 내외도 와 있었다. 아들의 반응은 너무나도 싸늘하였다. 언짢은 인상이 얼굴 밖으로 확연히 드러나 보였다. 그때 이후부터 큰아들은 아버지에 대한 불손한 언동으로 마음을 아프게 하였고 불편하게 하였다. 김 여인을 어머니의 남편을 빼앗아간 간부奸婦로 대하는 것 같았다. 그것이 여태까지 아버지와 아들의 사이가 나빠진 이유였다.

김 여인은 집에서 편안하게 잠을 잘 수 있는 날이 드물고 불편하여 트럭에서의 생활을 그만 두었다. 그리고 김 여인은 수출자유지역에 있는 스티로폼 제조회사에 다니게 되었다. 그가 짐을 운송하지 않는 날은 팔용동 집에서 살고 그가 짐을 싣고 마산을 떠나면 중앙동 자신의 집으로 가서 지냈다.

김 여인의 아들은 소년원을 거치는 동안 성인이 되어 강원도 홍천교도소와 충남 홍성교도소에서 수감생활을 몇 년째 하고 있었다. 그 두 교도소를 김 여인은 함께 면회를 갔다 오기도 하였다. 어느덧 세월은 흘러 2004년 봄 64살이 된 진상은 김 여인에게 말하였다.

"여보 김 여사, 우리가 명색이 부부인데 한 집에서 살지 못하고 당신이 중앙동 당신 집과 팔용동 내 집을 왔다 갔다 하는 생활이 얼마나 불편합니꺼?"

"예, 많이 불편합니더"

"또 당신 아들도 형이 끝나 곧 출소한다는데 다른 방도 있어야 할 게 아니요."

"예, 그렇기도 합니더. 그럼 어떻게 해야 합니꺼?"

"당신 아들은 올해 몇 살입니꺼. 이젠 나이가 제법 되었지요?"

"예, 벌써 25살입니더"

"그러면 나는 나이도 나이인지라 운수사업을 이제는 끝낼 때가 되었으니 트럭을 처분하고 운수업을 접으려고 합니더."

"아니, 벌써 사업을 접으려고 합니꺼. 아직도 더 해도 안 됩니꺼?"

"당신이 다니고 있는 회사가 가까운 양덕동이나 봉덕동에 집을 준비를 합시더. 그러려면 돈이 있어야 할 게 아니요. 그래서 사업을 접으려고 한 것입니다."

김 여인은 내심 기뻤다. 이렇게까지 생각을 해주니 고마웠고 감동했다. 그래서 2004년 봄에 운수업을 접고 트럭도 팔아 정리하였다.

"김 여사, 8톤 트럭을 1,500만 원에 팔았고 또 그 동안 모아놓은 돈이 3천만 원 합해서 4,500만 원이 준비 되었습니다. 당신 돈은 얼마쯤 있습니꺼?"

"아니 벌써 트럭을 처분하였습니꺼. 뭐가 그리 급합니꺼. 참 빠르네요. 내 돈은 2천만 원쯤 있습니더."

"그럼 됐습니더. 당장 양덕동이나 봉덕동으로 갑시더. 집을 알아봅시더."

마산 봉암동에 가서 돌아다녀 보니 마침 한양연립주택 206호의 집을 팔려고 내어 놓았다. 가격은 5,500만 원이라 하여서 즉시 사기로 계약을 하였다. 그러니 진상의 4500만 원에 김 여인의 1천만 원에 집을 마련한 셈이었다.

"김 여사, 연립주택은 당신 명의로 등기를 해 줄테니 대신 중앙동의 집은 나에게 넘기소."

"예, 좋습니더. 그렇게 하세요."

"확실히 약속한 것입니다."

"예, 확실히 약속하였습니더. 고맙습니더."

신 마산 중앙동에 있는 김 여인의 집은 이제 진상의 소유가 되었다. 봉암동 한양주택에 살았던 전 주인이 집을 비워주었다. 벽지 바르는 사람에게 의뢰하여 벽지를 새로 바르고 나니 새집처럼 바뀌었다. 날을 받아서 이사를 하였다. 내가 마련한 집에서 김 여인과 동거부부가 되어 생활하니 꿈을 꾸고 있는 것처럼 행복하였다. 그러던 어느 날 김 여사의 친구가 집을 들여다 볼 겸 놀러 왔었다. 진상은 그 김 여인의 친구에게

"아주머니, 중앙동 김영순 씨의 집을 혹시 사고 싶은 생각이 없습니꺼"

"아니 영순아, 그 집을 팔려고 하나. 팔면 얼마에 팔려고 하노?"

진상이 말을 받았다.

"아, 예, 1,500만 원은 받아야 안 하겠습니꺼."

"아이구, 그 정도의 목돈이 어디 있습니꺼. 그 거 큰돈입니더."

"그래, 사고 싶은 생각은 있긴 있습니꺼?"

"예, 내 친구 집이고 내 집 같아서 사고 싶은 생각은 있습니더."

진상은 팔긴 팔아야 하겠는데 하고 생각을 좀 해보았다.

"그러면 이렇게 합시더. 우선 400만 원을 현금으로 나에게 주고 나머지는 20개월로 월 50만 원씩을 주면 어떻겠습니꺼. 그러면 1,400만 원입니더. 백만 원이 깎인 것입니더."

"예, 그러면 사겠습니더."

그렇게 하여 계약서를 쓰고 김 여인의 친구에게 그 집을 팔았다.

그러니 실제로 진상은 3,100만 원, 김 여인은 2,400만 원으로 양덕동 한양연립주택을 산 셈이 되었다. 새 집에서 만기 출소한 26살 된 김 여인의 아들과 함께 동거 부부로서 생활을 시작하였다. 그런데 김 여인은 본래 장손의 며느리로 기제사 4봉상을 그리고 설, 추석 명절에 두 번으로 일 년에 6번씩이나 제사를 한양주택에서 지냈다. 그때마다 김 여인의 시집 친척들이 다수가 와 북적거렸다. 처음에는 술도 사다가 주고 제사를 지내는 일을 도와주었고 또 불편하지 않게 그 자리를 피해주기도 하였다. 명절 때는 그 친척들의 노는 시간을 배려하여 집을 나와 바닷가로 가서 낚시질을 하며 시간을 보내고 끼니는 라면으로 때웠다. 그러나 어느 누구도 고맙다고 인사하는 사람이 없었다. 무척 섭섭하였다. 마치 점령군처럼 집을 점령하여 저희들 멋대로 하였고 그는 안중에도 없었다. 매년 반복이 되어 마음이 아주 불편하게 되었다. 특히 명절 때는 명절임에도 불구하고 집에서 편히 지내지 못하고 집을 나와 바닷가에 가서 낚시질이나 하고 라면으로 끼니를 때우니 짜증이 크게 났다. 그렇다고 미안하다고 인사하는 친척이 하나도 없었다.

가장인 진상의 집안 일이 우선인데도 김 여인은 그러한 점을 전혀 고려하지 않고 김 여인 자신의 입장으로만 생각하고 행동하는 것에 대해 심히 못 마땅하였다. 오히려 눈치를 보며 미안해야 하는데도 그런 빛이 전혀 보이지 않았다. 그저 김 여인에게 빌붙어 살고 있는 하찮은 늙은이로 보는 것 같았다. 그래서 진상의 심경을 극도로 피로하게 만들었다.

김 여인은 또 골동품 경매장에 경매에 나온 명품 같은 그림이나 가치가 있어 보이는 사진들을 사 와서 벽에 걸어 놓으면 물어보지도 않고 어느 틈에 떼어 버리곤 하였다. 전혀 의사소통이 되지 않고 스트레스를 주는 여인으로 되어 버렸다. 마음에서 김 여인은 점점 멀어지기 시작하였다. 몇 년이 흐르는 동안 계속되는 곤란하고 힘든 생활은 결국은 진상의 마음을 김 여인으로부터 완전히 떠나버리게 하였다. 드디어 2013년 12월에 김 여인과 헤어져서 봉암동 한양연립주택을 나왔다.

헤어져 나올 때 진상 몫의 돈을 더 받아야 하지만 그 동안의 정리로 보아서 2천만 원만 내어 놓으라 하였다. 그리고 그 돈을 받아 나와서 산호동 베르샤이유 빌리지 원 룸을 얻어 혼자만의 보금자리를 틀었다.


작은 아들 명훈이는 2012년 봄 37살로 나이에 늦은 결혼을 의정부에서 하였다. 세 자식들을 다 결혼을 시킨 홀가분한 기분이 여유로웠다. 부모에게 걱정을 끼칠 염려스러운 일 없이 성인이 되기까지 잘 자라 준 것을 고맙게 생각되었다. 각자의 가정을 꾸려서 각자의 인생을 살고 있는 자식들이 자랑스러웠다. 이혼한 아내는 그래도 자식들이 있어서 이들이 연결의 끈이 되어 비록 멀리 떨어져서 살고 있었지만 애경사 때마다 물질적이든 정신적이든 서로 기댈 수 있는 언덕이 되고 있었다. 그래서 우렁부인으로서 역할을 하며 살아 왔다. 이렇게 자식들을 아무 탈 없이 훌륭하게 키워 준 우렁부인에게 참으로 고마울 뿐이다.

전래 한국민화 '우렁각시'에서 주인공 농부가 드디어는 우렁각시와 결혼해서 행복하게 살았듯이 진상도 언젠가는 우렁부인과 재결합 하여 행복한 노후 생활을 할 것이다.

어린 시절에 원통하게 잃은 어머니에 대한 간절한 그리움은 어머니의 품안 같은 안식처를 갈구하게 되었으며 바로 그러한 대상이 아내였다. 그러나 안식처인 듯한 아내가 떠나버린 상실감으로 생긴 허전한 마음은 다시 그것을 찾기 위하여 35년여 동안 여인들에 대한 긴 방황으로 이어질 줄이야. 어머니에 대한 그리움이 멍에가 되어 방황이 이토록 오래 갈 줄 누가 알았으랴. 그것이 진상의 인생이었다. 그런 것을 어찌 하랴.

이제 그에게 여인들은 추억 속의 여인들이 되어버렸다. 그들의 성도 이름도 희미하게 기억 속에 남아 있지만 그래도 그의 인생에 크게 영향을 미쳤던 여인들이었다. 그들 여인들로부터 크게 위로도 받고 인생도 알게 되었다.

인생이란, 남자는 여자에 의해 여자는 남자에 의해 그 역정이 크게 좌우되는 것이 아닐까. 인생은 반쪽인 남자의 인격과 또 다른 반쪽인 여자의 인격으로 조화되어 뒤돌아다보면 추억 속에 남아있는 아름다운 세상과 역사를 만드는 삶이 아닐까.

"어제가 오늘이 되고 / 오늘이 내일이 되고 / 기러기 울고 가면 봄은 온다." 마산의 시인 이선관의 이 시처럼 인생은 그런 것이 아닌가. 어제가 오늘이 되고 오늘이 내일이 되는 삶이 인생살이 이거늘 '기러기 울고 가면'은 혹독한 추위의 겨울을 지난다는 것으로 인생도 사는 동안 겨울처럼 고난과 고통스런 일들이 있으나 따뜻한 희망의 봄이 오듯 행복한 내일이 올 것이다. 그러나 어제의 추억, 오늘의 늙음 뿐인 것이 인생인 것을 어찌하랴. 내일인 봄을 기다릴 뿐 그렇다면 봄은 무엇인가.

그에게 봄은 형제들과 모든 오해를 풀고 형제애를 되찾고 또 우렁부인과 재결합하여 행복하게 노후를 사는 것일 것이다. 어찌 되었든 그에게 남은 것은 추억과 늙음 뿐이다. 그래도 봄을 기다리고 있다.

# 북에서 온 소식

### - 진창 형의 편지

2000년 10월 2일에 공개된 '북측 이산가족 생사확인 의뢰자' 100명은 대체로 평범한 일반 주민들로 월북 당시 신분이 농민 출신이 많았다. '이산가족 교환방문단 후보'와는 차이가 있었다.

진상은 '생사확인 의뢰자 명단'이 공개된 그날 대한적십자사로부터 북한에서 둘째 형이 찾고 있다는 통보를 받고 막내 동생 진화와 함께 대한적십자사 경남지사로 가서 '생사 확인 결과 통보서'의 서류를 작성하여 제출하였다. 그리고 창원시청 기자실에서 국제신문 기자와 인터뷰를 하였고 그 인터뷰 기사가 다음날 10월 3일(화) 사회면에 나왔으며 또 6면 특집편 '북측 이산가족 생사확인 의뢰자 명단'의 제하에

▲ 강진창(남. 62. 경남 합천군 삼가면 금리·합천군 삼가면 금리·평남 순천시 동암동. 강덕수·김봉순, 합천군 삼가면 금리·

초등학교 학생)=강진상(남.61.동생) 강진국(남.59.동생) 강진화
(남.55.동생)

경남신문과 경남도민일보에서도 2000년 10월 3일자로 위와
같은 내용으로 기사가 나왔었다. 또 KBS TV와 MBC TV에서도
인터뷰를 하였고 뉴스로 방영되기도 하였다.

그런데 여태까지 둘째 진창 형은 6·25전쟁 때 죽은 줄만 알고
아버지와 어머니 기일 때마다 항상 형 몫의 밥을 따로 떠놓고 제
사를 같이 계속 지내 왔었다. 작은형에게 고향이 삼가면 동리이
고 마산 중앙동에서 살다가 북한으로 온 정현배 선배(평남 개천
시 삼포동 33에 거주)를 1960년에 만났을 때 합천군 대병면의 외
할머니가 명절 때면 작은형이 죽었다고 명복을 빌며 제를 지내
고 있다는 말을 그 선배가 전해 주었다. 또 한참 지난 후에 외사
촌 형 김형식(한 때 마산에서 명성이 있었던 씨름선수 였음)이
일본을 거쳐 북한으로 와서 만났을 때도 역시 똑 같은 말을 전해
주었다. "부모의 원수를 갚기 위해 인민군을 따라 갔다"라는 기
자회견 때 한 말은 형이 북한에 생존하여 있고 남한의 동생들을
찾는다는 전혀 생각하지 못한 뜻밖의 소식으로 흥분과 놀라움으
로 엉겁결에 어안이 벙벙한 가운데 신문과 TV에서 그렇게 인터
뷰를 했던 것으로 냉정을 찾은 후에 사실이 아닌 말을 한 후회를
하였으나 이미 엎지른 물이 되었다.

경남도민일보와 국제신문에 실린 강진상 선생과 동생 강진화 씨의 인터뷰 기사

2012년 5월 김홍석 씨는 1950년 당시 16살로 큰형 진승과 친구 사이였으며 둘째 형 진창과 함께 면사무소 옆 골목에서 놀다가 인민군에게 끌려가 김홍석은 탄약상자를, 형 진창은 식량자루를 메고 전장을 따라 다니다가 경찰과 교전으로 혼란한 틈에 김홍석은 도망을 나왔고 형 진창은 어려서 생각이 미치지 못하여 그대로 끌려 가버렸다고 확인을 해주었다.

또 형 진창과 소꿉동무인 정순이도 앞집 사는 김홍석에게서 진창이 인민군에게 끌려갔다는 말을 들었다고 증언으로 확인을 해주었다. 비로소 증언이 있는 후로는 확실하게 진창 형이 인민군에게 끌려간 것을 알았다.

〈납북자 결정 통지서〉를 2013년 1월 14일, '6·25전쟁 납북피해 진상규명 및 납북피해자 명예회복에 관한 법률' 제 4조와 같은 법 시행령 제 13조에 따라 결정되었으며 그 통지서를 받았다.

2001년 3월 15일 남북 이산가족 간 첫 서신왕래가 이루어졌다는 소식을 접하고 당사자들을 직접 만나기나 한 듯이 감격하였다. 진상은 또 부산일보 기자와 인터뷰를 하였고 3월 16일자로 사회면에 보도가 되었다. 이튿날 3월 17일 부산의 대한적십자사에서 북한적십자사를 통한 진창 형의 편지를 전달 받고 사무실에서 개봉하였다. 적십자사를 통하여 진창 형의 첫 편지를 받고 난 후 중국을 왕래하면서 보따리 장사를 하고 있는 동생 진화에게 중국에서 사귀는 중국인이 혹 있으면 그의 집 주소를 이용하여 우리들의 편지를 북한으로 보내자고 제안을 하였다.

동생 진화의 노력으로 몇 년을 지난 후에 진상의 편지를 중국인의 주소를 이용하여 간접적으로 2006년에 북한의 형에게 보냈다. 그리고 첫 편지를 보낸 약 1년 만에 중국인 주소를 통하여 2007년에 북한의 형으로부터 편지를 받았다. 지금까지 오고가고 한 편지들은 모두가 중국 산동성 위해시 사방로 18-1 202( 山東省 威海市 四方路 18-1 202室) 장석평(張錫萍 : 女)의 훌륭한 중간 역할로 인해 이루어진 것이었다. 직접 서신교환이 불가능하므로 이런 방법으로라도 왕래를 할 수밖에 없었던 현실이 무척이나 안타까웠다.

형 진창은 장석평의 그런 역할을 참으로 고맙게 생각하였다.

형은 남한에서는 '빨갱이 온상'이라고 부르는 만경대 혁명학원을 거쳐 김일성종합대학을 나온 북한의 엘리트답게 북한식의 서체로 숙달된 흔적을 느낄 수 있는 편지였다. 남한 고등학생의 좀 미숙한 듯한 글씨체로 보였으며 문장은 가다듬어져 읽기는 편하였고 북한식의 띄어쓰기와 맞춤법, 용언의 유연성이 엿보인 문장이었다. 그렇지만 그리움의 감상에 젖어 술을 마신 후에 쓴 것처럼 보이는 글씨는 흘려 써서 읽기가 불편하였다. 김일성종합대학을 나와서 기사가 되어 자랐다고 하였지만 어떤 직업에 종사하였는지는 알 수가 없었다. '20세기 위인이고 태양인 김일성, 21세기 태양인 김정일'이라는 표현을 썼다.

　그것은 북한사회의 일반적인 관행의 존칭이었다. 하지만 진창 형으로는 13살의 인민군복을 입은 어린이로 전장에서 직접 김일성을 만났으니 더더욱 그렇게 존칭을 썼을 것이다. 김일성은 군복을 입은 어린 진창을 기특하게 여길 수밖에 없었고 또 진창과 대화를 하였으며 그 후에 김일성의 배려로 만수대 혁명학원을 다니게 되었다. 또 김정일(당시 8세)과는 한 반에서 동문수학을 하며 학급장도 지냈던 특별한 인연도 있었다고 하였다. 그리고 김일성종합대학을 다니게 된 것으로 더더욱 어버이로 섬겼던 것 같았다.

　진창 형은 자신이 '빨갱이 선전'과 '정치 선전'이라 생각하지 말라고 동생들에게 당부하면서 이 땅을 둘로 갈라놓고 온갖 불행과 화근의 원인을 미국이라 했고, 또 양친부모를 학살하게 부추기는 것도 미국, 이북이 지금처럼 고난을 겪고 있는 것도 미국이고 형제간에 남북으로 이산되어 살게 한 것도 미국이며 이승만이라고 하였다. 또 현재 이산가족의 상봉을 차단하여 그들에게 상봉의 염원을 농락하는 원인이 미국이며 이명박이었고 한나라당이라고 하였다. 그래서 미국을 이 땅에서 몰아내야 한다고 하였다.

인천상륙을 나흘 앞 둔 1945년 9월 4일 제24군단 하지 중장은 휘하 장병들에게 보낸 통고문에서 "조선인들은 미국의 적으로 규정되며 따라서 항복에 부수되는 모든 조건을 이행할 의무를 지니는 한편 일본인들은 우리의 우호국민으로 간주한다."라 했다.

9월 6일 선견대를 인솔하여 비밀리에 서울에 온 해리스 준장은 엔도 정무총감에게 '미군이 앞으로 행정을 시행함에 있어 현존하는 총독부의 인원과 시설을 그대로 사용하려고 한다.'라고 언급하고 밀약 하였다. 그래서 미군은 조선을 해방하려고 온 것이 아니고 일본을 구출하고 조선을 일본 대신 식민지로 만들려고 온 것이 목적이 아니었을까. 이러한 역사적 사실로 봐서 진창형의 생각은 옳은 것 같기도 하였다.

4·19의 시인 신동엽은

"껍데기는 가라 한라에서 백두까지 / 향그러운 흙가슴만 남고 / 그 모오든 쇠붙이는 가라"

라고 했는데 그 '쇠붙이'는 미국이기도 한 것 같았다. 그러면 미국은 선인가 악인가. 악이라면 필요악인가. 민족적 수난이 있을 때마다 미국은 대한민국에 대하여 악의 역할만을 하였던 것은 아닐까. 여러 역사적 기록을 보면 대체로 악의 역할을 하였던 것 같았다.

남한에서는 진창과 그의 형제들이 당한 고통과 슬픔을 이해하지 못하고 진창의 생각과 그렇게 표현한 것을 어렸을 때 북한으로 갔고 현재 북한에 살고 있다는 이유로 인정사정없이 매도할게 뻔한 것이 현실이 아닐까.

진창은 13살 어린 나이로 경찰에 의한 아버지의 억울한 죽음의 한을 속병으로 가지게 되었을 것이고, 학살의 현장에서 아버지의 처참한 시신이 두 눈동자에 타듯이 생생하게 찍혔을 것이고, 또 바로 그날 밤에 경찰에 의해 어머니마저 잃어버린 가련하고도 가련한 신세가 되었던 것이다. 아마도 부모의 원수를 갚기 위해 그 어린 나이에 절치부심했을 지도 모른다. 그렇지만 그는 그럴 기회도 없이 팔순을 바라보는 쇠잔한 노인이 되어버렸다. 과연 누가 그런 그에게 돌을 던질 수 있겠는가. 그렇지만 현 남한 극우보수 인사들은 그에게 사정없이 돌을 던질 것이라는 게 현실이 아닐까. 과연 그들은 진창 형제들에게 돌을 던질 수 있을 정도로 깨끗하고 완벽할까.

누가 사마리아 여자에게 부정하다고 돌을 던질 수 있겠는가.

유대인들은 사마리아 사람들을 상종도 하지 않는데 유대인인 예수는 사마리아 여자에게 야곱의 샘에서 마실 물을 청하였다.

그 사마리아 여자는 전에 남편이 다섯이 있었고 현재의 남자도 남편이 아닌 여자였다.(요한 4장 5~18절)

그러한 정치적인 것이나 이데올로기(Ideologie) 같은 것을 떠나 같은 민족으로서 이산가족의 간절한 만남의 소원에 귀를 기울여 주는 인간적인 면을 보면 안 될까. 폐쇄된 북한에서 60여 년 이상이나 엘리트로 살아온 형은 편지에서 애절하게 형제들을 그리워하고 고향 산천을 그리워하며 점점 쇠약해지고 있는, 언제 죽을지 모르는 노인으로 동생들을 만나고 싶은 간절한 소원만을 가진 채 이산상봉의 날만 기다리고 있다. 그리고 통일을 간절히 염원하고 있다.

어떤 사람이 길을 가다가 강도들을 만났다. 그 강도들은 그의 옷을 벗기고 구타하여 반쯤 죽게 된 채로 버려두었다. 그런데 제사장도 레위 사람도 그를 피해서 그냥 지나갔다. 그러나 여행하던 어떤 사마리아 사람이 그 죽어가는 사람을 보고 불쌍히 여기고 상처에 기름과 포도주를 붓고 싸매 주어 자신의 짐승에 태워 여관으로 데려가 돌보아 주었다.(누가 10장 30~35)

우리는 물론 강도는 말할 것도 없지만 제사장이나 레위 사람이 아니라 유대인이 상종을 하지 않는 여행하던 사마리아 사람은 될 수는 없을까.

**그 언제나 보고싶은 사랑하는 동생에게 !**

**진상이 보아라**

**사랑하는 동생 경화에게**

대한적십사를 통하여 온 첫
편지. 2001.3.10.

2010년 9월 10일에 쓴 편지

쓴 날짜 미상

'언제나 보고 싶던 사랑하는 동생'

'꿈결에도 잠결에도 한 순간도 잊어 본 적 없는 동생'

'지금 당장이라도 달려가 막 부둥켜안고 싶은 동생'

'한없이 그립고 보고 싶은 동생'

'온갖 배려와 사랑을 받으며 행복이 커갈 수록 너희들에 대한
생각은 얼마나 한였는지'

'내 행복이 크면 클수록 너희들 생각이 더더욱 간절해지는 것
을 어쩔 수 없었구나'

'날이 가고 달이 가고 해가 갈수록 너희들에 대한 간절한 그리

298

움으로 잠 못 이룬 날이 그 얼마'

'고모가 일생 동안 시집도 가지 않고 너희들을 돌보아 주었다니 나는 고모에 대해 눈물겨움도록 고맙고 존경심을 금할 길 없다'

'가족사진을 보내주어 사진으로나마 너희들 모색을 눈에 익히면 내가 얼마나 반갑겠나'

'정말 보고 싶고 그리움으로 정신이 돌 지경이구나'

'네 생일날과 진국, 진화의 생일날을 아르켜 준다면 그날이 되면 내 혼자서라도 이곳에서 술 한 잔 사다 너희들 생일을 축하하여 마시려고 한다.'

'진화의 목소리를 전화를 통해서 듣는 때부터 활기를 되찾았고 목소리에서 고향의 향취를 폐부 가득 받아 안고 산다'

'한식이나 추석 때 내 대신 너희들이 선친들의 묘소를 찾아 내 이름으로 술을 정히 한 잔 부어 인사를 올리되 더욱이 고모의 묘소 앞에서 내 이름을 똑똑히 불러 드리고 내가 붓는 술로 알고 받아 달라고 하여 정히 한 잔 부어 드릴 것을 부탁한다'

'고향 마을 뒷산의 우거진 참대숲, 밤나무들, 예나 지금이나 맑게 졸졸 흐르는 양천강이 눈앞에 삼삼히 안겨온다'

형은 자신의 자녀들과 손자들을 소개하며 남한의 조카들의 나이, 이름, 무슨 일들을 하는지 등을 물어보고 또 제수들, 조카들, 손자들의 가족사진을 보내 달라고 하였고 마치 그 사진 속의 인물들의 영상을 머릿속에 저장하려는 듯이 간절히 원하였다.

특히 형의 편지에서는 진상의 편지를 간절히 고대하였지만 진상은 3, 4회 편지를 보냈으나 제대로 도착이 되지 않았던 같았다. 하지만 진상은 방한복, 장갑, 내복, 모자, 양말 등을 보내주었다. 또 편지와 함께 딸 수연의 결혼사진. 아버지의 가계족보 등을 보내주었다. 진상의 딸 수연의 결혼사진에 동생 진국, 형수, 세 제수 등이 나오지 않은 것에 대해 대단히 섭섭하게 생각하였다. 그러나 형제들 모두가 자의대로 가정을 꾸렸다가 부부

뒷줄 좌로부터 사위 김관식(33), 장남 강동철(35), 차남 강동훈(31), 가운데 줄 좌로부터 딸 동숙(33), 장손녀 강남해(9), 형 진창(58), 형수 최금순(58), 장손 강성새(7) 그리고 맨 앞 외손 김권(2)

간의 의의가 맞지 않아 갈라지고 새로 가정을 꾸리기를 했다는 진상의 글을 받고 마음을 아파했다.

형은 북한이 정치 강국, 군사 강국이 되었음을 편지에 썼고 '핵 보유국이 됨으로써 부유한 락원의 길을 걷게 되었다'고 하였다. 남한의 정서로는 받아들이기가 참으로 거북했지만 북한의 인민들의 정서일 것인데 어찌 하랴. 또 이제는 경제 강국을 기대한 듯하였다. 그러나 미국에 의해 북한이 고난을 겪고 있고 더구나 몇 해 째 계속되는 혹심한 자연 재해로 살기가 힘든 것으로 편지에서 파악되었다. 년로보장을 받고 살고 있지만 생활은 궁핍하여 경제적으로 여유롭지 못하여 국제전화비도 지불하기가 힘이 든 것 같았다.

진국은 편지 안에 중국 돈 100위안(남한 화폐로 1위안은 17,000원 정도) 2장을 동봉하여 보내 주었다. 그 돈을 요긴하게 사용하였다고 했으며 100위안으로 쌀 40~50Kg을 살 수 있다고 하였다. 그래서 남한의 동생들에게 경제적인 지원을 요구하기도 하였다.


진상은 2013년 12월 9일 대한적십자사의 이산가족 영상편지 촬영팀 담당자가 양덕동 집으로 와서 촬영하는 동안 연출하면서 영상편지를 보냈다. 동생 진국도 부산 영도구 영선동 자택에서 역시 진상 형과 같은 대한적십자사를 통한 영상편지를 보냈다.

작은형의 편지 내용에서 '한였는지(=컸었는지), 픅 후에(=오랜 후에), 인차(=곧), 래왕길, 력사적, 원쑤, 평백성, 련게, 리별, 모색(=모양), 매 집들(=각 집들), 리익, 련락, 로씨아(=러시아), 략자, 전화거래, 편지거래, 련속, 녀동생, 량부모, 한 생(=일생), 료금, 락원' 등의 단어와 용언은 어색하기 짝이 없었다.

진상, 동생 진화, 장조카 호열에게 북한의 형 진창이 보낸 편지를 【부록】에서 소개하기로 한다.

# 다섯 형제의 일생
## - 부모에 의한 멍에의 고통

### 기둥 잃은 첫 번째 서까래 큰형 진승

1950년 전쟁으로 인해 피난민이 넘쳐나는 부산으로 가서 호구糊口하며 살았고 또 마산 오동동의 자동차 정비공장에서도 일을 하였다. 1959년도에 고향 삼가로 돌아와 집터와 당산 밭을 팔아 아픈 고모를 병원에 입원시켜 치료를 하여 주었다. 1960년에 김선희와 결혼을 하자마자 부산으로 가 신혼의 보금자리를 초량동에 틀었다. 그리고 고모를 모시며 영도우체국의 임시직원으로 일을 하며 빠듯하게 생활을 하며 살았다. 그러다가 한참 후에 우체국의 정식직원이 되었고 오랫동안 근무하다가 농협으로 직장을 옮기면서 좀 경제적으로 여유 있게 살았다. 농협에서 4, 5년 정도 근무하다가 정년이 되어 55세에 퇴직을 하였다. 일생을 평범하게 직장 생활을 하며 슬하에 2남1녀의 자녀를 두었다. 퇴직 후에 부인과는 이혼 같은 별거를 하였고 구멍가게를 하는 여자를 알게 되어 같이 가게를 보며 살았으며 노년에 이르렀다. 2001년에 북한의 진창 동생의 소식을 듣고 충격으로 평소에도 약한 몸이었는데 위암이 발생하여 북한 동생을 만날 날만 고대하며 투병생활을 하다가 2006년 71세의 나이로 세상을 떠났다.


　장조카 호열이가 결혼을 한 며칠 후에 진상은 마산에서 부산의 큰형 집으로 다시 갔다.

　"형 호열이는 신혼여행에서 돌아왔겠지요."

　"그럼, 돌아오고말고."

　"신접살림은 어데다 차렸습니꺼. 전셋집이라도 얻어 주었습니꺼."

　"글쎄다, 즈그 처가에서 신접살이를 하고 있단다."

　"아니, 처가에 신접살이를 차렸다니. 그게 될 말입니꺼. 우리 집안의 큰 맏이인데 집이라도 하나 만들어 주어도 시원찮은데 전세도 아니고 처가 신접살이라니요. 놀랍습니더."

　"글세, 미안하다. 어쩔 수가 없었데이."

　"어쩔 수 없었다는 말이 무슨 말입니꺼. 한 번 말해 보이소."

　"호열이와 나 사이가 별로 좋지 못 했데이. 호열이가 무얼 하는지 어떤 생각을 하는지 나는 잘 몰랐단다. 부자간에 소통이 되지 않았던 셈이었지. 그래서 결혼 전부터 우리 집을 나가서 즈그 처가에서 이미 동거생활을 하였단다. 그래서 즈그 어미가 서둘러 일단 결혼식을 올리게 하였데이. 그래서 갑자기 결혼이 진행이 되었단다."

"아무리 그렇다 손 치드래도 그렇지요. 다른 여러 말 하지 말고 호열이에게 집을 당장 얻어 주이소. 앞으로 호열이가 우리 강씨 집안의 맏이로서 지 삼촌들이나 사촌들이 모여야 할 곳이 호열의 집이고 형이 그런 역할을 못한 것을 호열이가 해야 될꺼 아닙니꺼."

"그래 니 말이 맞다. 입이 열 개라도 할 말이 없데이."

"내가 베트남에서 귀국 했을 때 집을 한 채 살 수 있는 일 년치 전투수당을 내가 한 푼도 쓰지 않고 몽땅 주었습니다. 기억 납니꺼. 집을 꼭 사서 맏이 역할을 해 달라고 얼마나 신신 부탁을 했었는데 그 돈은 도대체 어떻게 되었습니꺼. 그 돈을 당장 내어 놓으시오. 호열이 집을 해결할 겝니다."

"미안 하데이."

큰형은 아주 괴로워하는 인상이 뚜렷하였다. 신음소리가 가느다랗게 나왔다.

"지금 일어나이소. 호열이 신접살이 집으로 한 번 가봅시더."

"호열이 처가를 잘 모르는데. 아 주소는 있데이. 주소 보고 찾아 가면 되겠다."

"아니 여태 한 번도 가보지 않았습니꺼. 그럴 수가 있습니꺼. 해도 너무 했습니더. 지금 갑시다. 여기서 멉니꺼?"

"그렇게 멀지는 않다. 걸어가도 된데이."

"미안하지만 니 혼자 가보레이. 나는 가기 싫데이."

"아니 자식 신혼살이를 어떻게 하는지 알고 싶지 않습니꺼. 아버지가 되어 가지고 그게 뭡니꺼."

"할 말이 없데이. 가서 사는 것을 보면 속이 상할 것이고 마음이 아주 불편할 것 같으니 미안하지만 니 혼자 가 보거레."

형이 굳이 가지 않겠다니 할 수가 없었다. 혼자라도 한 번 가보고 싶었다.

"예, 알았습니더. 나 혼자 가보겠습니더."

주소를 손에 들고 신접살이 하고 있는 장조카 호열이 처가를 진상은 혼자서 찾아 갔다. 경사진 판자촌 동네에 조카의 처가가 있는지라 오르막 골목길을 헉헉대며 올라가니 힘이 들었다. 숨이 차고 땀도 났다. 주소를 물어서 얼마를 오르니 판자촌 등성이가 나왔고 그곳에 그 주소의 판잣집이 있었다. 판자로 만들어진 문을 열고 들어가 인기척을 내니 장조카 호열이 내외가 나왔다. 마침 사돈들은 외출 중이라 없었다. 예를 차릴 필요가 없어서 마음이 가벼웠다. 안내된 신접살이 방으로 들어갔다. 건너 방은 역시 판자로 된 칸막이벽을 사이에 두고 사돈이 거주하는 방이었다. 참으로 엉성하게 지어진 집이었다. 서글프고 한심스러워 말문이 막혔다. 상황을 본 진상은 베트남에서 귀국 당시 전투수당을 몽땅 주며 집을 사라고 했으나 사지 않았던 형의 얼굴이 떠올라 형에 대한 화가 치밀어 올랐다. 가난한 생활을 자식에게 물려준 큰형이 미웠다. 그래서 콸콸한 불같은 성격이 곧 터져 나올 것 같았다.

조카 내외의 얼굴을 보니 마음이 아팠다. 부모를 잘못 만나서 오죽하면 이런 엉성한 판자로 된 처가에서 신접살이를 하고 있을까. 호열의 신접살이 방을 식식거리며 나왔다. 집 밖으로 나오자 눈물이 나왔다. 담배를 피워 물고 연기를 푹 내 뿜었다. 바다 쪽에서 불어오는 바람이 시원하였다.

진상은 2000년 음력 6월 6일에 큰형이 사는 집으로 부모님의 제사를 지내려고 갔다. 비가 몹시 내리고 있었다. 동생 진국과 진화는 오지 않았고 큰형과 진상이 제사를 지냈다. 제사음식을 음복하면서 술기운이 오르고 화기애애하게 이야기는 무르익었다. 장조카의 신접살이 할 때 판잣집 처가살이며, 집을 사라고 파월 전투수당 몽땅 준 일 등을 꺼내 놓았다. 형은 얼굴색이 변했다. 형은 생각 없이 가볍게 말을 하고 말실수를 잘하는 사람이라 사실이 아닌, 말 같지 않는 말로 진상의 마음에 크게 상처 주는 말을 하였다. 진상은 화가 잔뜩 솟구쳐 올랐다. 순간 오랫동안 쌓이고 쌓인 형에 대한 불만이 터져 나왔다. 이성을 잃은 그는 술상을 밀쳐버리고 형에게 손찌검을 하였다. 당시 형은 암 투병을 하고 있어서 몸이 약하였는데 형에게 손찌검을 하였으니 지금도 그때 생각만 하면 너무 미안하고 후회가 되었다. 형이 이 세상에 계시지 않지만 형에게 진심으로 용서를 빌었다.

## 기둥 잃은 둘째 서까래 작은형 진창

1950년 13살의 나이로 인민군에게 끌려가 만수대 혁명학원과 김일성종합대학을 나온 북한의 엘리트로 기사 생활을 하면서 살았으며 현재에 77세의 노인으로 살고 있다. 다만 남북 이산가족상봉 때에 남한의 동생들을 만날 희망만을 간절히 고대하며 노년을 보내고 있다. 슬하에 2남1녀를 두었다.(강동철, 강동숙, 강동훈)

## 기둥을 잃은 넷째 서까래 동생 진국

진국은 1952년 국민학교 4학년 때 동네 뒷산인 당산에서 삼가지서 경찰들이 사격 연습을 하고 나면 그 장소에 가 탄피를 주우러 다녔다. 어느 날 동생 진화를 데리고 가 동생을 당산에 올라가는 입구에 있게 하고 사격 장소로 가 탄피를 주워서 오다가 동네 선배를 만났었다. 그런데 그 선배가 "이 빨갱이 새끼"라고 구박하면서 놀렸다. 이때 진국은 분통이 터져 그 선배에게 엉겨 붙어서 거칠게 항의를 하였으나 힘이 부쳐 당할 수가 없었다.

그리고 그 선배가 진국을 안아 땅으로 내팽개쳐버렸다. 진국은 기절하다시피 정신을 잃고 처박혀있다가 어둠이 깔릴 때쯤에 일어나 정신을 차리고 동생이 생각이 나서 찾아내려 가보니 그때까지 동생이 그곳에 있었다. 억울하여 울먹이며 집으로 돌아왔다.

성인이 된 후 나이가 지긋하였을 때 그 선배를 만났으나 경제적으로 살만 하였던 진국은 본체만체 그를 무시하고 말도 붙이지 않고 외면하여 버렸다. 얼마나 크게 마음에 상처로 남아 있었으면 그렇게 하였겠는가. 그래서 인간사는 비정非情에는 비정을 낳는가 보다. 그렇게 고향 동네에서 빨갱이 소리 들으며 손가락질 받고 살았던 그 시절은 참으로 잔인하였다. 국민학교를 졸업하면 고향 동네를 떠나기로 어린 마음에 단단히 결심을 하였었다. 고향을 떠난 이후론 거의 고향을 찾아 가지 않았고 심지어 할아버지와 아버지 산소에도 발을 끊다시피 하였다.

1954년에 삼가국민학교를 졸업한 후에 동창생의 집에서 12살 나이로 머슴살이를 하였다. 떡이 생기면 눈치껏 떡을 챙겨 가지고 와 고모를 주어 식구들이 먹게도 하였다. 그는 눈치를 잘 보고 약삭빠르게 살았다. 그래서 할아버지로부터 너는 나중에 천석꾼 부자로 살 것이라고 칭찬을 듣기도 하였다. 1956년 14살 때 마산 상남동 붉은 벽돌의 큰 성냥공장 옆에 있는 외가에서 머슴살이를 시작하였다. 우선 빨갱이 소리만이라도 듣지 않으니 마음은 편하였다. 그런데 더 심한 정신적, 육체적인 고통과 외삼촌, 외숙모의 심한 구박이 기다리고 있을 줄이야. 외가에서는 주로 땔감 나무를 해오는 일을 하였다. 봉덕동을 거쳐 봉암동 다리를 건너 적현 뒷산에 가서 땔감나무를 해오기도 하였다.

한 번은 진해가 가까운 곳에까지 가서 땔감나무를 하다가 초소의 해병에게 죽도록 매를 맞고 빈 지게로 절뚝거리며 걸어서 겨우 외가에 왔으나 땔감나무를 해오지 않았다고 외숙모에게 심하게 매질을 당하였다. 또 다른 때는 외가 바로 뒤 용마산으로 땔감나무를 하러 가서 소나무를 낫으로 찍어 베다가 잘못하여 무릎 바로 밑 다리를 흰 살이 나올 정도로 찍혔고 동시에 출혈이 심하여 거의 죽을 정도의 큰 부상을 입었었다. 즉시 옷으로 싸매고 빈 지게로 외가로 겨우 왔으나 이게 어떻게 된 일인지 외삼촌에게 상처는 아랑곳없이 싫도록 매질을 당하였다.

정말 해도 해도 너무 하였다.

매를 맞은 아픔도 아픔이지만 마음이 서글퍼서 얼마나 울었는지 모른다. 외가에서 너무 심한 구박을 받고 매질까지 당하자 어머니를 얼마나 원망하였는지 모른다. 이런 잔인한 외가를 있게 한 어머니가 너무 미웠다. 어머니가 그리운 것이 아니고 왜 이런 심한 고생을 주었는지 어머니와 외가를 원망하였다.

그러면서도 세상을 살아가려면 알아야 하고 배워야 한다는 생각이 들었다. 그래서 중성동 기찻길 옆에 있는 중앙중학교에서 야간 수업을 할 때 창문을 통하여 바깥에서 선생님의 강의를 몰래 들으며 독학으로 열심히 공부하였다. 참으로 피 눈물 나는 창문 너머의 공부는 외가에서의 힘든 일을 잊게 하는 시간이었으며 그나마 위로라면 위로였다. 이때 외가는 외사촌 큰형이 미군의 군수물자 장사를 하여 경제적으로 여유가 있는 생활을 하였다. 외가의 끔직한 머슴살이를 5년여를 하였다.

1960년 18살 때 외가를 나와 마산 도심의 창동 골목에 있는 '서울여관'에서 여관 종업원 생활을 하였다. 외가를 나온 진국은 감옥에서 나온 것처럼 시원하고 마음은 홀가분하고 살만 하였다. 여관 종업원 생활 1년쯤 지난 어느 날 여관에 투숙한 손님에게 다른 일자리를 부탁을 하였더니 마침 부산사람이라 부산 범일동에 있는 엿 공장을 소개해 주었다. 그래서 19살의 나이로 부산으로 가 엿 공장에서 일을 하기 시작하였다. 공장에서 일하던 어느 날 사장 아들의 담임선생이 가정방문을 엿 공장으로 왔다. 그런데 뜻밖에도 진국의 국민학교 때 담임선생님이었다. 이런 곳에서 옛 담임선생님을 만나다니 참으로 놀랍도록 반가웠다. 선생님의 격려와 덕담으로 진국은 그 동안의 고생이 위로 받은 듯하여 눈물이 하염없이 나왔다.

엿 공장에서 2년여 일을 하고 1963년 21살의 나이로 군 입영통보를 받고 입대를 하였다. 군대생활을 3년 반 동안하고 1967년 25살 때 제대하고 부산 영도에 있는 도자기를 만드는 회사인 '대한도기'에 입사 하였다.

큰형은 임시직 우체국 직원으로 있으면서 생활이 어려웠으므로 3살짜리 큰 조카 호열이와 고모를 데리고 나와 영도 봉래동에 방을 얻어 살았다.

28살 때인 1970년에 시계를 제조하고 판매하는 대한정광사 울산대리점에서 판매사원으로 일하는 외사촌 김형대 형(전 마산시의원)이 울산으로 와서 같이 일을 하자고 편지가 왔다. 그래서 울산으로 가 벽시계 판매원으로 일을 하였다. 5년여 동안 판매사원으로 일하며 장사기술과 사업수완을 익히며 장사의 기초를

닦았다.

1974년 32살 때 울산에서 뉴스타일양재학원 강사인 최수자와 결혼을 하였다. 결혼을 하자마자 처 이모부가 살고 있는 진주로 가서 장사를 하였으며 그러던 중 처 이모부와 함께 대한정광사 진주대리점을 개업하고 같이 판매 사업을 하였다.

그러나 진주에서 사업이 여의치 않아 사업을 접고 삼천포 시로 자리를 옮겨 마산을 왕래하며 마산에서 전자제품을 가지고 와 장사를 하였다. 그러다가 마산의 전망이 좋아 1980년대인 40대 초반에 마산으로 옮겼다. 마산의 경제에 큰 영향을 주는 한일합섬이 있는 양덕동에 점포를 얻어 계속 전자제품 장사를 하였다. 그러나 밑천이 없어 곤경에 처하기도 하였으나 차차 장사가 풀리기 시작하였고 그런대로 사업이 잘 되어 커지면서 숨통이 크게 트였다. 전자제품 장사를 하면서 주 업종을 삼성정밀의 미놀타 카메라 판매로 전환하였으며 사업이 잘 되고 경기가 좋았다. 그러다가 6호 광장 옆 교보빌딩 큰 길 건너에 있는 건물을 모아 놓은 돈과 은행에서 융자를 받은 돈으로 (당시 2억5천 만여 원) 구입해 카메라 사업을 계속하였다. 여전하게 카메라 판매사업이 아주 잘 되었으며 집도 몇 채를 사기도 하여 성공한 사업가가 되었다.

이때 마산에서는 제법 고급에 해당하는 한일합섬 근방의 정우 맨션아파트에서 살았다. 또 신마산 자산동에도 큰 주택도 소유하고 있어서 동생 진화를 살게 하였다. 그러나 1998년 56세에

IMF를 맞아 사업이 크게 위축되었고 어려운 상황을 감당할 수가 없어 사업을 접을 수밖에 없었다. 재정적 손실은 이루 말을 할 수가 없었고 택시기사 생활을 하며 생계를 유지하여야 할 형편이 되어 버렸다. 약 3년 정도 택시를 하다가 장인이 돌아가신 뒤인 2001년 60살에 부산 영도구 영선동의 장인이 운영하였던 공장 자리에 준 상가건물을 짓고 세를 받아 장모 홀로 살고 있는 처가로 이사를 하여 살기 시작하였다.

현재 92세인 장모에게는 딸만 둘이고 첫째 사위인지라 지금까지 모시고 함께 살고 있으며 2011년에 대장암 수술을 받고 투병생활을 하고 있다. 슬하에 2남1녀의 자식을 두었다.

그런데 이날 이때가 되도록 아버지의 보도연맹의 멍에가 자리를 옮기거나 이사를 갈 때마다 항상 사복형사가 화살 같은 날카로운 감시를 하고 있다는 느낌이 뒤통수를 시리게 간질이곤 하였다. 그러나 남들과 활달하게 사귀며 대화하기를 즐기는 성격이 그런 중압감을 견디게 하였다. 아직도 끝나지 않는 어릴 때의 잔인한 고통이 가시처럼 마음에 꽂힌 채 앞으로의 세월을 살아가야 할 무게를 견뎌야 할 것 같다.


## 기둥 잃은 다섯째 서까래 막내 진화

1959년 삼가국민학교(현 초등학교)를 졸업 하고 2년여 동안 남의 집 머슴살이를 하였다.

15세쯤 때 진국 형이 마산으로 나오라고 하였다. 남성동 파출소 근방에 있는 치과의원의 집에 소개하여 주어서 어린아이를 보거나 잔심부름을 하는 돌보미로 일을 하였다. 20세쯤에는 부산의 영도구 봉래동에서 직장을 다니며 살았다. 운동을 좋아하였으며 태권도를 익혀 3단을 땄고 도장에서 사범으로도 활동하였다. 그러다 싸움으로 인해 인사사고가 나 한 때 곤란을 겪기도 하였다.

군에 입대하여 일병 때는 파월되어 참전하였다. 베트남 전장에서 면회를 온 진상 형과 만났다. 제대 후에 친구를 따라 제주도에 가 감귤 농장에서 일하며 살았고, 그 곳에서 아가씨를 만나 결혼을 하였으며 슬하에 2남1녀를 두었다.

몇 년 만에 마산으로 나와 외종 사촌 형이 운영하는 삼성전자 대리점에서 판매사원으로 일을 하였다. 이때 진국 형 소유의 자산동에 있는 집에서 고모를 모시고 살았다. 몇 년 후에는 8톤 트럭으로 운수업을 시작하여 1986년까지 계속 하였다. 8톤 트럭을 진상 형에게 인계를 하고 수출자유지역에 있는 회사를 다니며 생활을 하였다.

1997년 고모가 사망한 후에 본부인과 이혼을 하였으며 수출자유지역의 회사를 그만 두고 합천군 쌍백면에 있는 석재공장에 취업하였다. 그곳에서 다른 여자를 만나 재혼을 하였다.

2000년부터 중국을 왕래하며 보따리 장사를 하였으며 지금은 주로 중국에서 거주하며 살고 있다. 형제들은 모두 이산 형제로 각각 살고 있다.

2006년에 사망하여 영원히 이산 형제가 된 진승 큰형.

한국전쟁의 이데올로기의 이념적 남북분단으로 만들어진 물리적, 인위적 이산의 장벽으로 생사도 전혀 알지 못한 채 50여년이 흐른 후 2000년에야 비로소 대한적십자사를 통하여 소식을 알게 된 북한의 진창 작은형. 가까운 거리에 마음만 먹으면 언제든지 만날 수 있지만 마음의 이산 장벽으로 남처럼 살고 있는 동생 진국. 또 다른 이유로 마음이 상하여 중국에 살고 있어서 이산 형제가 된 막내 동생 진화.

동생 진국은 어렸을 때부터 일상에서 장난을 치거나 말다툼을 하여도 꼭 진상을 이겨야만 했고 또 이겼으며 그럼으로써 쾌감을 느꼈다. 달리기를 할 때나 씨름을 할 때 마다 형을 이겼으며 그때 마다 잘한다고 부모로부터 칭찬을 많이 들었다. 동생 진국은 또 학교 공부도 더 잘했으므로 진상 형을 좀 깔보는 경향이 있었고 형에 대하여 우쭐한 생각도 가졌다.

그래서 그랬는지 진상은 부모에게 인정받으려는 자신의 표현 방법으로 고집을 세게 부리고 그 고집으로 한 번 울기 시작하면 끝없이 울곤 하였다.

하기야 북한의 진창 형의 편지에서도 어릴 때 진상은 고집이 매우 심하여 부모들의 욕설도 듣고 심지어는 매를 맞으면서도 제 생각대로 하곤 하였다고 했다.

동생 진국이 진상 형에 대한 무시와 우월감이 그릇되게 형성

된 나머지 부모의 사랑을 받고 응석을 부릴 나이에 국가로부터 아버지와 어머니를 한꺼번에 빼앗긴 이후 그 슬픔과 절망, 그리고 증오로 인해 늘 만만한 형 진상을 이김으로써 보상 받으려는 심리적인 작용은 아니었을까.

동생의 대상은 오직 진상 형 밖에 없었다. 진상은 동생의 그러한 심리적 아픔을 이해하거나 받아 들일만큼 성장한 것도 아니고 동생과 같은 아픔을 공유한 같은 또래의 어린아이였을 뿐이고, 진상 자신도 감당할 수가 없어서 날마다 울고 사는 불쌍한 아이에 지나지 않았다. 동생의 아픈 마음을 받아들일 수 있었다면 지금까지 마음의 이산 형제는 되지는 않았을 것이다. 그러나 진상 자신도 어렸지만 나름대로 형으로서의 자존심도 있었고 괄괄한 성격에 지지 않으려고 동생과 부딪히기도 하였다.

동생의 형에 대한 투정과 심술은 부모 사랑의 결핍으로 인한 자신의 욕구불만을 해소하려는 생각이 작용하여 형을 힘들게 하였을 것이다. 그런 이유로 어릴 때나 성인이 되어서도 무조건 동생을 싫어하는 마음이 형 진상에게 생기게 했던 것이 아니었을까.

동생의 그러한 생각이 형의 반작용을 불러일으키고 부딪힌 결과가 오늘에까지 이른 것이 아니었을까. 성인이 되어서도 형을 무시하고 눈 아래로 내려다보며 깔보았던 심상心狀을 형은 느꼈을 것이고 표정으로부터도 읽을 수 있었을 것이다. 그래서 만나기도 싫어했을 것이다.

자신보다 똑똑하게 구는 동생에 대한 열등감 같은 것이 생겨서 은연중에 자신의 마음에 작용했던 결과는 혹시 아니었을까.

1974년 동생 진국이 32살에 결혼할 때 진상은 서울 홍제동에서 연탄과 국수 장사로 아주 힘겹게 생활을 하고 있었으므로 결혼식장에는 아내만 울산까지 보내 참석하게 하였다. 그러나 동생은 형이 보이지 않아 많이 섭섭하였다.

1986년에 진상은 마산으로 와 동생 진화의 트럭을 인계 받아 운수업을 할 때 마산 양덕동에서 전자제품과 삼성의 미놀타카메라 장사를 하고 있는 동생의 상점을 몇십 년 만에 찾아 갔다. 이때 진국은 바둑을 두고 있었고 바둑의 수에 심취하여 형을 힐끔 한번 보고 "왔소."라고 한 마디만 말하고는 그대로 바둑을 계속 두었다. 형에게 인사를 하며 반갑게 맞이하고 공손하게 동생으로서 예의를 갖추고 두던 바둑도 당장 그만 치웠어야 했었다. 그리고 가까운 집으로 가서 약주라도 기울이면서 형제애를 나누어야 했었다. 그러나 모르는 사람도 아니고 다른 사람도 아닌 바로 형이 몇십 년 만에 찾아 왔는데 바둑만 두고 있었으니 진상의 마음에 분노가 치밀어 올랐다. 그 분노가 두꺼운 벽을 만들어 버렸다.

진상은 그때 섭섭한 감정을 동생에게 얘기하고 나무랐으면 좋았을 것이다. 아니면 성이 난대로 바둑판이라도 엎어버리고 꾸짖었더라면 오늘날과 같이 동생을 받아들이지 못하는 고집스러움은 없었을 것이다. 어찌 되었던 이때부터 두 형제의 관계가 극도로 악화가 되어 버렸다.

그때 동생은 가까운 정우맨션아파트에서 경제적으로 넉넉하게 살고 있었으며 몇 채의 집까지 가지고 있는 성공한 사업가였다. 상점과 맨션아파트는 형의 화물 차고지와도 아주 가까운 곳에 있었다. 동생이 '형' 또는 '형님'이라는 호칭을 사용하지 않고 또 대화를 할 때 형에게 '당신'이라고 하는 호칭에 형은 더 분노가 하늘을 치솟아 할 말을 잃었다.

왜 동생은 형이라 하지 않고 당신이라고 했을까.

그것은 어렸을 때부터 노인이 된 현재까지 동생 진국의 마음 속엔 진상 형을 이겨야 하다는 생각이 의식 속에 잠재해 있음으로써 현실에서 형에게 대화를 할 때면 형이 아니고 동생인 것처럼 생각이 들어 형이라는 호칭이 나오지 않아 어정쩡하게 당신이라고 호칭한 결과가 아니었을까. 결국 동생 진국은 정신적으로 오랫동안 가해자였고 형 진상은 피해자의 입장은 아니었을까. 사실 동생 진국은 형에 대하여 가해자였을 것이라는데 동의를 하며 후회를 하였다.

사람들은 살면서 남보다도 대부분 가족구성원들로 부터의 박해나 정신적 피해나 구박이 대부분이라고 하지 않았는가. 동생은 동생으로써 형에게 진심으로 사과하고 형은 형으로써 아량으로 동생의 사과를 받아들인다면 정신적인 이산의 벽은 허물어질 것이다.

진상은 형으로써 이제는 동생을 받아들일 수 없다는 고집을 버려야 할 것이다. 보기에 따라서는 무식의 소치라고 치부할 수도 있을 것이다. 그러나 그것은 아닐 것이다. 진상은 대한민국 육군 장교가 되기 위해 지식을 익히고 장교로서 소양을 갖추기 위해 얼마나 많은 노력을 하였던가.

고집을 합리적으로 부리게 된다면 주의 주장이 뚜렷하고 주관이 있는 것으로 이해되어 정의로운 사람이라고 평가 받지만 그 고집이 비합리적인 독선이었을 때 그것은 타인에게 상처나 피해를 주는 결과가 초래 되는 아집에 불과한 것이다.

하기야 진상은 일생을 정의로운 고집으로 사회생활을 해 왔으며 그러한 원칙으로 살아왔다. 그의 사회적 지인들에게 그것이 신망과 존경의 상징이었다. 어릴 적 고통의 애한을 이겨냈던 힘의 원천이었고 자신을 지탱해준 정신적인 지주였는지 모른다. 그것이 없었던들 벌써 이 세상에 존재하지 않는 사람이 되었을지도 모른다. 그러나 이제는 형제들과의 관계에서만큼은 비록 진실성이 없어 보여도, 사과 그 자체는 그래도 어느 정도 진실성을 담고 있기 때문에 고집을 던져 버려야 하는 것이 아닐까. 아니면 못 이기는체하며 살아가는 것이 인생일터, 동생의 사과를 형의 아량으로 받아들이면 안 될까.

2013년 9월 5일(수) 교육방송(EBS)에서 방영한 두 형제가 주인공으로 출연한 '용서와 화해' 프로그램은 베트남이 무대였다. 고국이 아닌 베트남의 호지민시 통일궁 공원에서 두 형제가 십수 년 만에 만났으며 동생은 인사말 없이 그냥 손을 먼저 내밀어 청하고 형이 마지못하여 손을 내어 악수를 하는 장면은 서로의 입장이 뒤바뀐 어색한 것이었다. 물론 헤어질 때도 만날 때하고 똑 같은 장면이 연출되었다.

"형 그 동안 안녕하셨읍니꺼. 보고 싶었습니더."

정도로 다정한 인사가 있었더라면 그러한 어색한 악수는 없었을 것을 것이다. 무엇이 그렇게 만들었을까

동생이 "예, 얘기 할테니까. 얘기 하겠습니다."라 말을 하니

형은 잔뜩 못마땅 한 듯 퉁명스럽게 억지 말을 하였다.

" 그래, '얘기 할테니까, 얘기 하겠습니다' 를 빼고 이야기 해 보그라."

동생은 불만스럽게 기분이 상하여 말하였다.

"그 불같은 성질이 얘기를 하려면 내 말을 전부 끊고 막아버리니."

하며 어이없어 하였다.

'구찌터널(Cu chi tunnel)' (총연장 400Km) 에서 '꺽끼어' (월남전 때 적을 잡는 인공 덫)와 터널내부를 구경한 후 유료 실탄 사격장에서 형이 사격을 하였다. 동생은 '부모가 총살을 당했는데도 뭐가 좋아서 그 지겨운 총을 쏠 수가 있나'며 형을 나무랐다. 마치 형 동생의 입장이 바뀐 듯하였다.

부이네 '요정의 샘 계곡'에서도 형이 맨발로 뾰족한 암염의 기암괴석 기둥들 사이를 올라가 중간에 서 있을 때

"그만 내려오소. 위험하요. 뭘 애들 같이 올라가요. 빨리 내려오소."하니 즉시 내려 온 형은 "뭐가 불만이고. 니가 좋은 소리

로 내려오라고 말하면 될 낀데 명령하 듯 큰 소리를 치는 그게 뭐꼬."

하고 못 마땅한 대꾸를 하는 장면은 역시 형제의 입장이 뒤 바뀐 듯하였다. 형 말대로 동생이 무슨 불만이 있길래 그랬을까. 아마도 형의 어린아이와 같은 행동이 못마땅하여 걱정스럽게 본 때문이었을까. 사격장에서 총을 쏘았던 행동은 그렇다 치고 위험해 보이는 뾰족한 암염기암괴석 기둥에서는 동생도 형과 함께 동심으로 돌아가서 올라가 보는 경험을 가지며 즐거움을 공유했었더라면 얼마나 좋았을까.

무이네 사막에서 두 형제는 모래미끄럼썰매를 어린애들처럼 즐겼다. 저녁때 어촌마을의 한 가정에서 어린 형제가 정답게 노는 장면을 본 동생은

"우리도 어렸을 때 저렇게 장난치며 놀았는데 나는 형을 꼭 이겨야만 했었고 이길 때 쾌감을 느꼈었다."라고 추억에 젖으며 후회하였다. 그 가정에서 베트남인 가장 형제와 진상, 진국 형제가 각각 상대하여 베트남식 팔씨름을 하고 난 후 형제가 팔씨름을 하게 되었다. 형이 동생을 이겼다. 형은 동생을 이겼다는 기분으로 얼굴이 밝아졌다.

또 이튿날 그 마을의 해안에서 대나무를 엮어서 만든 큰 소쿠리 모양의 안 쪽에 소똥을 발라 건조하여 배처럼 이용하는 각 각의 '깔풍'에 형 동생이 타고 즐기고 있을 때 형은 옷을 입은 채로 천진난만하게 바다로 풍덩 빠져서 수영을 하며 즐겼다.

그때 동생은 불안한 마음으로 "형, 배 타"라고 소리쳤다. 흠씬 바닷물에 젖은 옷으로 해안으로 나온 형을 역시 동생은 나무랐다. 그러자 형은 기분 좋은 밝은 얼굴로 말했다.

"아직도 힘이 있어서 수영에 자신이 있다는 것을 니한테 보여주려고 했다."

무엇이 이렇게 형제의 입장을 바뀌게 하였을까. 무이네 관광지 한 식당에서 점심을 먹는 두 형제는 각각 다른 식탁에서 식사를 하였고 음식 값도 각자 따로 지불하였다. 동생은 식단에 신경을 써서 골라서 먹었다. 음식을 아무렇게나 먹게 되면 설사를 하게 되어서 음식을 가리게 되었고 그것은 2011년에 대장암 수술을 하였기 때문이었다. 동생은 대장암 수술 할 때 형이 병문안을 오지 않았음을 무척 섭섭하게 생각하였다. 그런데 형도 2010년에 역시 대장암 수술을 하였다. 이는 소통 없이 살아왔던 두 형제간의 관계를 극명하게 나타내고 있는 안타까운 사연이었다.

껀터 수산시장에서 농산물을 파는 배를 동생이 내려 뛰면서 타다가 발목을 삐었을 때 형이 주물러주며 응급조처를 하였다.얼마 후에는 형이 가로로 걸쳐놓은 나무에 받혀 눈두덩에 상처를 입었을 때 동생이 반창고를 붙여주었다. 그 두 장면은 비로소 형제애를 상징적으로 잘 표현 해주는 흐뭇한 광경이기도 하였다.

베트남 식 팔씨름에서 동생을 이기고 해안에서 깔풍에 타고 있다가 바다에 빠져 수영을 한 것으로서 동생에게 힘을 과시하며 이겼다고 생각한 형은 그때만큼은 기분이 좋았다. 그 기분은

동생이 어렸을 때 형을 이기고 쾌감을 느꼈던 그런 기분과 같았
으리라.

## 막내 동생 진화와의 이산의 벽

6·25 한국전쟁과 불안한 사회의 혼란한 상황에서 친정 조카
들의 안전한 생존과 성장을 위해 헌신적이었던 고모가 1997년
가을에 92세로 운명을 하였다.

형 진상은 고모 시신의 엉덩이에 손바닥만 한 푸른 듯 불그스
럼한 반점을 보고 진화 동생과 제수가 독살하였다고 생각하고
경찰에 고소를 하였다. 그래서 장례도 치루지 못하고 경찰에서
검시를 하고 결과가 나올 때까지 몇 날 며칠이고 기다려야 하는
어려운 상황에 처해 있었다. 고모는 92세로 장수를 하였지만 운
명 전에는 치매끼로도 건강상태가 아주 좋지 못하였다. 형제들
은 어떻게 할 것인가 전전긍긍하였다. 이때 큰형이 동생 진상을
설득하였다.

"원래 병약한 고령의 노인은 죽은 후에 시신 상태를 보면 그러
한 반점이 나타나는 것이 십상이고 장수하였으니 그것 또한 복
인데 몸에 칼을 대면 두 번 죽는 셈이 된데이. 상식적으로 생각
해 봐도 독살은 생각의 비약이다. 하늘이 시퍼렇게 보고 있는데
독살을 하였겠나. 독살하였다면 벽락 맞아 죽을 것이다. 독살이
라는 말자체가 웃기는 말이고 너무 허황된 말이데이. 진상아, 고
모를 편하게 보내드리자. 진상아. 니가 슬픈 마음으로 고발한 것

으로 이해 하끄마. 그 슬픈 마음이야 우리 형제가 다 똑 같은 것
아니가. 니가 생각을 바꾸어 고소를 취하하고 장례를 치루도록
하자."

그래서 진상은 고소를 취하하였고 장례를 치렀다. 고모 장례
건으로 마음의 상처가 동생 진화에게 있었던 것이 아니었을까.

2008년 여름 막내 진화가 중국에서 나와 인천공항에 도착할
예정이므로 형에게 자가용으로 인천공항까지 와 달라고 부탁하
였다. 형은 동생이 반갑기도 하고 만나보기 위해 인천공항으로
갤로퍼 자가용으로 마산에서 기꺼이 먼 길을 갔다. 공항에서 만
나니 어두운 표정의 동생은 강원도 설악산 쪽으로 드라이브도
하고 캠핑도 하고 싶다고 했다. 그래서 강원도로 향하였다. 인제
의 백담사를 구경하고 난 후 절 근방의 민박집에서 잤다. 동생의
어려운 처지, 중국에서의 생활에 관해서도 많은 이야기를 들었
다. 형은 부모의 진실규명이 진행되고 있는 상황도 이야기 해 주
었다. 이튿날 강릉으로 하여 태백시로 들어가 다시 깊은 계곡을
찾아 들어갔다. 저녁때가 되었으므로 텐트를 치는 등 야영 준비
를 하고 밥과 곁들여 소주도 마시며 대화를 하였다. 두 형제의
음주량은 대단하였으며 취할 정도로 마셨다. 많은 양의 술을 마
시니 취한 동생이 쓸데없는 말을 수다스럽게 지껄이며 얄밉게
간족거렸다. 형의 귀를 거북하게 하였고 더 나아가 형 마음을 불
편하고 산란하게 만들었다.

"내가 부모를 잘 못 만나서 이 고생입니더."

"니 뭐라했노. 부모를 원망하지 말그레이. 죄 받는 데이."

"아니, 제대로 기반도 못 잡고 이렇게 힘들게 사는 것이 부모 때문입니더. 왜 내 말이 틀린 말입니꺼. 시팔."

"야, 일마야. 우리가 부모 때문에 이 세상에 태어났고 또 살고 있는 것 아니가. 사는 것이 괴롭더라도 어찌 할 거고 그냥 살아가야지. 이렇게라도 사는 것을 부모에게 감사해야 하는 일이 아니가. 부모를 욕하면 되느냐."

"형은 성인군자시네요. 나는 부모를 얼마나 원망하였는지 모릅니더."

두 형제는 언성이 커졌다. 형의 노기가 불끈하였다. 그래도 부모인데 동생이 상스럽게 욕까지 하니 감정이 폭발하였다.

"니 일마. 니 짐을 챙겨서 당장 나가그라. 니는 내 동생도 아니데이."

그러면서 동생의 물건들을 텐트 밖으로 모두 던져버렸다. 동생 진화는 자기 물건들을 챙겨서 취중에 비틀걸음으로 깊은 산골짜기에, 그것도 인적이 전혀 없는 시각인 자정이 넘어 칠흑 같은 어둠 속으로 들어갔다. 이 세상에서 삶의 고단함으로 인한 투정과 넋두리를 할 수 있는 곳은 부모 같은 진상 형 밖에 없었는데. 여태까지 어떻게 살아 왔는데. 왜 형은 그러한 동생의 마음을 이해 못하였을까. 왜 동생은 형의 마음을 알지 못하였을까.

세상과는 완전히 단절된 듯한 칠흑 같은 어둠의 깊은 계곡의 텐트 안에서 동생이 깐족깐족하든 형이 큰 소리 치든 그 두꺼운 장막 안에서 끝났더라면 동생은 하마터면 실족사 할 뻔한 일은 없었을 것이다. 동생 진화는 칠흑 같은 어둠과 취중에 계곡을 빠져나오면서 발을 헛디뎌 절벽으로 떨어져 머리를 다치며 의식불명이 되어 쓰러져 있었다. 새벽이 되어 다행히 지나가는 사람에게 발견되었으며 경찰에 신고가 되었다. 경찰에 의해 구급차에 실려가 인근의 병원에서 응급처치를 받았다. 의식이 돌아오자 동생 진화는 그 먼 곳에서 합천 삼가 집으로 이송이 되어 오랫동안 요양하였다. 이 사건 후로 동생 진화는 형과의 벽을 굳게 쌓고 중국만을 왕래하면서 만나지 않고 살고 있다.

이상(본명:김혜경) 단편소설 '날개'의 끝부분에서 주인공은 폐쇄된 내면에서 '날개'를 통해 자기 구제의 가능성을 보여주었다.

"변해할 필요도 없다. 사실은 사실대로 오해는 오해대로 그저 끝없이 발을 절뚝거리면서 세상을 걸어가면 되는 것이다. 그렇지 않을까?"
─정오의 사이렌이 울리고 그야말로 현란을 극한 정오에 인공의 날개가 돋았던 겨드랑 자국이 가려웠다. 오늘은 없는 날개. 가던 걸음을 멈추고 외쳐 보고 싶었던 주인공은 ─
"날개야 다시 돋아라.
날자. 날자. 날자. 한 번만 더 날자꾸나.
한 번만 더 날아 보자꾸나"

형제들은 서로에 대해 닫힌 마음을 그냥 변할 필요 없이 절뚝거리면서 아무런 노력도 하지 않은 채 그대로 방치하고 살아갈 것인가. 아니면 부모로부터 초래된 마음속에 있는 고통의 멍에를 털어버리고 부모의 명예가 법적으로 공식적으로 회복된 한이 풀린 지금 서로 이해하고 오해를 풀고 용서하고 화해하며 살아야 할 것 아닌가. 인공의 날개가 돋았던 겨드랑 자국이 가렵지 않고 어디 날개가 돋겠는가. 형제들은 본능적인 형제애의 자국이 가렵지 않고서 어디 형제애의 날개가 돋겠는가. 형제의 사랑의 날개야 다시 돋아라. 날자, 날자, 날자, 한 번만 더 날자꾸나하고 외쳐야 한다. 그리고 비상하여 시원하고 마음 가볍게 고뇌의 굴레를 벗어 버려야 할 것이다.

날자는 것은 오 형제가 '서로 돕고 우애 있게 힘을 합쳐서 열심히 살아라' 하고 유언한 할아버지의 당부를 실현하는 일이기도 한 때문이다. 하기야 아직 두 동생은 부모의 억울한 죽음의 진실이 국가에 의해 규명이 되어 명예가 회복된 사실을 모르고 있을는지도 모른다.

1955년 가을 할아버지의 장례를 치루는 장지에서 지관이 "땅세가 좋은 장지이지만 자손들이 흩어질 자리"라고 중얼거렸던 미신적 예언을 그저 피할 수 없는 운명적인 것으로 치부하고 말 텐가. 아니다, 그것은 한낱 비과학일 뿐이다. 형제들은 그것을 깨야만 한다.

70대의 세 형제 진상, 진국, 진화가 비록 늙어가는 인생이지만 살고 있는 동안 질곡의 과거를 벗어버리고 날개를 활짝 펴서 다시 한 번 비상하여 형제간 우애있게 서로 돕고 살날이 반드시 올 것이다. 그때는 그 동안의 이산의 벽으로 괴로웠던 미움이 눈물로 풀어질 것이며 웃음을 활짝 웃을 것이다. 그리고 정답게 이야기하며 북에 있는 진창 형을 이산상봉 시에 만날 준비를 할 것이다.

이 글을 쓰고 있는 나는 구레 신지로(Kure Shingiro)의 바이올린 독주곡 '날개'를 내 바이올린으로 직접 힘차게 켰다. 시원하였다. 답답한 마음이 확 트인 것 같았다.

# 진상의 유족회 활동
### - 부모의 법적 명예회복과 진실규명

2000년 합천군 삼가면에서 '삼가면한국전쟁전후민간인피학
살자유족회' (이하 삼가유족회)가 주최하는 희생자 위령제에 처
음 참석한 후 아예 삼가면유족회 회장을 맡아서 유족회 일을 보
기 시작하였으며 또 어머니의 시신 찾기에 힘을 쏟았다. 합천군
관내 다른 면의 유족회에서 유골 발굴과 같은 일이 있는 곳이라
면 어디든지 가서 확인하여 어머니의 어떤 단서라도 있을까 찾
았다. 그리고 부모의 명예를 회복하기 위해 혼신의 힘을 쏟았다.

또 인근의 의령, 거창, 산청, 함양 등에도 가리지 않고 유사한
발굴이 있거나 행사가 있어도 무조건 가서 혹시나 어머니와 관
계된 것이 있지나 않을까, 또 어떤 단서라도 찾을 수 있을까 하
고 열 일 버리고 다녔다.

그러다가 2003년에 몇 개 면으로 분산되어 있는 유족회를 더

거창군 신원면에 있는 거창군 학살 희생자 추모공원에서

많은 유족이 단합하여 뭉쳐야 더 큰 힘을 발휘할 수 있어 삼가
면, 대병면, 율곡면 등 3개 면 유족회를 일단 '합천유족회'로 확
대 결성하고 회장직을 맡아 유족회 사업을 하였다.

2005년 12월 2일 합천군을 통하여 국회가 제정한 특별법에 의
한 한시적 국가기관인 '진실·화해를위한과거사정리위원회'
(Truth and Reconcillation Commission, Republic of Kore:이하
진실화해위원회)에 합천 국민보도연맹사건에 대하여 유족회장
강진상 명의로 진실규명신청을 하였다.

진실규명신청을 한 후 합천군 17개 면에 산재해 있는 유족회
를 모두 모아 담당 합천군 행정관이 전 군 단위의 유족회인 '합

천한국전쟁전후민간인피학살자유족회'로 확대 조직하였다. 이를테면 관 주도로 유족회를 만든 셈이 되었다. 그리고 농사에 바쁜 활동적인 유족회원 중 한 분을 대표로 내세워 유가족 사업을 시작하였으나 사업이 지지부진하였다.

2006년 10월 10일에 국민보도연맹 신청사건 다-48호로 진실화해위 기본법 제2조 제1항 제3호의 규정에 의한 진실규명범위에 해당한다고 하여 조사개시를 결정함으로써 진실화해위 기본법 제28조의 규정에 의하여 결정되었음을 통지 받았다.

'진실화해위원회'는 2006년 10월 10일에 합천보도연맹 사건을 포함한 전국 791건의 '국민보도연맹 사건'을 직권조사를 하기 시작하였다. 2007년 초에 진상은 2대 합천유족회 회장이 되었고 전임 회장 때 지지부진한 유가족 사업을 조직적으로 활발하게 적극 추진하였다. 합천군에서는 진실규명을 요청하는 신청건에 대하여 2007년 7월 10일부터 진실화해위원회의 조사가 시작되었다. 그는 항상 조사위원들과 조사현장에 동행하여 증인을 찾아 소개하여 증언하도록 하였고 자신도 조사에 응하였다.

조사위원들이 불편하지 않게 신경을 썼으며 숙소와 모든 편의를 돌보아 주었다. 그는 아버지 총살 현장을 목격한 석동정을 거의 60여년의 세월이 흐른 그때 만났고 증언을 들었다. 또 석동정은 사촌 형 석창동의 총살에 대하여 증언하였다.

17개 면 중 7개 면에서 조사를 하였고. 나머지 10개 면에서는 유가족이 있을 것인데 전혀 신청이 없어 조사를 하지 못했다.

봉산면, 대병면 같은 경우는 일부가 합천 댐 건설로 수몰되어 유가족이 외지로 이주하였거나 찾을 수가 없어서 참으로 안타까웠다.

'진실화해위회'의 조사위원들은 2009년 6월 9일부터 11일, 8월 12일부터 15일 사이에 3일 씩 2차례 살해된 장소를 현지 실사하였다. 2009년 11월 17일 사건번호 다-48호는 강진상 명의로, 사건번호 다-4674호는 강진국 명의로 진실화해위 기본법 26조의 규정에 의해 진실 규명이 결정되었으며 동법 제28조의 규정에 의하여 결정되었음을 통지 받았다.

또 2009년 11월 3일에 공표된 '진실화해위원회' 명의의 '경남 합천 국민보도연맹 사건 진실규명 결정서'를 송부 받았다.

그 날짜로 국민보도연맹 희생자들의 명예가 국가에서 공식적이고도 법적으로 회복되었다.

【경남 합천 국민보도연맹 사건 진실규명결정서】

〈'합천 국민보도연맹 사건' 조사〉
국민보도연맹 등에 가입했던 합천지역 주민들이 한국전쟁이 발발하자 인민군에 동조할 우려가 있다는 이유로 합천경찰서 경찰들에 의해 사법적인 절차 없이 예비 검속된 후 군·경에 의해 집단 살해된 사실에 대하여 진실을 규명한 사례.

〈권고사항〉

국가의 공식 사과, 위령사업지원, 가족관계등록부 정정, 역사기록 수정 및 등재, 평화인권강화, 잘못된 수사관행 금지.

〈결과〉

"일차적 책임은 인민군에게 동조하여 후방을 교란할 것이라는 예단 하에 보도연맹원 및 '요시찰인'을 예비검속하고 살해할 것을 지시한 경남경찰국과 합천경찰서에 있다.

이 사건의 직접 가해자는 합천경찰서 및 관할지서 경찰들과 미 24사단에 편입되어 전투에 참전했던 한국군 제17연대 소속 군인들이다. 그 최종적 책임은 국민의 생명과 안전을 보장하여 할 국가에 귀속된다."


1950년, 큰형 진승이 아버지는 돌아가셨고 어머니는 돌아가신 것으로 하자 하고 어머니 시신을 찾으면 그때 돌아가신 것으로 하자고 말을 한 지 60여년 만에 진상은 결정문 권고사항의 '가족관계등록부 정정'에 의거 해 어머니의 '행방불명'을 '사망'으로 가족관계등록부를 정정하였다. 어머니를 찾지 못하여 사방으로 찾아 헤매기도 하였지만 이제는 '돌아가셨다'로 법적으로 정리 되었으므로 마음은 가벼워졌다. 비로소 사자의 법적지위가 회복되어 제 위치를 찾았다.

이로써 아비 어미의 억울한 죽음의 진실을 꼭 밝히라는 할아버지의 유언은 법적으로 성취되었다.

부모의 명예를 회복하기까지 60여년이 걸리다니 참으로 감회가 깊었다. 뜨거운 눈물이 펑펑 쏟아졌다.


2009년 가을 대전에서 '한국전쟁전후민간인피학살자전국유족회' (이하 한국전쟁유족회)에서 주최하여 3박4일 동안 전국 각 지역 유가족 대표자들의 워크숍(Work shop)이 개최되었다. '진실화해위원회'에서 법적 공식적으로 민간인피학살자들의 명예가 회복된 후에 최초로 열린 전국 대회였다.

약 90명 정도의 전국 대표들이 모인 자리에서 사례 발표자로 진상은 강단으로 올라갔다.

"아버지가 경찰에 의해 총살당한 후 다음날 시신을 수습하여 매장한 어머니마저 경찰에 의해 행방불명이 되었다. 우리 오형제는 천애고아가 되었다. 나는 국민학교 3학년 학력으로 육군대위가 되어 월남전에 참전한 국가유공자이기도 하다. 작은형은 6·25때 이북으로 끌려갔고 생존을 모르고 있다가 적십자사에서 남쪽 형제들을 찾는다고 알려주어 생존을 알았다. 그래서 이산가족이기도 한다. 이 자리에서 보도연맹원의 유가족 자식으로 국가 공무원이 된 분이 있으면 손 한 번 들어 보시라."

라는 요지로 열변을 토하였다. 장내는 숙연하였고 잠시 후에 웅성웅성하였다. 그러나 손을 든 사람은 아무도 없었다. 곧 이어 "자 이제부터 우리는 …" 하자 장내는 다시 조용하였다.

"국가에 의해 희생된 우리들 부모의 명예가 법적으로 공식 회복이 되었으므로 우리는 또 무엇을 해야 합니까. 우리는 울어야 합니다. 울어야 젖을 줍니다. 우리는 국가를 상대로 희생 피해자들의 배·보상금 청구 소송을 '한국전쟁유족회'의 명의로 해야 합니다. 우리는 국가를 상대로 울어야 합니다. 청구소송에서 이겨야 합니다. 그래야 명예는 더욱 공고해집니다. 그렇게 되면 유족회에서 추진하는 모든 일이 활발하게 됩니다."

장내가 떠나 갈 듯 열렬한 박수를 받았다. 그날 이 후에 당장 배·보상금 청구 소송 준비를 시작하였다.

대전 워크숍 이후 다른 시군유족회에서도 역시 배·보상청구 소송을 착착 준비하였다. 분주히 소송 준비를 하던 중 2010년에 몸이 아파서 부산 보훈병원에 가 검진을 받으니 베트남전에서의 고엽제가 원인이 되어 대장암으로 진단되었다. 즉시 입원하여 수술을 받았고 항암치료를 하였다. 그리고 베트남 참전 고엽제 상이국가유공자로 인정되어 보훈처에 등록되었으며 상이국가유공자수당을 받으며 생활을 하고 있다.

대전 워크숍이 있은 후 진상의 사연이 소문으로 퍼져나갔으며 세월이 흘러 몇 년 후에 교육방송인 EBS TV에서 한국전쟁유족회를 통하여 '용서와 화해' 프로에 출연 할 수 있겠느냐 여부를 묻는 소식이 전달되었다. 그래서 그러한 일도 부모의 명예를 높이는데 도움이 클 것이라고 생각하여 흔쾌히 받아 들였다.

2013년 8월 동생 진국을 베트남에서 만나 약 10일 동안 일정으로 그 프로에 출연하여 촬영하였으며 방영이 되었던 것이다.

대장암 수술로 소송 준비가 늦어져 시간을 지체할 수가 없어서 회복 중이었지만 배·보상금청구소송 준비를 계속하였다. 매년 합천군 내 군수 경찰서장 등 기관장들과 군민, 유족이 참여하여 학살희생자들에 대한 위령제를 지내며 그 행사에서 무용담, 한풀이 등으로 뜻을 기리는 사업도 하였다.

합천유족회 회원들의 배·보상금청구 소송을 준비하면서 난제들이 많았다. 대부분의 유족들은 아버지의 죽음으로 제대로 된 교육을 받지 못하여 학업은 저학년 포기자 또는 무학으로 한 평생을 가난하게 살았던 70대 이상이었다. 그래서 소송서면을 작성할 때 방법도 설명을 하고 또 대필도 해야 하는 등 번거로움이 많고 고충이 컸다. 억울하게 죽은 아버지의 행적을 확인하고 보증을 세워야 할 보증인도 이미 죽었거나 나이가 많아 보증을 서는데 참으로 난감한 일이 많았다. 그것도 한둘이면 쉽겠으나 합천 군내 전 유가족 회원들을 상대하니 시간도 많이 걸리고 거리가 멀어 이동하는데도 보통 일이 아니었다. 합천군은 17개면으로 지역적으로나 행정적으로 큰 지역이었다.

진상은 2년 임기제 회장직을 2012년에 내어 놓고도 계속 소송 준비를 해야 했으며 비로소 2013년 10월에 대병면 한 회원을 마지막으로 소송서면 작성을 마무리하여 한국전쟁유족회의 지정 법무법인 '덕수'의 합천유족회 담당인 최은순 변호사에게 팩스

합천 유족회장으로 활동할 때의 모습

로 서면을 발송하여 1차적으로 일단락되었다.

150여 명을 진실화해위원회에 제기한 결과 60명이 진실규명 통고를 받았다. 그중 30명만 국가를 상대로 배·보상 민사소송을 제기하여 서울중앙지방법원 제35 민사부에서 2013년 12월 13일 승소 판결이 선고 되었다.

희생자와의 관계, 청구금액(원), 인용금액(원) 등이 확정 판결 되었다.

서울중앙지방법원 제35 민 사 부

판 결.

2012가합92536 손해배상(기). 변론종결 2013년 11월1일.

판결선고 2013년 12월 13일.

대전 전국유족대표자대회에서 진상이 배·보상소송을 한국전쟁유족회를 통하여 하자고 열변으로 주장한 후에 다른 지역에서는 전국유족회의 고문 법무법인인 '덕수'를 통하여 부지런히 준비해 소송을 제기하여 울산유족회를 필두로 전남 나주, 경남 밀양 등의 유족회에서 이미 승소를 하였다.

합천에서는 그의 대장암 수술로 인하여 준비가 늦었지만 2013년에야 승소 판결이 났다. 배·보상소송에 임하지 않은 유족은 해도 소용없다거나 오히려 피해만 당할 것 아닌가 하는 피해 의식 때문이었다. 진상은 참으로 안타까웠다. 특별법에 의한 한시적 국가기관인 '진실화해위원회'의 진실규명에 참여하지 못한 일부 유족들은 2009년에 '진실화해위원회'가 없어졌으므로 전국 각 지역단위로 소송을 진행하고 있다. 현재 제기된 전국 보도연맹관계자 소송은 법원에서 승소하고 있고 좀 늦게 제기된 소송은 전례대로 반드시 승소할 것이란 확신을 가지고 있다.

'한국전쟁유족회'에서는 전국단위로 적극 협조하고 도와야 할 것이다. 또한 20~30만 명으로 추정되는 소송을 하지 못한 유족들은 공소시효를 없애고 '진실화해위원회'와 같은 한시적인 국가기관이 아니고 전쟁전후 민간인피학살자들의 진실규명과 명예회복이 기간에 관계없이 국민들이 납득할 때까지 규명하고, 회복하기까지 존재할 수 있는 상시적 국가기관을 설립하여 진실규명을 할 국회 특별법이 제정 되어야만 할 것이다. 또 공소시효를 없애야 진실규명이 가능하기 때문에 '한국전쟁유족회' (전국유족회)의 단체력으로 국회를 압박하고 여론에 호소하고 또 시민단체들과 연대하여 특별법이 제정될 수 있도록 역량과 지도력을 발휘해야 할 것이다. 그래야만 어느 정도라도 보도연맹 사건의 진실이 밝혀질 것이고 명예도 회복 될 것이다. 그 결과로 정부는 국민에게 진솔하게 사과를 하고 또 배·보상도 국가적 차원에서 해결 해야만 할 것이다. 그날이 언제 올 것인지 요원하겠지만 진실은 반드시 밝혀진다는 역사의 정의는 증언하고 있다.

그는 유족들에게 보상금이 지급되면 추모공원을 만들고 그곳에 위령비도 건립할 계획도 세우고 있다. 2010년부터 베트남참전국가유공자협회 경남지부 이사로 활동 중이다. 또 2012년에 사단법인 대한가수협회 창원지부 자문위원으로 활동하여 고아원과 노인정 등을 찾아다니며 봉사활동을 하고 있다. 64개의 시민단체가 참여하고 있는 '범시민연합마산살리기' 에서 활동하고 있으며 이는 통합 창원시에서 마산을 분리하여 다시 '마산시' 로의 환원 운동이다. 70 딱 중반인 그는 노인복지관이나 경로당은 눈여겨보지 않고 활발한 사회활동으로 노익장을 과시하며 살고 있다.

# 지금도 양천강은 흐르고 있다

　해마다 음력 6월 6일이면 양천강 물결 위로 뿌옇게 물안개가 피어 올라 퍼지면 하늘에서 비가 왔다. 삼가 사람들은 그냥 자연의 현상으로만 여기며 무심히 지나가는 일상이었을지 모르지만 그날의 슬픔을 알고 있는 양천강은 물안개를 피워 올리며 슬피 울곤 하였다. 하늘에서 내리는 슬픔 가득한 눈물의 비는 그날의 아픔을 가진 사람들을 어루만지며 위로하였다.

　진상은 무심하지 않는 하늘이 어김없이 그날을 기억하고 그날마다 비를 내리고 마음을 알아주며 그 비가 자신을 위로하는 비라고 생각되어 부모를 그리워하며 눈물짓곤 하였다. 어릴 적 비통한 마음을 어느 누구도 알아주지 않지만 양천강과 하늘만이 알아준 것 같았다. 매년 그날이면 대체로 비가 온것은 하늘의 어떤 이치일 것이리라.

그날이 되면 부산의 큰형 집으로 가서 아버지와 어머니의 제사를 지냈다.

진상의 오 형제는 각각 똑 같이 2남 1녀의 자녀를 두어 모두 15명의 할아버지의 증손을 두었고, 그들은 모두 결혼을 하여 일가를 이루고 중장년의 나이로 자녀를 두고 사회생활을 열심히 함으로써 할아버지의 집안을 '일으켜 세우라'는 유언이 이루어진 셈이 되었다.

보도연맹 사건의 진실규명이 법적이고 공식적으로 밝혀졌으므로 부모의 명예회복이 되어 '에비 에미의 억울한 죽음의 진실을 밝히라'는 유언도 또한 이루어졌다.

이 글이 책으로 출판되면 다시 한 번 더 진실이 확실하게 밝혀지는 셈이 될 것이다. 그러나 '서로 돕고 우애 있게 힘을 합쳐서 열심히 살아라'는 유언은 이루어지지 않았으나 모두들 열심히는 살아왔다. 비록 나이가 70안팎이 되었어도 장수하는 집안이므로 기회가 얼마든지 있을 것이다.

그리고 북에 살고 있는 진창 형을 이산상봉 시에 만날 날이 불원간에 있기를 남한의 세 형제는 간절히 기원 할 것이다.

양천강은 흐르고 있다.
모든 것을 다 알고 있는 양천강은 흐르고 있다.

양천강은
옛날에도 흘렀고
지금도 여전히 흐르고 있다.
미래에도 과거나 지금처럼 흐를 것이다.
인생도 인간의 역사도 물길처럼 흐르고 있다.
합천 삼가 사람들의 애환을 담고 있는 강,
금리 마을의 희로애락을 묵묵히 지켜보았던 강
양천강.

흰빛 분홍빛 기지개 켜는 봄,
종달새 아지랑이 바람이 강물을 어루만져
잔잔한 물결 일 때 사랑 그리움이 피어나
눈물에 젖게 하는 모정의 강.
양천강은 흐르고 있다.

진한 녹음빛 이글거리는 여름,
당산 나뭇잎 바람 이는 소리에
강물 손짓하면 물장구치던 추억이
고통의 세월을 잃는 형제의 강
양천강은 흐르고 있다.

노란빛 알알이 맺는 가을,
사들이벌판이 풍성히 여물어 갈 때
시린 물결에 그리운 애달픈 고아동기(同氣)들
어언간 백발의 아쉬운 아픔을 알고 있는 애증(愛憎)의 강.
양천강은 흐르고 있다.

삭막한 단조 앙상한 회색겨울,
눈보라 치고 북풍이 차가울 때
강의 어두운 거친 물결이 마음을 치며
참살, 애통, 분노, 비정, 원망, 증오, 야만을 신음하는
애한(哀恨)의 강.
양천강은 흐르고 있다.

옛날에도 흐르고 있었고
지금도 흐르고 있고
미래에도 흐르고 있을
양천강은
모든 것을 알고 있다.
그의 잔물결은 위로이고 역사이다.

양천강은 알고 있다.
양천강은 흐르고 있다.

## 진상 선생이 자식들에게 보낸 사랑의 글

나는 자식들에게 항상 고맙게 생각하고 살아 왔다. 이 세상에서 평생을 부모의 마음을 아프게 하고 살아가는 사람들을 너무 많이 보아왔다. 그러나 내 자식들은 부모의 마음을 상하게 한 일도 없었고 크게 아프지도 않았고 결혼하는 그날까지 잘 살아왔기 때문이다.

나는 자식들이 항상 좋은 일만 있기를 먼발치에서 기도를 하였다.

나는 열 살 한창 어머니가 그리운 나이에 양 부모가 돌아가신 후로는 즐거운 마음으로 밝게 웃어 본 일이 없었고 또 먹구름 낀 하늘처럼 금방이라도 한 줄기의 비가 쏟아질 것 같은 두근거리는 마음으로 한 평생을 살아왔다.

군 생활을 할 적에는 남들은 나보다 공부를 많이 했을 것이기 때문에 나는 항상 마음을 조아리며 그 사람들을 따라 가기위해서는 그들이 휴식할 때나 잠 잘 때 나는 생각하고 공부를 해야 했었다. 그리고 다가오는 내일에 대해 항상 생각하고 또 사회생활을 할 때에도 내일에 대해 대비하고 생각하며 잠 못 이룬 날이 많았다.

각종 책도 많이 읽어야 했었다. 남들 앞에서는 밝은 웃음을 보였지만 내 마음 깊은 내면에는 항상 구름 낀 어두운 면이 자리 잡고 있었다.

정상적인 가정에서 행복한 생활은 못하였지만 너희들이 어머니 슬하에서 자랑스럽게 자라 주어서 참으로 고맙다. 그리고 미안하다.

늘 행복하고 건강 하여야 한다.

나는 베토벤 교향곡 9번 '합창' (Chorale: d단조 작품 125번)을 눈을 지긋이 감고 감상한다. 드디어 피날레 제4악장에서 장엄한 코러스가 감동적으로 이 심포니 오케스트라의 대미를 장식했다.

"피-솔라 라솔피미 레-미피 피·미미-
피-솔라 라솔피미 레-미피 미·레레-
미-피레 미피솔피레 미피솔피미 레미라
피-피솔라  라솔피미 레-미피 미·레레-"
〈환희여, 아름다운 주의 빛이여.
우리는 그대의 성소로 들어가리.
그대의 날개가 머무는 곳에서,
모든 사람들은 형제가 되리.〉

고난 속에 살아왔던 오 형제 뿐만 아니고 그들을 포함한 고통 받은 이 세상 모든 사람들이 질곡의 어둠으로부터 나와 정의롭고 평화스러운 환희의 빛으로 아름다운 세상에서 고통이나 시름 없이 행복하게 살 것을 간절히 기도하며, 강진상 선생의 일생일대기의 대단원을 내린다.

# 글쓰기를 마무리 하며

2013년 8월 29일 강진상 선생을 처음 만난 뒤 한 달쯤 후인 9월 26일에 나는 강 선생 집으로 가서 다시 만나 대담하며 글을 쓰기 시작하였다. 그날부터 매월 평균 2번 이상 만나서 막걸리 한두 잔을 입에 걸치며 약간의 취중에서 강 선생은 기억이 나는 대로 자신의 이야기를 하였고, 나는 듣고 메모를 하였다. 그의 이야기에서 표현 되지 않는 내면 깊숙이 잠재하여 있는 감정까지도 느낌으로 읽으려고 나는 나의 뇌신경을 잔뜩 집중하였다. 그것들을 하나하나씩 노트북 자판을 두드리며 글을 내리써갔다.

강 선생은 나보다 2살 많으나 1950년 6·25한국전쟁 때 똑 같은 국민학교 3학년이었고 또 같은 어린 나이의 눈으로 본 당시 한국의 시대 상황을 공유한 공통의 경험을 가졌기 때문에 그의 감정을 나의 감정에 쉽게 이입할 수가 있었다. 자주 만나서 이야기를 듣는 사이에 어느덧 다정한 친구 같다는 생각이 들었고 그의 기억과 감정에 교감하며 그의 감상感傷에 쉽게 동조되기도 하였다.

나는 그의 일생을 어린이, 소년, 청소년, 청년, 장년壯年, 중년, 장년長年, 노년의 시절로 구분하여 시간표를 계획하여 놓고 드라마 같은 그의 이야기를 장면마다 맞추어 나갔다. 장면 장면이 뚜렷하게 구분이 된 그의 일생이었기에 글을 쓰는 시간이 흐를수록 그의 이야기는 점점 엮어져서 드디어 한 권의 책이 될 수가 있었다.

강 선생의 딸 수연과 동생 진국이 들려 준 사연으로 더 알찬 글이 될 수가 있었다. 고마움과 감사를 드린다.

나에게 노트북을 준비하여 주고 글을 쓸 수 있게 해주었으며 또 사용하다가 고장이 나서 작동이 되지 않을 때마다 손을 보아주었고 자주 출력 하여 인쇄된 글을 볼 수 있게 해준 나의 둘째 아들 하정민에게 고마운 마음이 크다.

그리고 나의 글을 읽고 격려와 조언을 아끼지 않았던 몇몇 지인에게도 깊은 감사를 드린다.


2014년 4월 11일
창원 의창 신월동 우거에서
하용웅

양천강아 말해다오

진창 형으로부터

# 북한에서 온 편지

대한적십자사를 통한 첫 편지 제1신
(2001년 3월 10일)은 다음과 같다.

# 그 언제나 보고 싶던 사랑하는 동생에게 !

꿈결에도 잠결에도 한순간도 잊어 본 적 없는 나의 동생 진상아!

근 반세기가 지나도록 생사여부조차 모르던 너에게 이렇게 편지를 쓰게되니 너무나도 놀랍고 감격스러워 무슨 말부터 어떻게 썼으면 좋을지 모르겠구나.

10대에 우리 헤여지던 때가 어제 런 듯 눈앞에 삼삼한데 이제는 할아버지가 되었으니 절통하기 끝이 없구나.

부모를 잃고 그 허구한 나날 풍파 사나운 인생길을 헤쳐 오자니 고생인들 얼마나 많았겠니. 아마 너도 이 편지가 아니라면 내가 살아 있으리라고는 상상도 못하리라는 것을 리해한다.

마산시 중앙동에서 살았던 정현배를 1960년에 이곳에서 뜻밖에 만났는데 그때 그가 하는 말이 대병면의 외할머니가 명절 때면 내가 죽었다고 명복을 빌며 제를 지내더라고 하더구나. 그 퍽 후에는 이곳에서 행복하게 살고 있는 큰 외가 집 김형식 형님이 일본을 거쳐 이북으로 귀국하여 나와 상봉했을 때도 같은 말을 하더라.

일가친척들이 죽었다고 단정했던 이 형은 그때 너와 헤어져 여기에 들어온 후 보통으로써는 감히 상상조차 할 수 없는 행복과 영광의 최절정에서 참다운 인간의 가치와 삶의 자욱을 뚜렷이 남기며 살아왔다.

나는 벌써 14살 그때에 위대하신 김일성 장군님의 접견을 받는 특전을 받아 안았고 수령님의 직접적인 배려 속에 만경대 혁명학원에서 김일성 장군님을 친어버이로, 학부형으로 모시고 고아의 설음이 어떤 것인지 모르고 세상에 부러운 것 없이 마음껏 배우며 자랐다.

어찌 그 뿐이겠니,

잊을 수 없는 학원 생활의 그 시절에 어리신 김정일 장군님을 1957년 한 학급에 모시고 가르치심을 받으며 자라는 크나큰 영광을 지닌 행운아로 되었으니 이 자랑을 무슨 말로 어떻게 표현할 수 있겠니.

이제 우리의 래왕길이 더 활짝 넓어져 네가 우리 집에 와 보면 우리 가문이 가보로 간직하고 사는 경애하는 김정일 장군님을 모시고 찍은 기념사진을 볼 수 있을게다.

동서고금에 한 나라의 왕이 나 같은 이름 없는 고아의 친부모가 되어주고 왕의 자제가 수수한 책상에서 평민자식들과 나란히 공부했다는 전설 같은 일이 있은 적이 있더냐.

인민의 어버이신 김일성 장군님과 한없이 소탈하시고 겸허하신 김정일 장군님이 아니고서는 감히 상상조차 못할 일일 것이다.

바로 그렇기에 위대한 태양으로 받드는 두 분의 은혜로운 품속에서 나 같은 보통사람이 20세기의 위인이시고 태양이신 김일성 장군님과 21세기의 태양이신 김정일 장군님을 친어버이로 모시는 특전과 행운을 지니였으니 이보다 더 큰 행복, 더 큰 영광이 또 어디에 있겠니.

무상의 행운을 지니였기에 나는 배움의 최고전당인 김일성종합대학을 졸업하고 어영한 기사로 자랐으며, 오늘은 내 자식들도 무료교육의 혜택아래 마음껏 배우고 희망하는 일터에서 근심걱정 없이 잘 살아가고 있다.

지금 당장이라도 달려가 막 부둥켜안고 싶은 동생 진상아!

화목하게 살던 우리 형제가 이제 더야 분렬의 아픔 속에 인생도 저물어가는 황혼기의 나이를 한 살 한 살 더 먹어야 한다면, 세상에 없어야 할 이런 비극이 희망찬 새 세기에로 지속되게 한다면 우리가 무슨 조선사람이며 단군민족의 후손이겠니.

한없이 그립고 보고 싶은 진상아 !

력사적인 평양상봉이 마련되고 북남공동성명의 채택으로 서

신거래의 길이 열려지고 금방 통일이 문이 활짝 열릴 것만 같아 울렁이는 가슴 진정할 수 없구나. 우리 7천만 동포가 마음과 마음을 합치고 통일의 한길로 손과 손을 잡고 떨쳐나선다면 통일의 그 시각이 하루, 한 시라도 더 빨리 오지 않겠니.

그리운 나의 동생아 !

그날을 앞당기기 위해 더 힘껏 분발하자.

하여 통일의 광장에선 뜨겁게 포옹할 때 떳떳이 얼굴 들고 부끄러움 없이 만나도록 살자.

끝으로 형님과 형수, 너와 동생들과 제수들, 사랑스러울 조카들과 귀여울 손자 손녀들이 모두 상봉의 그날까지 건강하기를 이곳 먼 곳에서 충심으로 바란다.

이만 펜을 놓겠다.

부디 잘 있거라.


이북에 있는 형 진창으로부터
주체 90(2001)년 3월 10일

# 한없이 그립고 보고 싶은 진상아

12살, 10살, 4살의 너희들을 뒤에 두고 부모의 원수를 갚자고 14살에 총을 잡고 의용군에 용약 들어선 내가 이곳 공화국의 품에 안기며 온갖 배려와 사랑을 받으며 행복이 커갈수록 너희들에 대한 생각은 얼마나 한이었는지 너는 다 모를게다.

날이 가고 달이 가고 해가 갈수록 너희들에 대한 간절한 그리움으로 잠 못 이룬 날이 그 얼마이며 1960년 4.19 남녘 땅 청년 학생들이 리 승만 매국역도를 꺼꾸러뜨릴 때 만사를 제끼고 너희들과 만나게 된다는 가슴 부푸는 흥분 속에 확성기 앞에서 떠날 줄 모르던 나날은 또 얼마였겠니.

너희들의 생사여부조차 알길 없던 너희들에게 이곳 우리당에서는 나에게 너희들이 창원에 살고 있다며 편지와 함께 가족사진을 보내라는 가슴 벅찬 믿음을 안고 2001년 3월에 첫 편지를 보내게 되었다.

그 편지는 북남간의 공식적인 조치였기에 하고 싶고 쓰고 싶은 말을 다 할 수 없는 형식적인 편지였다.

그러나 오늘은 너희들에게 56년이란 인간으로서 한 생과 맞먹는 기나긴 세월의 두께 우에서 내 하고 싶고 쓰고 싶은 말을 담은 이 편지를 보낸다.

진상아!

12살의 네가 오늘은 68살 진갑을 바라보며 나 역시 올해 70살에 다달았구나. 그럼에도 우리는 서로의 만남의 크나큰 소원을 이룩하지 못하고 있구나.

이것이 어느 놈 때문인가를 똑똑히 알아야 한다. 그것이 어느 놈 때문이겠니.

이 땅을 둘로 갈라놓고 이 땅에 온갖 불행과 화근을 강요하며 들씌우고 있는 미국 놈과 그 앞잡이 매국 무리들인 한나라당 패들 때문인 것이다.

이놈들은 이 나라 사람들의 원쑤일 뿐 아니라 우리 가정의 원쑤임을 똑똑히 알아야 한다. 일제의 기반에서 우리나라가 광복되었을 때 북녘땅은 물론 온 남녘땅에도 도처에 인민위원회가 일어섰었다. 그때 우리 아버지도 면 인민위원회에서 일을 보시였다.

그런데 조선에서 일본 놈들을 내 쫓는데서 피 한 방울도 흘리지 않은 미국 놈들이 1945년 9월 남조선에 기어들어 군정을 실시하면서 인민위원회들을 모조리 파괴하고 여기에서 일하던 수많은 사람들을 체포 처형하였다.

그래서 우리 아버지는 놈들의 검은 마수가 닿기 전에 지하투쟁의 대오에 들어서게 되었다. 아버지가 지하투쟁 기간 여기저기 막벌이군도 하였고 부산 부두 로동도 하였다는 것을 여기 와서 알게 되었으며 1949년 12월 어느

산 릉선을 횡단해 가다가 얼음판에 미끄러져 다리를 골절당하여 어느 집에서 치료를 받던 중 동리에 사는 "권"가 성을 갖인 한 변절자의 밀고로 놈들에게 체포되어 합천군 감옥생활을 하였다는 것도 비교적 구체적으로 알게 되었다.

그러다가 너도 아다 싶이 1950년 조국해방전쟁이 발발된 후 놈들이 패주할 때 숫한 애국자들을 학살할 때 아버지도 그 속에서 학살당한 것이다.

어찌 그 뿐이겠니.

어머니가 아버지 시체를 찾아 향교리 뒤산에 안치할 때 김형사란 놈이 우리들을 집에 가게하고 어머니를 자전거 뒤에 태워 합천으로 끌고 가다가 도중에 어느 다리 밑에서 학살하고 달아났다.

그래서 어머니 시체는 찾지도 못한 것이다.

그러니 철부지 너희들이 고아로써 〈빨갱이 종자〉라고 얼마나 천대 속에 고통을 받았겠니. 너희들이 다 살아 있다는 것이 나는 기적으로 생각한다. 진화의 편지를 통하여 고모가

일생 동안 시집도 가지 않고 너희들을 돌보아 주었다니 나는 고모에 대해 눈물겹웁도록 고맙고 존경심을 금할 길 없을 정도다.

내가 저 세상에 가기 전에 할아버지 할머니 아버지 묘소 곁에 모시고 있다는 고모 묘소를 찾고 싶은 마음 간절하며 찾으면 내 손으로 따뜻한 술 한 잔 부어 드리고 싶은 것이 간절한 소원이다. 나는 이곳 이북에 들어온 이후 군대생활을 할 때 건지리란 곳에서 최고 사령관이신 김일성 대원수님을 가까이 모시고 군사복무를 하였는데 여기에서 우리 부대를 찾아주신 최고 사령관 동지를 직접 만나 뵙는 크나큰 영광을 지니였다. 말하자면 나 같은 보잘 것 없는 나 어린 평 백성이 나라 왕을 만났다는 것이다. 하루도 쉼없 이 전선길과 후방길을 걸으시며 인민군 전사들과 평 백성을 친히 만나주는 왕은 이 세상 어느 때 어느 나라에도 없을 것이다.

오직 여기 우리 공화국에서 우리 수령님뿐인 것이다.

나를 만나주시고 어린나이에 총을 메었다고 치하해 주시면서 부모들과 고향에 대해 물어 보시다가 부대장이 내 대신 대답을 드리자 한 동안 말씀이 없으시다가 공부를 해야겠다고, 공부를 해야 부모의 원수를 더 잘 갚을 수 있다고 말씀하시고 떠나 가시였다. 그 후 아직 가렬처절한 전쟁이 계속 되었지만 간부를 내려 보내여 나와 그 외 2명을 만경대 혁명학원에 가서 공부하도록 조치를 취해 주시였다. 이 학원은 항일혁명 렬

사 자녀들이 공부하는 곳인데 바로 이런 학원에 전쟁 시기 우리가 들어가게 되었다.

그 뿐인 줄 아니, 학원에 들어가 공부하던 중 어리신 김정일 장군님이 우리 학급에서 우리와 함께 공부하게 되어 나는 세상 최대의 영광을 지닌 행운아로 되었었다. 게다가 내가 군대 물도 먹고 나이도 많다고 학급장을 시켜서 학급장까지 하지 않았겠니. 그 이후 나는 대학까지 졸업하고 행복한 가정도 꾸리고 정말 세상에 부럼 없이 살아왔다.

그러나 내 행복이 크면 클수록 너희들 생각이 더더욱 간절해지는 것을 어쩔 수 없었구나. 너희들까지 데리고 들어와 이 행복을 함께 나누었으면 얼마나 좋았으랴 하는 것이었다. 물론 꿈같은 생각이였지만.

일시적 후퇴의 그 나날에 내 몸 하나도 제대로 건사 못하여 지휘관들 신세를 톡톡히 지면서야 후퇴의 길을 걸어 들어왔으니 말이다.

내가 왜 오늘 이런 말을 하는가 하면 우리의 원쑤가 누구이고 우리가 안겨 살 품이 어데인가를 똑똑히 알고 너나 나는 한 생의 마무리에 이르렀지만 자식들에게 이것을 잘 알도록 하여 조국통일을 위하여 미국 놈들을 이 땅에서 내쫓는 싸움의 길에 앞장서도록 이끌어주기를 바래서이다.

56년 만에 처음이라고 할 수 있는 편지에 〈빨갱이 선전〉을 한다고 생각지 말라.

미국 놈들 때문에 우리의 만남이 이렇게 오래고 먼 것이며 이 나라의 온갖 불행의 화근이기 때문에 내 괜찮다에서 우러나오는 말을 하는 것이다.

진상아,

진화와의 편지거래는 정상적으로 련계되고 있다.

그런데 너나 진국이의 편지도 받아 보고 싶구나.

네 소식과 자식들 이름과 소식들을 적어 진화에게 주어 내게 전달되도록 하여 주렴아.

가능한 가족사진까지 보내주어 사진으로써나마 너희들 모색을 눈에 익히면 내가 얼마나 반갑겠니.

너는 중국 장석평 네 집에 오지 못하느냐? 정말 보고 싶고 그리움으로 정신이 돌 지경이구나.

진상아.

금년 1월 중순에 진화가 편지와 함께 그 속에


- - - (중략 : 소실된 부분일 것 같음) - - - - -


모두 미국 놈을 이 땅에서 내좇는 성스러운 싸움의 길에 앞장서도록 부모 구실을 잘하도록 일깨워도 주고 56년간의 긴 세월의 리별을 끝장내고 너희들과 만나 그간의 회포도 나누고 싶은 간절한 마음으로부터 장석평에게 이야기하여 동의서를 보내도록 토론해 보았으면 한다. 끝으로 하고 싶은 말은 너는 환갑이 되었고 네 형들은 진갑나이가 되어 오는데 내가 너희들을 어릴 때처럼 계속 이름을 불러서야 되겠니.

그래서 매 집들의 조카애들 나이와 이름들을 내게 알려주고 무슨 일들을 하는지도 적어 보내며 가족사진을 찍어 사진으로나마 얼굴을 익히도록 해 달라는 것이다.

그와 함께 지난번 두 장의 편지를 련속 띄울 때 이야기 했지만 평안남도 개천시 삼포동 33반에 사는 정현배란 분에 대한 문제이다.

내가 형님처럼 믿고 형님으로 부르는데 고향이 삼가면 동리이다. 그곳에는 정가가 한 가정뿐이라고 한다. 삼촌 정창식 사촌 남동생 정현철 정현태 정현화 등이 살았는데 네가 거리가 멀지 않으니 찾아 가서 알아가지고 이곳 소식을 전해주고 편지를 받아 오도록 하라.

정현배 형님은 금년 75세인데 이북에 들어와 대학을 나왔고 아들도 딸도 다 대학을 나와 편안히 잘 살고 있는데 고향소식을 몰라 명절이면 눈물 속에 고향을 그리며 살아가고 있다.

동리에 살다가 그 이후 경상남도 마산시 중앙동 2가 1번지 9반에 살았는데 그곳에 형 정현준 녀동생 정정예, 남동생 정형각, 녀동생 정정자, 남동생 정현수들이 1954년까지 살았다고 한다.

마산시 중앙동 호적계장을 통하던가 짬을 내여 직접 가 보던가 하여 이곳 소식을 전해 주고 그곳 소식을 네가 나를 통하여 그 분에게 전해 주였으면 좋겠다. 이런 가슴 아픈 비극을 미국 놈들이 강요하고 고향 길을 차단하고 있음을 순간도 잊어서는 안 된다.

보도를 통하여 지금 남녁의 민심이 미군이 해방자가 아니라 침략자이라는 데로 대부분 돌아서고 있다는 것을 알고 있다.

이 의로운 길에 우리 혈육들도 앞장에 서서 통일의 날 우리 모두가 떳떳이 만나도록 해야 하겠다. 오늘은 이만 쓰겠다 부디 몸조심하여라.

주체 96(2007)년 1월 22일

이북의 형으로부터

제 3신 (2009년 3월 10일)

# 간절하게도 보고 싶고 그리운 진상이 보아라

그간 잘 있느냐.

가족들도 모두 별고 없이 건강한 몸으로 잘 살고 있는지?

얼마 전에 가정을 이룬 수연이도 잘 있으며 명호 명훈이들도 별고 없겠지. 명훈이도 가정을 꾸려 주었겠지. 이제는 진승 형님이 저 세상으로 떠나시고 계시지 않고 내 또한 만나고 싶어도 만날 수 없는 이곳 이북에서 살다보니 그곳에서는 네가 당연한 좌상으로 되고 있음을 명심하고 있겠지.

우리 형제들이 량부모를 잃고 얼마나 피눈물 속에 철부지 시절을 걸어 왔느냐.

그러한 형제들인 것만큼 형제들의 정은 누구보다 두터이 하도록 이끌고 보살펴주며 모두가 부러웁도록 굳게 뭉쳐 위하고 위해주는 마음을 깊이 간직하도록 이끌어 줄 의무가 너의 어깨 우에 놓여 있음을 한시도 잊어서는 안 된다. 너의 말에 의

362

하면 진국이가 자기 리익만 생각하면서 형제도 몰라보는 성격으로 형제간의 정도 인정도 없는 자기주의자로 되었다고 하였는데 실지로 그렇게 되었다면 진국이도 생각이 짧고 나쁘지만 진승 형님(돌아가신 형님에 대해 뒤 소리를 하는 것이 죄 되는 행동인 줄 안다)에게도 잘못이 크고 동시에 지금은 좌장이 된 너에게도 책임이 있다고 나는 생각한다.

물론 주어진 현 조건으로 하여 형 구실을 전혀 하지 못한 나로써 말할 자격은 없지만 그러나 한 생을 너희들 성장에 고스란히 받치고 저 세상으로 가신 고모님을 생각해서라도 그렇게 되도록 바로 잡아 주지 못한 진승 형님이다.

너에게 잘못이 더 크다고 나는 생각한다.

벌자고 장사를 하다 망했다면 네가 주동이 되어 진화와 토론해서 그의 찌그러진 살림도 바로 잡아주도록 힘써주고 이즈러진 그의 성격도 타일러 형제의 정이 두터워지도록 이끌어 주어야 할 것이 아니겠느냐. 내가 구체적 사정을 알지도 못하면서 너를 탓한다고 나무람하겠는지 모르겠으나 우리 형제들은 남들과 달리 절대로 귀중하고 두텁고 뜨거운 의리에 자그마한 실금이라도 생겨나도록 해서는 안 되며 그렇게 살아서는 안 될 가정임을 깊이 알아야 한다. 내가 네게 보내는 첫 편지에 쓴 이 충고가 가슴에 맺혀 내려가지 않는다면 깊이 리해하고 용서해 주기 바란다. 그리고 진화와 진국이의 편지들을 받아 보았지만 네가 직접 쓴 편지는 받아 보지 못하여 섭섭하다는 것을 네가 알기 바란다. 진화에게 부탁하여 네 편지를 내게 보내도록 해 주렴아. 너희들 소식을 안 다음에는 너희들 편지와 사진을 받는 것이 나의 큰 기쁨이고 락으로 받아 안고 산다는 것 잊지 말라.

너도 금년에 진갑을 맞이하겠는데 진갑이 지나고 보면 날과 달이 다르게 자기의 건강이 쇠진해 지는 것을 느끼게 된다.

하여 나는 몹시 쇠약해진 자기 몸을 돌아보면서 너희들을 만나보지도 못하고 진승 형님 따라 저 세상으로 갈까 봐 두렵고 안타까움을 어쩔 수 없구나.

네 생일날은 어느 날이냐. 나는 10월 12일을 생일로 하고 한 생을 살고 있다. 네 생일날과 진국이 진화 생일날을 아르켜 준다면, 그날이 되면 내 혼자서라도 이곳에서 술 한 잔 사다 너희들 생일을 축하하여 마시려고 한다.

그리고 네 자손들이 금년에 네 생일을 계기로 진갑상을 차려주겠는데 그 때면 물론 진국이 진화들도 축하하기 위해 찾아오겠지만 혹시 이런저런 구실로 오지 못 할 수도 있을지 모르겠으니 네가 꼭 오라고 련락을 띄워 한 자리에 모여 앉아 형제들의 정이 그 어느 집 어느 가정보다 두터히 하기를 간절히 바라는 나의 마음을 전달해 다오.

동시에 모인 가족들의 사진을 찍어 나에게 한 장 보내 다오. 다른 한가지 부탁은 전에도 내가 진화에게 편지로 이야기했지만 10대의 그 시절 고아가 되어 온갖 고생과 고생을 다 겪으며 살았을 너희들을 가정도 행복도 다 미루고 너희들을 품에 안아 키워주고 보살펴 주다가 저 세상으로 가신 고모님의 령전에 내 대신 나의 이름으로 한식이나 추석 때에 꼭 술을 부어주기를 바란다. 고모 생각을 하면 지금도 가슴에 눈물이 솟구쳐 오르면서 그 고마움에 가슴이 미여지는 듯하다.

진상아 진갑이 된 오늘까지 와서 아이들처럼 네 이름을 부른다고 불쾌하게 생각하겠는지는 모르겠으나 나의 눈앞에는 편지를 쓰는 이 순간에도 고향을 떠나올 때의 네 모습만이 눈에 삼삼히 안겨와 10대의 너의 모습을 그려보며 펜을 달리고 있기에 이렇게 이름을 막 부르고 있으니 리해해 주기 바란다. 제수님과 조카들이 이 편지를 보고 이 큰 아버지가 로망중에 들었다고 욕할지 모르겠으나 리해시켜 주기 바란다. 참 한 가지 잊었구나.

너희들이 내게 보내 준 사진들 속에 호열이 어머님 명호 어머니 현국이 어머니는 물론 진국이네 집의 가족들 현일이 어머니 등의 사진이 없구나.

그러니 너희들이 모인 기회에 형수님과 제수님들의 사진과 진국이와 진국이네 가족사진들을 받아 보고 싶어하는 나의 마음을 꼭 이야기하여 보내도록 해다오.

사실 지난 2008년 초에 고향 및 친척방문단에 나의 이름도 들어 가 있었는데 리 명박이란 매국역적 놈이 대통령 감투를 뒤집어쓰면서 북남관계를 총 차단하는 천추에 용서 못할 만행을 저질러 그토록 손꼽아 가다리며 바라던 소원이 그만 물거품으로 되고 말았구나. 억울하고 분하가 이를데 없다.

지금 나의 쇠약해지는 건강을 돌아보면서 너희들을 만나 보지 못하고 고향에 발도 드려놓아 보지 못하고 타향에 묻힐까 봐 두렵고 안타깝다.

형님 묘소도 삼가의 선친들 곁에 모셨는지. 삼가의 선친들 묘소를 지키는 진화의 수고를 깊이 헤아려서 진화에게 진상이나 진국이가 형 된 구실과 처신을 다 하기 바란다. 오늘 진화에게 보내는 편지 속에 너와 진국이 장석평 그리고 호열이에게 보내는 편지를 동봉하여 보내다 보니 하고 싶은 말은 많으나 이만 제한하는 바이다.

부디 건강하기를 이북의 이 형은 간절히 축원한다.

너의 온 가족이 모두 건강하고 행복하기를 바란다.

그만 이만 펜을 놓겠다. 부디 잘 있거라.


이북의 형 진창으로부터

2009. 3.10.

(2009년 11월 14일 받았음)

제 4신 (2010년 9월 10일)

## 진상 보아라

이제는 나이도 많은데 건강이 어떤지 근심 되누나.

제수는 건강하며 자식 손자들도 다 무고 한지?

나와 나의 가족들은 진화의 도움으로 힘든 고비를 그대로 넘기여 지금은 모두 잘 있다.

특히 나는 진화의 목소리를 전화를 통해서라도 듣는 때로부터 활기를 되찾고 젊음을 되찾은 듯한 기분에 사로잡혀 살고 있다.

진화에게도 말했지만 진화의 목소리에서 고향의 향취를 폐부 가득 받아 안고 산다. 그런데 지난 6월과 7월에는 전화련락이 끊어져 얼마나 섭섭하고 괴로운 나날을 우울하게 보냈는지. 다행히 8월에 들어와서 그의 목소리를 다시 듣게 되어서 얼마나 반갑고 마음이 가벼웠는지 활기에 차서 생활하는 바이다. 더욱이 진화가 자기 생활도 넉넉지 못할텐데 내가 진화에게 형으로써 형 구실을 한 번도 해보지 못한 것을 탓하지 않고 두 번씩이나 소포를 보내 주어서 얼마나 고마운지, 그러면서도 진화에게 미안한 감을 금할 수 없는 형편이 더구나. 그래서 전화로 진화에게 다시는 그런 부담이 되는 일을 하지 말라고 말하였다. 이 형을 대신하여 네가 진화에게 수고에 대해 말해 주고 그를 극진히 잘 돌봐 주길 바란다.

더욱이 진화가 유일하게 선친들의 묘소를 지키는 수고를 하고 있지 않느냐.

진상아 지금은 그곳에 진승 형님이 계시지 않고 나도 이곳에 있는 형편에서 네가 맏이 구실을 하는 것이 응당할 줄로 안다.

그런데 그렇게 하는 것 같지 못하는 것 같구나. 너는 어릴 때에도 고집이 매우 심하여 부모들의 욕설도 심지여 매 맞으면서도 제 생각대로 하군 하였다.

그 성격이 여전한 것 같구나. 네가 보내준 《강덕수 가정 래력》에서 매 형제들의 성격을 써서 보냈는데 진국이에 대해서는 자기 밖에 모르고 돈 밖에 모른다고 했더구나. 그래서 그런지 나에겐 진승 형님과 너와 진화 사진만 있을 뿐 진국이 사진은 없다. 심지여 수연이 결혼사진에도 진국이만 빠졌더구나. 그러한 진국이에 대해 따끔히 말해 줄 사람도 너 뿐이고 제대로 생활하도록 충고 줄 사람도 너 뿐이 아니겠니.

가정 대사가 있을 때나 추석 한식 때 묘지를 보러 올 때나

만나는 기회도 있을 때에 따로 만나서 잘 타일러 형제들의 우
정을 두터이 하며 서로 위하고 위해주는 마음을 깊이 가지도
록 이끌어 주어야 하지 않겠니.

그래도 진국이가 나와 전화에서라도 만나려고 중국 진화에
게 왔다가 되지 않으니 로씨야에까지 가서 편지도 보내고 련
계 취하려고 애를 썼더구나.

정말 기특하게 생각한다. 이달 17일 날에 전화하기로 진화
와 약속하였다.

너도 몸이 허락하는 한 진화와 련계를 가지고 나와 전화로
써나마 만나 내가 너의 목소리라도 이 가슴에 간직하도록 하
여 주렴.

우리 형제들이야 미국 놈들과 매국역적 놈들에게 량친부모
를 빼앗기고 어린나이부터 얼마나 온갖 풍상고초를 겪으면서
70나이 오늘까지 살아 왔니. 네가 말하다시피 형제들은 모
두가 자의대로 가정을 꾸렸다가 부부간 의의가 맞지 않아 갈
라지고 또 새로 가정을 꾸리기까지 하기에 얼마나 마음고생
이 많았겠니. 그 소식을 들었을 때 나는 너희들보다 더 많은
마음고생을 하셨을 고모 생각을 하였다. 그러면서 고모님의
그 로고와 고마움에 눈물이 나도록 감사의 절을 하게 되는
바이다.

진화에게도 말했지만 한식이나 추석 때가 되면 내 대신 너
희들이 선친들의 묘소를 찾아 내 이름으로 술을 정히 한 잔

부어 인사를 올리되 더욱이 고모의 묘소 앞에서는 내 이름을 똑똑히 불러 드리고 내가 붓는 술로 알고 받아 달라고 하여 정히 한 잔 부어 드릴 것을 부탁하는 바이다.

다른 것은 김선희 형수님에게 나의 인사를 네가 꼭 전해다오.

내가 오래 전에 형님이 없으신 후 호열이에게 편지를 보내면서 형수님을 즉 호열이가 자기 모친을 잘 모실 것을 당부하는 편지를 보냈었다. 받았을 것이다. 호열에게 네가 전하라. 내가 부탁하더라고 가족들이 모두 어떻게 살고 있는지 알고 싶어 하니 진화 삼촌을 통하여 내게 편지를 보내라더라고.

그러니 형제들과 조카들 소식과 함께 가족사진도 보내 주면 매우 반가워할 것이라고. 네 가족사진과 자녀들 소식도 보내다오.

내가 오늘 너와 진국이 진화에게 동시에 편지를 쓰고 있어 봉투가 배가 불러 규정을 위반하게 되기 때문에 여기서 끝이려고 한다.

끝으로 너와 함께 온 가족과 가정이 부디 건강하고 행복하기를 이 먼 곳의 형이 충심으로 축원하며 펜을 놓는다.

그럼 안녕히 !

2010 . 9. 10   형으로 부터

북한 순천의 진창 형이 남한 합천의 막내 동생 진화에게 보낸 편지. 첫째 편지는 10월 16일 날 써서 붙였으며 이 편지는 두 번째 편지이다. (2006.11.6.) 10월 16일 날 쓴 편지는 보관하고 있지 않았다.

# 진화에게

진화야.

전달 10월 16일에 네 편지에 대한 답장을 보내고 뒤따라 오늘(11월 6일) 또 다시 펜을 들었다.

네 편지도 매일 받아보고 싶고 내 편지도 매일 쓰고 싶은 마음 걷잡을 수 없어서 쓰게 된다.

진화야,

오늘 내가 쓰고 싶은 것은 우선 네 형 진상이나 네가 어떻게 되어 매주 토요일마다 장석평네 집에 오게 되는지? 그와는 어떤 관계인지? 장사거래라면 어떤 장사거래를 하는지? 그 집 식구들은 몇이나 되는지 등을 알고 싶다는 것이다. 그리고 너와 진상이 진국이네 가족사진을 보내줄 것과 진승 형님 가족사진까지 보내주었으면 하는 것이다.

뿐 아니라 조카들 이름들과 학교는 어느 정도까지 다녔으며 지금 모두 몇 살들인가와 무슨 일을 하는 가 등을 알려주었으면 기쁘겠다.

나의 아이들은 맏이 강동철 딸 강동숙 막냉이는 강동운이라고 한다. 강동철 자식은 강남해(딸) 아들은 강성새이고 딸의 자식은 김권, 김훈이고 강도운이에게는 강호림(남자)이라 이름 지었다. 손녀는 남해(15살) 하나이고 외손자까지 모두 남자이다.

혹시 내가 국제전화로 토요일 오후 2시 이후에 찾으면 1년 중 어느 때든지 만날 수 있겠는지도 알고 싶다.

국제전화나 따우다로 0631-5220833을 찾으면 장석평네 집이 나오겠지. 오후 2시~몇 시까지 있게 되는지?

그런데 현드 끝 중국 13356301072 란 무엇인지?

혹시 네가 아는 사람이 우리나라에 와서 전화하게 되면 국내전화는 우리 앞집에 있는데 033-23-6491로 신호하고 내 이름을 대면서 바꾸어 달라고 하면 그 집에서 나에게 련락하여 내가 전화를 받을 수 있다.

진화야.

장석평네가 장사를 하면 어떤 장사를 하는지 알고 싶다. 평양에 있는 내 동무네 아들이 일하는 회사에서 삼베천과 수예를 수출하는데 혹시 그것을 장석평네는 받지 않는지 해서 묻는 것이다. 만일 받으려 한다면 대표를 평양에 보내여 회담하던가 아니면 장석평네 전화번호는 이곳에서 아는 것만큼 이곳

회사 전화번호를 내가 다음 번 편지에 알려주어 서로 전화면 담을 할 수 있게 하여줄 수 있다. 이상의 내용을 전하면서 오늘은 여기서 펜을 놓겠다.

부디 앓지 말고 건강히 잘 있기를 충심으로 바란다.

순천에서 진창 형으로부터

2006. 11. 6

진화야,

한 가지가 더 생각나서 첨부하여 쓰겠다.

내가 공화국 품에 안기여 생활하는 과정에 삼가면 동리에 고향을 둔 정현배라는 분을 우연히 만나게 되었다.

이 분은 1955년인가 하는 때에 국방군에 들어갔다가 1956년에 괴뢰군 살이를 박차고 용약 북반부로 의거 입북한 사람이다.

공화국에 들어와 고등전문학교를 졸업하고 뒤따라 평양기계대학을 졸업하여 기계기사로 한 생을 살아온 사람이다.

나를 만난 후 나를 동생처럼 생각하고 나도 형처럼 생각하면서 의좋게 지내고 있다. 이 분은 평안남도 개천시 삼포동 33반에서 산다.

지금 나이가 75살이여서 년로보장을 받고 있지만 기계설계에 능하여 지금도 기업소들에서 초청하여 설계를 요구하기에 계속 일손을 놓지 않고 있다.

자식은 딸과 아들이 있는데 딸은 40살로써 함흥의학대학을 졸업하고 지금 평성시에서 의사 일을 하고 있으며 37살의 아들도 평성에서 살면서 집에 전화까지 놓고 괜찮게 산다. 이름은 정대호라고 하고 그 집 전화번호는 031-25-5488인데 국내 전화번호이다. 내가 쓰고 싶은 것은 정현배 형님이 진승 형님을 잘 알고 있으며 자동차 수리소에서 일했다는 것인데 그것보다 그 형님이 경상남도 마산시 중앙동 2가 번지에 그의 형 정현준과 녀동생 정정예 남동생 정현각 녀동생 정정자 남동생 정현수들이 1954년까지 살고 있었다면서 형제들 소식을 몹시 그리워하고 있다는 것이다.

그리고 삼가면 동리에 삼촌 정창식 사촌동생 정현철 정현해 정현화들이 살았는데 여전히 잘 있는지 알고 싶어 매일매일 통일의 날을 손꼽아 기달리고 있다는 것이다. 그러니 네가 수고스럽지만 소식을 알고 전해줄 수 없겠는지 해서 이 글을 첨부하는 바이다. 언제면 미국 놈들이 이 땅에서 물러가고 우리끼리 6.15 북남공동선언의 가치아래 통일의 광장에서 혈육들이 서로 만나 이 가슴 아픈 비극이 끝장나겠는지…

한 지맥의 한 강토에서 혈육들 소식조차 모르고 살다니 이런 비극이 이 세상 또 어데 있겠니.

우리 힘을 합쳐 통일의 날을 앞당기자 이만 쓴다.

북의 형이 남의 동생 진화에게 10월 16일, 11월 6일, 7일에 연속으로 편지를 썼으며 앞의 것은 6일 날 쓴 것이었다.


## 진화에게


진화야 오늘은 11월 7일 화요일

어제 내가 편지를 두 번째로 발송하고 돌아오니 네가 보낸 두 번째 편지가 나를 기달리고 있었다.

네가 보낸 편지를 받는 날은 온 집안 온 가족의 대경사로 들끓고 환희가 차 넘친다. 나는 더 말할 것도 없다. 나는 어제 밤 잠들지 못했다.

네 편지에 삼가면 금리라고 했는데 지금 와서 금리라 하는지 모르겠지만 내가 있을 때까지는 삼가면 금리 114번지가 우리 집 주소였다. 네 편지를 받고 보니 고향을 떠나 오늘까지 56년간 단 하루 단 한시도 잊은 적 없고 꿈속에서도 찾으며 그리워하는 내 고향 경치 좋고 살기 좋은 금리가 더더욱 눈앞에 삼삼히 안겨 오누나.

마을 뒤산 밑은 참 대숲이 우거지고 그 우엔 밤나무들이 무수하게 솟아 있는 곳, 마을 앞 양천강은 예나 지금이나 맑게 졸졸 흐르고 있겠지.

일 부리는 부자촌으로 부자들이 대부분 살고 그 자들의 논밭이 금리에 펼쳐져 있는데 소작농이 대부분인 우리 금리 사람들은 그 부자들의 논을 소작으로 받아 살고 있었다.

진화야 아버지 묘소는 향교리에 안치했었는데 지금도 그 자리에 그대로 있는지 모르겠구나.

너는 잘 모르겠지만 일제의 기반에서 우리나라가 해방되자 우리 마을에도 인민위원회가 일어섰었다.

그런데 1945년 9월 미국 놈들이 남조선에 기여들어 이 인민위원회를 모두 해산시키였다.

그때 우리 아버지는 면 인민위원회에서 일 보시다가 인민위원회가 해산되자 미국 놈과 리승만 매국노들을 반대하여 지하투쟁의 대오 속에서 싸우시였다.

그러다가 한 변절자의 밀고로 1949년 12월에 놈들에게 체포되여 합천군 경찰서 감옥에서 감옥살이를 하게 되었다.

1950년 6월 25일 미국 놈이 도발한 조국해방전쟁이 발발되자 인민군대의 노도와 같은 진격 앞에 남으로 줄행랑을 놓던 괴뢰 경찰 놈들은 삼가에서 진주로 가는 도중 작은 산골짜기에 50여명의 애국자들을 무리로 총살하였는데 그 속에 우리 아버지도 이마와 허벅다리에 총알을 받고 희생되였다.

희생된 소식을 듣고 어머니와 함께 짐군 3명을 구하여 시체 속에서 아버지 시신을 찾아 향교리에 안장하였다.

아버지 시신을 안장하기도 전에 삼가면 경찰서 김 형사란 놈이 묘지에 기여와 묘지를 다 묻은 다음 어머니를 경찰서로 압송해갔다.

그때 어머니는 천 장사를 하면서 지하 투쟁가들의 련락 임무를 수행했는데 단서를 잡지 못했던 놈들은 아버지 시신을 찾아 왔다는 것을 구실로 체포해간 것이다.

이때 나와 진상이 진국이들을 보며 어머니는 인차 온다면서 집으로 가라고 했는데 그것이 어머니와 영영 리별로 될 줄이야 꿈엔들 생각 했겠니. 그 후 인차('인차'라는 단어는 북한의 말인 듯하다. '곧'이라는 뜻인 듯) 놈들은 인민군대의 노도 같은 진격 앞에 자동차 운행도 못하는 형편에서 어머니를 자전거 뒤에 싣고 합천으로 가는 도중 어느 다리 밑에서 학살했다는 것을 후에 알게 되었다.

이로 하여 우리 형제들은 완전히 고아로 되었다. 어머니 품을 일찍 잃은 우리도 슬펐지만 4살 났던 너는 기진맥진하여 잠자는 시간 외에는 계속 어머니를 찾으며 울기만 하였다.

이때 진승 형님은 어디에 가 살았는지 모르겠다. 진승 형님은 해방 전에 고모가 진승 형님을 데리고 일본에 살 길을 찾아 갔다가 해방 후 1948년인지 49년인지 조선에 왔었다. 그때 형님은 조선말은 잘 모르고 일본말만 하더구나.

그런데 량부모가 놈들에게 희생될 당시에는 고모와 함께 타

곳에서 살았다. 나는 밥을 빌어 동생들의 생명을 유지하기에 다른 그 어떤 여념이 없었다.

그런 속에서 너를 달래며 얼려 울지 않게 하려고 무진 애를 쓴 생각이 어제런 듯 환히 생각키운다.

두 번째 쓴 네 편지에 초등학교 내 동창들이 나를 보고 싶어 한다고 했지.

나는 향교리에 사는 천두식 동무 생각은 잘난다. 그는 천점식의 사촌 동생이며 나와 가까이 지내든 동무이다.

그리고 일부리의 한 무엇이라는 사람도 얼굴은 떠오르면서 노래를 잘 부르든 생각이 난다. 그가 잘 부르든 노래는 '봄노래'이든지

아 - 봄이로구나
이산 저산 방긋 웃는 봄이로구나
약산의 진달래 생글 생글
약산의 진달래 생글 생글
우리 집안 닭이 꼬끼요
얼싸 좋네 봄이로구나
　　……

이런 노래였다. 노래 한 구절을 추억하고 보니 노래에 대한 생각이 끝없이 머리에 불려 드누나.

우선 큰 외가 집 둘째 형 김창수 형님이 리승만 괴뢰역도들

을 반대하여 싸우다가 놈들의 참대창에 찔려 심한 복상을 당하여 감옥에서 병석으로 나와 우리 집에 얼마 동안 거처하여 병 치료를 하고 있으면서 우리들에게 배워준 노래는 지금도 기억에 생생하다.

그 형님은 우리들에게 《빨찌산 추모가》를 배워주었다.

　　"산에 나는 까마귀야 시체보고 우지마라

　　몸은 비록 죽었으나 혁명정신 살아있다."

그리고 적기가도 배워주었다.

　　" 민중의 기 붉은 기는 전사의 시체를 쌓는다.

　　……"

또 《혁명가의 안해 》? 인지하는 노래인데

　　" ……씨베리야 찬바람을 ……

　　산도 많고 설음 많은 앞을 가린 눈물에는

　　반드시 내 나라를 찾겠다 맹세 했소

　　당신 떠난 그날부터 혁명가의 안해로서

　　일남이와 가정 고생 달게 받았소."

노래에 대한 회상을 하게 되니 국민학교 《졸업가》가 희미하게 떠 오르누나.

네가 졸업할 때도 우리가 부르던 노래를 불렀는지.

　　빛나는 졸업장을 가슴에 안고

　　꽃다발을 한 아름 선사 합니다.

　　물려받은 책으로 공부를 하여

우리들도 이다음에 따르렵니다.

× × ×

앞에서 끌어주고 뒤에서 밀며
우리나라 짊어지고 나갈 우리들.
냇물이 바다에서 서로 만난 듯
우리들도 이다음에 다시 만나세.

× × ×

잘 있거라 아우들아 정든 선생님
? ……

이제는 노래 가사도 희미해 졌구나. 《응원가》도 있는데

지리산 정기 받아 바다로 되고
굽이굽이 양천 물결 ……
광야에 력사 깊은 삼가의 학당
자라나는 우리의 선수 영원히 펴자
싸우자 싸우자 우리들은 용감하게
련전련승 축구선수 나가자 싸우자.

……

나는 지금도 고요한 저녁이면 밤하늘의 밝은 달을 쳐다보며
그때 부르던 계몽기 노래를 입 속으로 조용히 부르며 고향 생
각에 눈물을 짓군한다.

해는 져서 어두운데 찾아오는 사람 없어
밝은 달만 쳐다보니 괴롭기 한이 없네.

그리고

　　따뜻한 봄날에 동무들과

　　백제의 옛 서울 찾으니,

　　······

또 하와이에 쫓겨간 어느 조국 동포가 지었다는 노래.

　　푸른산 저 넘어로 멀리 보이는

　　새파란 고향 하늘 그리운 하늘.

　　언제나 고향 집이 그리울 때면

　　저산 넘어 하늘만 바라봅니다.

때로는《강남 갔던 제비》《홍도야 우지마라》《푸른 하늘 은하수》《푸른 산 저 넘어로》어떤 때는 놀음판에서《이 강산 락화유수》《진주라 천리 길》《목포의 설음》등을 부르기도 한단다.

내가 제일 즐겨 언제나 부르는 노래는 너는 알지 못하는 이곳 공화국에서 찍은 예술영화《봄날의 눈석이》주제곡이다.

　　외로이 떠가는 운명의 쪽배

　　키 없이 노 없이 가는 곳 어디냐

　　풍랑에 시달려 고달픈 마음

　　나라 잃어 서러워라 아 내 인생아 '나라 잃어'를 '고향 잃어'로 고쳐 부른다.

　그 절에서 '눈물을 흘리며'를

　이 손에 총 잡고 떠나온 고향

내 다시 돌아갈 그날은 언제냐

하늘가 저 멀리 철새가 나를 때에

〈눈물 없는 내 나라〉를 해방된 고향땅에 아 돌아가리

　장군님 모시고서 아 돌아가리로 고쳐 부르곤 한다.

　노래에 대한 말만 하다 보니 기본 쓸 내용은 쓰지 못하였구나.

　내가 기본 쓰려는 내용은 너도 똑똑히 알아야 하는 문제이기에 이것을 정치적 선전으로 생각 말고 명심하여 듣거라.

　사실 내가 너희들과 헤어저 그토록 긴긴 세월 만나지 못하는 것은 바로 미국 놈들이 남조선에 틀고 앉아 있기 때문이다.

　조선 땅을 둘로 갈라놓은 놈도 미국 놈이고 우리 부모를 학살하게 부추긴 놈도 미국 놈이며 우리 공화국이 지금처럼 고난을 겪고 있는 것도 미국 놈들이 우리를 고립 압살 책동을 벌리는데다가 몇 해째 계속된 혹심한 자연재해가 들씌우진 결과이다.

　여기에 매국노들인 한나라당이 미국 놈에게 붙어 맞장구를 치며 악랄하게 책동하기 때문이다.

세 번째  형 진창으로부터 온 편지
(2009. 3. 10)


# 보고 싶은 진화에게


그간 잘 있었느냐. 가족들도 모두 별고 없이 무사하겠지.

나와 나의 이곳 가족들은 여전히 다 잘 있다.

우리의 서신 련계가 그간 반년나마 두절 되었었구나.

지난해에 내가 보낸 편지에 대한 회답을 장석평이 회답하여
보냈더구나.

금년 1월 1일 양력 설날에 받았었다.

그런데 략자로 쓴 그 한문자를 번역할 수 없어서 애를 쓰다
가 겨우 해독하고서 음력설인 1월 26일에 너와 진상 진국 호
렬들과 그리고 장석평에게 써서 보내고 손꼽아 회답을 기다렸
는데 글쎄 어제 3월 9일에 그 편지가 글자모손으로 되돌아
왔구나. 서운하고 분한대로 오늘 이렇게 다시 써서 발송하려
고 펜을 들었다.

네가 이 편지를 받아 보겠는지 모르겠다.

장석평의 편지에 의하면 금융 위기로 장사가 되지 않아서 네가 오지 않는다고 쓴 것 같더구나. 사실을 알고 싶구나. 그래서 너희들에게 보내는 편지 속에 장석평에게도 한 장 써서 사실이 그렇다면 장석평이가 수고스러운대로 네게 전달해 달라는 편지를 동시에 보내는 바이다.

너와의 편지 거래가 시작된지도 어언 3년이 넘었구나. 편지 거래로써나마 큰 기쁨과 위안을 받으며 살고 있는 나로써 지금처럼 서신거래조차 변변히 되지 않을 때에는 정말 안타깝고 괴롭기가 비길데 없다.

이젠 내 나이 73살이나 되고 보니 해가 아니라 달이 다른 정도로 자신의 기력이 쇠진해 지는 것이 알리여 끝내 너희들을 만나보지 못하고 이 세상을 하직할가 보아 두렵다.

그런데 지난해 9월 21일에 네게 편지를 보낸 이후에는 지금까지 서로 련계가 끊어진 채로 지나고 있으니 정말 안타깝구나.

그러니 네가 설사 중국에 다시 오지 않게 되었다면 장석평을 통해서라도 나와 너희들과의 련계를 계속 이어 나가도록 로력해 주면 좋겠다.

진화야, 내가 너와 서신거래를 3년 나마 하였지만 제수되는 이의 사진도 보지 못했고 삼가에서 함께 사는 가족들은 누구들인지 현일이 정규 정희들이 모두 타곳에 나가 사는지 그리고 이 조카애들이 가정은 잘 꾸려 행복하게 살아가는지 어디서 무엇을 하며 자식들은 몇이나 두었는지 나에게 알려 주지 않았지. 그리고 사돈들과는 사이가 좋은지도 모르고 있다.

나의 사돈들은 한 마을에 있기에 (동암동) 매일이다 싶이 얼굴을 맞대고 살고 있다. 그러니 꼭 회답편지에 소식을 전해 다오.

그리고 너와 전화 련락을 할 수 있게 전화비로 100딸라쯤 편지에 넣어 보내주면 좋겠다.

전화비가 걸려서 너와 전화를 못하니 허전하기 그지없다.

다른 부탁은 금번 편지에 진상 진국과 호열이에게 보내는 편지를 넣었으니 꼭 당사자들에게 전달해 주고 나에게 편지 하도록 해 주렴. 특히 진상이 편지를 받고 싶구나. 지면 제한 으로 이만 쓰겠다. 부디 잘 있거라.


2009년 3월 10일
형으로부터

막내 진화에게 온 네 번째 진창 형의 편지
(2009. 10. 1.)


# 그리운 진화에게


그간 잘 있었느냐.

너의 소식을 기다리다가 안타까움 속에 금년 설날 펜을 들고 편지를 쓰는데 우편 통신원이 장석평의 편지를 전해 주더구나. 내용인즉 네가 떠나고 없다면서 자기와 련계를 가지자고 하였더구나.

그래서 편지를 써 놓고 보내지 않고 있었다.

그런데 지난 8월에 너와 전화 련계를 취하였던 사돈 되는 사람이 내게 련락하기를 네가 장석평네 집에 있으며 전화 련락을 했다면서 날 보고 전화해 달랬다고 하더구나. 전화 료금이 나의 처지에서는 힘들기에 편지하겠다고 대답하고 이렇게 펜을 들었다.

그리고 지금 너희들과 만나기 위해 분주히 활동을 하였는데 명년에는 내 차례가 되어 그토록 바라던 너희들과의 상봉이 이루어질 것 같구나. 그 전에라도 나의 전화를 받고 싶거던 이제 너에게 그 사돈되는 이가 조만간 갈 것 같으니 그에게 3~4백 딸라 정도 보내거라. 너에게 지장이 없는 조건에서 말이다. 그리고 지금 1월 달에 진상이 진국이와 진승 형님의 맏이에게 쓴 편지를 함께 보내는 바이다.

그러니 네가 그 편지를 받게되면 인차 화답을 내게 보내는 것과 함께 책임적으로 해당 네 형들에게 전달해 다오.

편지를 전달하면서 진상에게 꼭 편지를 써서 네가 내게 보내도록 해주렴.

너와 진국이 편지는 받았지만 진상이한테서는 족보책만 받았을 뿐 편지 한 통 받아보지 못하여 몹시 기다려지누나.

그래 집에서는 별고 없이 다 잘 있겠지. 이곳에서도 나와 우리가족은 모두 여전히 잘 있다. 오늘은 양력 10월 1일이다. 래일 모래가 추석이구나. 이 편지는 퍽 후에 네 손에 들어가겠으니 정말 섭섭한 노릇이다. 그렇지 않다면 그 묘소에 내 대신 정히 술 한 잔씩 부어 달라는 부탁을 하겠는데 이만 쓰겠다. 좀 종종 편지를 보내다오. 그럼 이만 쓰겠다. 부디 잘 있거라.


2009. 10. 1  형으로부터

# 사랑하는 동생 진화에게

진화야, 그 사이 별고 없이 잘 있었느냐.

그래 고향에 갔다 왔느냐. 네가 12월 3일 보내준 편지를 금년 1월 15일에 정확히 받아 보았다. 더욱이 네가 봉투 안에 넣어 보내준 중국 돈 200원을 잘 받아 요긴하게 썼다.

오늘 너와 함께 진상이 진국이와 그리고 형수님께 각각 동시에 편지를 썼다.

이번에 쓴 이 편지들은 남조선 안기부 요원들의 눈에 뜨이면 우리 형제들이 고충을 겪을 수 있다.

그러니 네가 최대로 조심하여 책임성 있게 전달해 주었으면 한다.

그와 동시에 네가 나에게 보내는 회답 편지에는 네가 언제 고향에 갔다가 언제 중국에 와서 장석평네 집에 머물러 있는 날자와 시간은 언제부터 언제까지인가를 구체적으로 알려다

오. 그래야 전화상으로 너를 만나야 하는 경우 정확히 너와 전화거래를 할 수 있지 않겠나.

진화야,

네가 4살 때 너의 곁을 떠난 이 형에 대한 그 어떤 모색도 생각할 수 없을게다. 게다가 56년이란 기나긴 세월 우리 서로 헤어져 살아오다 보니 이 형이 너에게 따뜻한 손길을 한번도 뻗쳐보지 못하였으니 이 형에 대한 애절한 혈육의 정도 깊이 간직하지 못하였을 줄 안다.

그럼에도 불구하고 너는 나를 생각하여 편지에 돈을 넣어 보내주고 시답지 못한 보짐 장사로 크게 벌지도 못하면서 도와주려고 하고 있구나.

얼마나 감동스럽고 고마운지 모르겠다. 그렇게 생각해주니 정말 고맙다.

혈육의 한 피줄이란 끊을내야 끊을 수 없는 가장 뜨거운 것임을 다시금 가슴 깊이 받아안게 되누나.

네 그 편지를 받고 진상에게 진국이랑 토론해서 2~3만 딸라 정도 보내달라고 했다. 중국에서나 남조선에서는 이만한 돈이 어느 정도로 큰돈이며 너희들 생활수준에서 이만한 돈의 여유가 있는지 모르겠다.

이곳에서는 난생 처음으로 네가 보낸 중국 돈을 우리 돈으로 바꾸어 써 보았는데 그 100원이 쌀 40~50Kg을 살 수 있으며 200원로는 열풍기 한 대 값과 막 먹더구나. 100달라로는 쌀을 250~300Kg을 살 수 있다더라.

그러니 여기 우리 세 가정이 4~5천 딸라면 오늘의 이 고난의 행군을 넉넉히 극복할 수 있을 것이다. 그런데 왜 내가 엄청난 량의 돈액을 요구하게 되는지 잘 모르겠지.

너도 아다 시피 사실 나는 알몸뚱이로 여기 이북에 들어와 누구보다도 많은 국가적 혜택을 받으며 살아왔으며 지금도 살아가고 있다.

그런데 이 고마운 제도 앞에 해놓은 일 없고 받은 은혜에 자그마한 보답도 하지 못한 채 한 생을 마무리하고 있구나. 그래서 너희들이 나의 요구 금액을 보낼 수 있다면 한 만 딸라는 너와 나 사이에 련계를 취해주는 사람들에게 주고 내 손에 쥐게 되는 2만 딸라로 일부는 생활에 보탬을 하고 나머지 전량은 나라의 크고 작은 중요한 건설대상들에 지원하는 것으로써 나에게 돌려준 나라의 크나큰 은덕과 배려에 적으나마 보답을 하고 싶은 마음 간절하기에 요구한 것이다.

남녀 사회는 너 아니면 나라는 개인 리기주의가 기본으로 되고 있지만 여기 내가 사는 이북은 "하나는 전체를 위하여 전체는 하나를 위하여!"라는 집단주의적 공산주의 구호 밑에 남을 위해 자산을 받치거나 희생되는 것을 가장 큰 영예와 영광으로 생각하며 사는 곳이다. 너도 아다 시피 인생의 한 생은 70전후인데 그 길지 않은 한 생에 자기 하나만을 위해 살다가 숨지면 그것이 무슨 인생이며 삶이 가치가 있겠니. 이것은 참으로 가련한 인생이고 불쌍한 인간이라고 밖에 말할 수 없다.

남을 위해 좋은 일을 많이 하여 생이 마무리 될 때 사람들의 사랑과 존경 속에 생은 끝마치게 되는 사람보다 행복한 사람이 또 어데 있겠니.

그런데 나는 오늘까지 배려만 받아 왔지 나라에 아무런 보탬도 좋은 일도 해놓지 못했으며 지금도 경제적으로 그런 엄두조차 생각할 수 없는 처지이기에 너희들에게 손을 내여 밀어 보는 것이다.

그러니 리해하고 가능하면 나를 도와주고 그렇지 않고 너희들의 생활에 자리가 나고 고통을 겪게 된다면 절대로 내 요구를 실현시키려 하지 말라.

황금만능 사회인 네가 사는 남녘 땅에서 돈 없으면 멸시와 구박 천대 속에 길가의 조약돌처럼 짓밟히게 된다는 것을 내 알기에 생활에 절대로 균렬이 생기도록 해서는 안 되겠다.

대신 네가 지난번처럼 중국 돈이나 편지에 한두 장 넣어 지금의 내 생활에 보탬이나 되도록 하면 되겠다. 여기 내가 사는 이북은 벌써 오래전에 정치 강국 군사 강국으로 세상에 그 어떤 나라도 따르지 못하고 있다.

이제 경제 강국만 되면 세계의 상상봉에 오르게 된다. 그래서 우리의 위대한 김정일 장군님께서는 지난 해 10월 21일에 말씀하시기를 이제부터는 인민생활을 첫 자리에 놓은데 대해

가르치시였다. 핵 보유국이 된 우리 이북은 선군의 기치아래 머지 않아 가장 부유한 락원의 행군 길을 걷게 된다.

그때면 통일도 될 것이고 나는 뜨거운 사랑의 지성품 안고 너희들을 찾아 그때 늦게나마 형 구실을 하려고 한다.

진화야.

평양에 있는 나의 동무들과 아직도 높은 위치에서 일하고 있는 나의 학원 동무들과 기타 아는 사람들이 너와 나를 직접 만나게 해주기 위해 여러모로 애쓰며 로력하고 있다. 금년 중에는 만날 기회가 조성될 것 같다. 그와 관련하여 하고 싶은 말은 내 독사진을 가지고 너를 찾아가는 사람 외에는 내 이름을 대고 너에게 그 무엇을 요구하던가 혹은 네가 무엇을 보내려고 하지 말라.

음력 설이 지난 다음 내가 신의주에 가서 너와 전화상 련계를 취하려고 계획하고 있다.

지금 정세로 보아 2∼3년 내에 닫기고 차단된 고향 및 친척 방문단의 문이 열릴 가망성이 풍부하다. 그렇게 되면 내가 무조건 그 방문단에 들어가게 되니 그때는 기쁘게 만나게 될 줄 안다. 여기 우리 보위부에서는 장석평이 나를 외사촌 오빠로 중국 측에 확인시키고 친척방문의 동의서를 보내도록 하라고 하는구나. 그래서 중국에 갔다 오라는 구나.

돈이 많이 들기에 나는 크게 마음이 동하지는 않지만 너와 진상 등을 3국에서나마 만나보고 조카애들을 어떻게 부르느냐.

진상 진국이 등 내 제수들 이름과 조카애들 이름 그들이 무엇을 하며 몇 살인지 또 진승 형님 자녀들의 이름과 나이 지금 무엇을 하며 형수님 이름과 나이 등도 알려 주기 바란다.

나는 이렇게 긴 편지를 쓰면서도 계속 고모님 생각을 하며 글을 쓰고 있다.

정말 고모님께 어떻게 온 심장을 다 받쳐 머리 숙여 인사를 드렸으면 좋을지 모르겠구나. 시집도 안 가시고 너희들 다 키워 가정을 꾸려주었으니 그 은혜를 어떻게 갚아야 하니. 그런데 어굴하고 섧게도 그렇게 가시다니.

진화야, 한식과 추석 때에 할아버지 할머니 아버지와 함께 고모님께 이곳 멀리에서 추석 한식을 모르며 찾을 데 없어서 그대로 살고 있는 이 형 대신 내 이름으로 꼭 술잔을 올리여 다오. 내 죽기 전에 그곳 묘소를 찾게만 된다면 진수성찬을 차려 인사를 드려 저승에서나마 나의 마음을 받아 주도록 하겠으련만. 한식 추석 때 진상 진국이 등도 오겠지.

진상 진국이 등은 무슨 장사를 하느냐.

참 네가 보짐 장사를 한다지.

지금 한국에서 삼베천과 수예가 은을 낸다는데 네가 직접 거래할 수는 없는 게고 장석평네가 이곳 평양의 어느 회사에서 수출하고 있는 삼베천과 수예품을 넘겨받는 거래를 하게 하여 네가 되 넘겨받아 장사를 해보렴.

그리고 한가지 묻자.

장석평네 집에 너 혼자만 나드는지 아니면 진상이도 나다니는지 올 때 비행기를 리용하나 아니면 배를 리용하나. 와서는 몇 일간 있나. 나는 너희들과 나와의 서신거래를 하도록 하는 크나큰 기쁨을 안겨준 장석평네 온 가족에게 정말 뜨거운 감사와 인사를 보내는 바이다. 내 대신 네가 나의 진심으로 되는 뜨거운 감사의 인사를 전해 다오.

다음번 편지에는 내가 부탁한 내용들과 함께 지금 사진을 보내는 정현배 분의 형제들 소식도 함께 알려 주기를 바란다.

그 형제들을 만나면 현배 분의 소식 즉 모두가 건강히 잘 있다는 것과 공화국에 들어와 대학까지 졸업한 소식을 말해 주거라.

쓸 말은 많으나 지면 제한으로 끝이겠다.

부디 건강히 잘 있거라. 형으로부터

북의 작은 아버지가 장조카 호열에게
보내는 편지 (2009. 3. 10.)

# 호렬이 보아라

나는 이북에서 살고 있는 맞이 삼촌인 강진창이다.

온 가족들 모두가 별고 없이 다 잘 있느냐.

너희들 소식을 들은 때로부터 세월은 류수 같이 흘러 벌써 9년 세월이 흘렀구나. 너의 아버지와 진상 진국 진화 삼촌들과 헤여진지는 인간 한 생과 맞 먹는 60년의 장벽이 가로 놓였다.

명호 아버지가 고맙게 정성스럽게 수고로히 만들어 보내준 네 할아버지 "가족사항"과 그 사항 끝에 첨부한 수연이 결혼 사진을 우리 온 가족이 모두 모여 정말 명절 같은 분위기 속에서 보았다. 그 사진에서 진승 형님과 진상 진화와 함께 호동이와 그 손녀, 명호와 그 아들 명호 처 수월이 수연이와 천한기의 결혼 모습을 감명 깊게 보았다.

동시에 언제면 고향에 돌아가 너들을 만나볼 수 있을가 하는 감상에 잠겨 가슴을 울렁이였다.

너는 알고 있는지 모르겠지만 너의 할아버지인 강덕수와 할머님이신 김또봉순은 이 땅을 둘로 갈라놓는 불청객인 미제와 그 앞잡이 리승만 매국역적 놈을 반대하여 지하투쟁을 하다가 불행하게 놈들에게 체포되여 학살 당했다.

그래서 나는 부모의 원쑤를 갚기 위하여 지난 조국해방 전쟁 때 부모를 잃은 고아가 된 10대의 너의 삼촌들을 남겨두고 인민군대가 우리 고향을 해방하였을 때 14살에 손에 총을 잡고 군복을 입고 이곳 이북에 들어왔다.

공화국의 품은 고아인 내가 혁명가의 자식이라고 전화의 그 가렬처절한 나날에 군복을 벗기고 그곳에서 말하는 "빨갱이 온상"인 만경대 혁명 학원에서 공부하는 크나큰 사랑을 베풀어 주었으며 김일성 종합대학에서 공부하도록 따뜻이 보살펴 주어 한 생을 정말 누구보다 행복하게 살아왔다.

내 자신의 생활은 이토록 근심걱정 없이 행복의 요람 속에서 살며 성장의 길을 걸어 왔으나 두고 온 고향 생각 형제들 생각으로 어느 한 시 한 순간도 마음의 안정을 가질 수 없었다. 그러다가 2000년 3월10일 6.15공동선언의 해빛아래 진상에게 편지를 보내는 행복을 받아 안게 되었고 2006년부터는 진화와의 편지거래를 하는 기쁨을 맛보게 되었다.

나에게는 두 아들과 딸이 있는데 다 시집 장가를 갔으며 친손자 두 명과 친손녀 하나 그리고 외손자 두 명을 가까이 두고 그들의 응석과 재롱을 받으면서 여생을 보내고 있다.

호렬아 !

내가 오늘 네게 펜을 들게 된 것은 가슴 아프게도 진승 형님이 세상을 떠난 지금 네가 집의 호주로 된 것 만큼 제 동생들을 잘 돌봐 주는 것을 물론이거니와 시동생들인 진상 진국 진화들의 가정을 꾸려 주느라 무척 고생이 많았을 네 어머니를 잘 봉양해야 한다는 것을 부탁하기 위해서다.

그와 동시에 저와 저 가족 뿐 아니라 사촌 동생들에 대해서도 좌상격으로 잘 돌보며 옳게 살도록 이끌어 주기를 바래서 이렇게 펜을 달리는 바이다.

그리고 이 가슴이 어이도록 진승 형님이 나의 소식을 안 후에 만나보지도 못한 채 저 세상으로 너무 일찍 떠나셨지만 아버지가 계시지 않다해도 삼촌들을 자주 만나 모든 문제들을 토론하고 조언을 받으면서 삼촌들 사이의 정이 더욱 두터워지도록 네가 힘써 주기를 바라마지 않는다.

호렬아.

나는 내 나이 73살에 앞날이 머지않다는 것을 느낀다.

고향방문단의 길이 막힌 지금 나로써는 너희들 모습을 사진으로나마 보는 것이 큰 락이다.

그런데 형수님 사진은 물론 네 가족사진이 없구나. 진화 삼촌을 통하여 네 어머니 사진과 가족사진을 보내주고 편지라도 보내주면 그 이상 반갑고 기쁜 일이 없겠다.

네가 진승 형님을 대신해서 동생들과 네가 어디서 무엇을 하며 어떻게 살고 가족들은 모두 얼마나 되는지 등에 대한 소식을 전해 주면 좋겠다.

이곳의 네 사촌들은 맏이가 강동철(43살)인데 그에게 딸 강남해(16) 아들 강성새(14살)가 있고 강동숙(41살) 아들 김권(13살) 김훈(11살)이 있고 나와 함께 한 집에서 살고 있는 막내 강동훈(39살)에게는 외아들 강호림(6살)이가 있는데 모두가 동암동이라는 한 동에서 살고 있다.

다시 말해서 평안남도 순천시 동암동 12반이 내가 살고 있는 집 주소이다.

6.15와 10.4선언의 밝은 대로가 모조리 참혹하게 차단된 현 상황에서 고향 방문단으로 나서게 된 걸음이 막히게 된 가슴 터지는 이 현실 앞에서 진화 삼촌을 통한 련계를 유일한 희망의 등대로 삼고 언제면 열리게 될 고향방문단의 오 감을 기다리며 날과 달을 가슴 아프게 보내고 있다.

몸이 쇄진해지고 있는 나로써 그날을 맞기 전에 진승 형님의 뒤를 따르게 될가봐 가슴이 탈대로 타고 있다.

그러나 그날은 기여히 오고야 말 것이다.

그날까지 나도 자신의 몸조리에 신경을 쓰고 있지만 너와 너의 가족들 모두가 부디 건강하고 행복하기를 이곳 이북의 이 삼촌은 간절한 마음으로 축원한다.

더욱이 너의 어머님이 부디 건강하기를 바란다.

너의 어머님에게 이 시아우의 충심으로부터 드리는 절을 받아 달란다고 전해 다오.

그럼 오늘은 이만 쓰겠다.

부디 건강히 모든 사업에서 성과가 있기를 바란다.


2009. 3. 10
이북에 있는 강진창 삼촌으로부터

\* 참고자료

1.《피어오를 새날》전희구. (주)도서출판 삶과꿈. 2004. 12. 28.

2.《경남 합천 국민보도연맹 사건 진실규명결정서, 정본》
　진실·화해를 위한 과거사정리위원회. 2009. 11. 3.

3.《시사코리아뉴스》제173호, 2011. 10. 6. 〈누가 우리 형제를 남
　북으로 갈라놓았나?〉

4. 경향신문. 2013. 10. 19. 1면.

5.《인간의 문제》고희림. 도서출판 두엄. 2013. 10. 01.

6.《시대의 불침번》정경모. 한겨레출판(주). 2010. 10. 11.

7.《민족의 진로》조국통일범민족연합 남측본부. 2013. 7. 8. 127호

8. 북한에서 온 작은형 진창의 편지

9.《3·15의거》2014. 제15호. (사) 3·15의거기념사업회

10.《국민은 적이 아니다》신기철. 헤르트나인. 2014. 4. 20.